博物馆研究

2023

吉林省博物馆协会　编

文物出版社

图书在版编目（CIP）数据

博物馆研究 . 2023 / 吉林省博物馆协会编 . -- 北京：
文物出版社，2023.12
　　ISBN 978-7-5010-8328-2

　　Ⅰ . ①博…　Ⅱ . ①吉…　Ⅲ . ①博物馆事业—研究—中
国　Ⅳ . ① G269.2

　　中国国家版本馆 CIP 数据核字（2023）第 249832 号

博物馆研究·2023

编　　　者：吉林省博物馆协会

责任编辑：安艳娇　许海意
装帧设计：王文娴
责任印制：张道奇

出版发行：文物出版社
社　　址：北京市东城区东直门内北小街 2 号楼
邮政编码：100007
网　　址：http://www.wenwu.com
经　　销：新华书店
印　　刷：宝蕾元仁浩（天津）印刷有限公司
开　　本：889mm×1194mm　1/16
印　　张：10.75
版　　次：2023 年 12 月第 1 版
印　　次：2023 年 12 月第 1 次印刷
书　　号：ISBN 978-7-5010-8328-2
定　　价：120.00 元

目 录

浅论博物馆教育职能的演化

程 喆

（长春市文庙博物馆）

一、博物馆的起源与发展

博物馆 Museum 一词的词根为"muse"，中文译为缪斯，是希腊神话中的人物，掌管文艺与科技的多位女神的总称，Museion 为女神缪斯的居所。有学者认为，约在公元前 3 世纪建立的亚历山大博物馆意义上应是世界上最早的公共博物馆。当时许多亚历山大学者在此处研究、学习，并取得了天文、物理、数学、文学等方面的成就，如古希腊哲学家亚里士多德、物理学家阿基米德、数学家欧几里得等。亚历山大博物馆在其存在的 600 多年中，对古希腊和古罗马的学术、文化及思想的发展都具有重要影响。

18 世纪，第一次工业革命后，掀起了西方资产阶级民主文化运动的浪潮，对博物馆事业的发展产生重大影响，一大批重要的博物馆应运而生，包括丹麦国立美术馆、俄国艾尔米塔什艺术馆、维也纳自然史博物馆、西班牙国立考古博物馆、大英博物馆、威尼斯艺术学院美术馆等。其中，影响较大的大英博物馆，被认作是近代博物馆的奠基。它起源于英国爵士汉斯·斯隆的私人收藏，其一生中收藏了 79000 多件文物、植物标本、手稿等。为了让大众共赏这些藏品，汉斯·斯隆将其所有的收藏都遗赠给了国王乔治二世。后英国国会建立了一座博物馆来存放这些收藏品，1753 年，大英博物馆成立，成为世界上第一座对公众开放的博物馆。

18 世纪末，美国的博物馆开始进入发展阶段，其中美国史密森学会和纽约大都会艺术博物馆最具代表性。史密森博物学院成立于 1846 年，是全世界最大的博物馆体系，100 多年来一直秉持着"增长知识，传播知识"的理念为公众服务。纵观整个 19 世纪，全人类文明和文化发展空前繁荣。这一时期，各种规模的博物馆迅速发展，博物馆专业化发展趋向也逐渐明显，艺术类、历史类、自然科学类、教育类等博物馆层出不穷。总而言之，以第二次世界大战为时间节点，二战以前世界上主要的博物馆普遍存在于欧美国家，二战后，世界各地博物馆数量不断增加，同时，逐渐形成以收藏、研究、教育为主的工作内容。1946年11月，国际博物馆协会在法国巴黎成立，在促进博物馆事业的发展中起到了极其重要的作用。随着国际博物馆协会对博物馆定义的不断更新，以及社会公众对博物馆的认识越来越丰富，博物馆的角色定位亦逐渐清晰。

二、博物馆职能的演进

收藏、研究、教育被认为是博物馆的三大职能，这三大职能概括了博物馆的基本功能，也反映了博物馆工作的主要内容。三者在不同时期侧重不同，但并无主次之分。

藏品是博物馆成立的客观条件，欧洲早期的博物馆起源于私人收藏场所，至今收藏仍被认为是博物馆最基本的职能。随着藏品数量的增多以及种类的丰富，博物馆逐渐衍生出了研究的功能。博物馆的工作人员可通过对藏品的深入研究以及科学的整理和保管，揭示文物背后所蕴藏的价值。随着博物馆收藏、研究职能的逐步完善，博物馆运营者开始思考如何将静态藏品背后的故事传递给公众，此时，博物馆的教育职能得以发挥。博物馆教育是基于藏品、研究工作的充分开展而衍生出的面向公众的公共文化活动，是博物馆发展方向由"物"向"人"的转变，可以说收藏与研究都将服务于教育。

2007年在维也纳召开的第21届国际博物馆协会代表大会修订了博物馆的定义："博物馆是一个为社会及其发展服务的、向公众开放的非营利性常设机构，为教育、研究、欣赏的目的征集、保护、研究、传播并展出人类及人类环境的物质及非物质遗产。"[1] 新修订的博物馆定义首次将教育提到了首要位置。这不仅强调博物馆教育的重要性，更标志着现代博物馆经营

目标与理念的转变。2022年8月24日，在布拉格举行的第26届ICOM（国际博物馆协会）大会框架下，ICOM特别大会通过了新的博物馆定义："博物馆是为社会服务的非营利性常设机构，它研究、收藏、保护、阐释和展示物质与非物质遗产。向公众开放，具有可及性和包容性，博物馆促进多样性和可持续性。博物馆以符合道德且专业的方式进行运营和交流，并在社区的参与下，为教育、欣赏、深思和知识共享提供多种体验。"[2] 新定义为博物馆带来新属性、注入新活力，同时也明确了当代博物馆未来的发展方向。

三、博物馆教育职能的演进

博物馆最基本的职能是收藏，最初的博物馆便起源于王公贵族的私人收藏室。18世纪大英博物馆的建立将博物馆逐渐推向公众，公共博物馆的历史也由此开始。

大英博物馆的目标是"保存和诠释人类历史"，在博物馆教育方面主张"对人类文明中所有艺术和知识，进行系统的整理和研究，并让人人有机会接触人类的历史文物，从中获得知识和快乐"[3]。大英博物馆的经营理念可视为博物馆教育领域的开端，公共博物馆也逐渐发展成为一项重要的公共文化设施，但这一时期大多数博物馆仅针对上层社会人士开放，并不适用于全体公众。19世纪下半叶，随着工业革命的发展和经济水平的提高，学校教育开始兴起，并逐步发展为义务教育。这种教育模式以文化普及的方式得以迅速发展，到了19世纪末，博物馆教育渐渐被公众忽视，且博物馆教育在此期间也并未建立相应的体系。到20世纪

上半叶，全球博物馆的工作重点都还在对藏品的征集与研究上，教育功能仍处于次要位置。

值得一提的是，18世纪下半叶至19世纪上半叶成立的一些博物馆将教育列在了重要位置。美国史密森学会成立至今已有170余年的历史，百余年始终肩负"增长知识和传播知识"的使命；大都会艺术博物馆建于1870年，是美国最大的艺术博物馆，1905年便开展面向公众的教育活动，并积极探索馆校合作模式，其宗旨为"收藏、保存、研究、展览代表全人类最广泛、最高成就的艺术品，促进艺术品的鉴赏和相关知识的传播，所有的工作都参照最高的职业标准，以服务公众为目的"；1937年建立的法国发现宫是世界上著名的科技馆之一，其教育使命为"唤起社会大众对科技发展的关心，发扬科学精神，培养严谨、精密、真实、批评和自由思考的科学态度，引导青少年培养科学能力和兴趣，协助民众以健全的态度去适应现代科技新世界"[4]。这些具有代表性博物馆聚焦点的转变实质上是由"物"到"人"的转变。传统博物馆的工作重点在"物"，也就是藏品工作与研究工作。随着人们经济与生活水平的提高，公众对精神文化的需求与日俱增，当代博物馆人逐渐意识到仅做好博物馆的收藏和研究工作是不够的，因为收藏、研究不是博物馆的最终目的，一件藏品的使命也并非是被永久地保存在博物馆内，收藏和研究的最终目的是为了人类的利用。如果为收藏而收藏，或为研究而研究，收藏和研究便失去了意义。以收藏和研究为基础和支撑，把博物馆工作从收藏和研究扩展到教育展示，即通过博物馆的展览及其教育活动将文化知识传播给公众，既实现了博物馆的教育使命，又重新赋予了博物馆收藏与

研究的价值。这一部分工作是面向"人"展开的，即向公众"传播公共知识的过程"。

20世纪下半叶涌现出大量关于博物馆教育的理论与讨论，逐渐为博物馆教育的发展奠定方向。1967年美国博物馆协会发布的《贝尔蒙特报告》明确提出："博物馆事实上就是教育机构。"该报告不仅确定了博物馆的定位，还推动了这一时期博物馆教育的蓬勃发展，同时强调了联邦政府在博物馆发展中的作用。1988年英国制定"国家课程"，指出学校课程可与博物馆教育相互连接，此后博物馆开始配合学校课程为学生制定教育活动，开启了馆校合作模式。美国博物馆协会于1992年出版《卓越与平等：博物馆教育与公众维度》报告中指出，博物馆教育是博物馆公众服务的核心，"公众服务"的概念应成为博物馆全体上下共同的职责。博物馆作为一种为公众服务的教育机构越来越被大众所接受。

21世纪以来，博物馆事业飞速发展，博物馆的教育职能也在不断扩大，不论是在理论上还是实践中都得到了突飞猛进的进展，并逐渐占据重要地位。2009年，美国《博物馆教育工作者手册》对博物馆教育的界定为："博物馆教育被最广义地理解为任何促进公众知识或体验的博物馆活动，并且教育的愿景事实上也是博物馆使命和整体目标的愿景，教育和展览是彼此关联的，并应该互相包含。"[5]

四、如何提升博物馆的教育职能，以长春市文庙博物馆为例

长春市文庙博物馆是为祭奠"万世师表"、"至圣先师"、儒家学派创始人孔子而修建的祠庙建筑，始建至今已有150年的历史，在博物

馆性质上属于遗址型博物馆。同时，长春文庙作为公共文化服务机构，也承载着一个国家、一个城市的历史记忆与文化底蕴，兼具收藏、展示、教育、研究等诸多功能，如何将这些功能最大程度发挥出来，也是提升公共文化服务质量的关键。

（一）开展多元化教育活动

作为长春地区以孔子为主题的专题型博物馆，长春文庙的社会教育活动类型较为单一，多为纪念日公祭活动，尚未充分利用遗址型博物馆的文化资源，将其蕴含的文化价值完完全全地推广给公众。日本吉野里国家历史公园在开展教育活动方面值得我们借鉴，其通过复原手段实现场景再现，注重观赏性的同时拉近与公众的距离，在公园内安排了钻木取火、射箭、工艺品制作等可参与的教育活动，充分发挥了遗址公园的观赏与教育功能。国内遗址类博物馆在社会教育方面也有丰富的经验，经过多年的实践已形成较为成熟的体系。如汉阳陵博物馆的"汉风飘扬、薪火相传"、西安半坡遗址博物馆的"史前工场"，以及大明宫考古遗址公园的"情系传统，快乐童行"等。以上教育活动的受众群体多为儿童、青少年，像现场参与考古发掘、考古夏令营、移动课堂等都可参考作为教育活动项目。博物馆的参观群体年龄层次分布均匀，一部分群体为受过高等教育的成年人，这些人的参观习惯以自主观览为主，并且都自行了解过相关知识，针对这些观众进行灌输式解说和简单的知识互动是不可行的，应充分利用遗址型博物馆的空间优势，开展摄影、文物知识普及、研学旅游、公众考古等输入式活动，同时在5G大数据时代来临之际，合

理利用科技手段，增加智慧博物馆、云展览、智慧展示等项目，让深厚的文化遗产信息转化为公众可感、可想、可参与的文化产品。

（二）陈列展览可视化

现今，长春文庙主要以保护性静态展示为主，缺乏公众与展示内容之间的互动。博物馆是有形、静态的历史，但它包含或承载的内容是形象且生动的。故宫博物院举办的"清明上河图3.0"高科技互动艺术展览广受好评，将文物以动态化、情景化互动的形式呈现给观众，从而让游客接触到了活态的历史文物，满足了公众好奇、个性化的需求。针对长春文庙的观览现状，借助智慧旅游系统、解说系统，以及虚拟现实技术、微观模型展示等方法全方位解读博物馆，实现遗址可视化。例如公众可通过扫描二维码，或借助语音解说等全方位解读碑廊内石碑的内容；或引入虚拟现实与增强现实技术，采用微缩景观方式展示长春孔子文化园全景，参观者通过戴AR或VR眼镜，近距离接触遗址，进而全面了解历史背景，实现公众与遗址展示的良性互动。

（三）文化展示活态化

我国丰富的文化遗产资源为文化旅游提供了巨大的发展空间，但目前国内大多数遗址型博物馆仍停留在保护与观光阶段，难以传递给游客深刻的体验感受，观众更倾向于用图像或影像的呈现方式来了解、理解博物馆的文化底蕴。我们可通过话剧表演、数字展览等方式来实现与观众的近距离互动。第一，通过3D电影体验、光影4D秀等手段动态展示儒家文化的发展过程，真正让遗产"活起来"；第二，建立

以传统文化体验为主题的综合性科普场馆，通过现场教学的方式让游客体验传统文化中的礼、乐、射、御、书、数等；第三，利用结构投影的形式，在博物馆内空间较大区域投放立体微电影，呈现春秋时期文化繁荣的景象。在文庙广场设立演艺中心，通过古典乐曲演奏、八佾舞等舞乐表演展示活态传统文化。

五、结　论

当代博物馆的发展趋势表明，博物馆职能已经从过去的重视收藏与研究转变成以教育为首要目的，这种由"藏品"到"公众服务"的工作重点的转变实际上是由"物"到"人"观念上的转变。过去几个世纪博物馆的职能从"收藏"到"研究"再到"教育"，在国际大潮流的驱动下，博物馆的发展不断地适应着时代的脚步，博物馆教育亦在发展过程中不断充实其理论基础、扩大其职能范围。这条道路长且宽，需要博物馆人不断地探索与创新。

参考文献

［1］国家文物局《国际博物馆协会章程》。
［2］ICOM：http://icom.museum/en/news/icom-approves-a-new-museum-definition/.
［3］陆建松：《增强博物馆的公共服务能力：理念、路径与措施》，《东南文化》2017年第3期。
［4］郑奕：《提升科技博物馆展教结合水平的五大对策与建议》，《自然科学博物馆研究》2017年第2期。
［5］Anna Johnson et al, *The Museum Educator's Manual*. Altamira Press, 2009, p.8.

关于把博物馆打造成具有辨识度城市文化客厅的思考

雷学刚

（重庆中国三峡博物馆）

一、博物馆外形要凸显特色化

博物馆的外形是增强其辨识度的基础。通过独具匠心的建筑造型，博物馆才能有望成为城市的文化地标，提高游客和市民对博物馆的关注度。古根海姆博物馆联盟委托美国著名建筑师弗兰克·劳埃德·赖特在1956—1959年设计建造的纽约古根海姆美术馆，外形酷似大蘑菇，内里由连续相通的螺旋形坡道作为展示长廊、环绕下小上大的圆筒形空间大厅盘旋上升构成，观众可以通过大厅电梯直登美术馆顶层，顺着螺旋坡道自上而下参观，彻底打破传统博物馆受楼层、分隔空间的局限，令观众有不同高度、不同视角的观展体验，该馆2019年被列入世界文化遗产名录，成为公认的外形前卫又具标志性的博物馆建筑[1]。卢浮宫博物馆扩建工程玻璃金字塔由著名的土木专家、建筑师贝聿铭设计，主要功能被置于地下，地上由一座巨大的玻璃金字塔及周围3个玻璃小金字塔组成，一正一反的金字塔令观众在意识上自动拼合，地面上的正金字塔通过水面倒影形成视觉上的正八面体，在阳光照耀下与卢浮宫相得益彰、熠熠生辉，被赞誉为"卢浮宫院内飞来了一颗巨大的宝石"[2]。博物馆建筑外形设计，应结合地域文化和历史背景，与城市环境有机协调，展示独具地域特色形象。三星堆博物馆新馆秉持"馆园结合"的理念，将老馆经典的螺旋曲线外墙延续发展作为堆体外形和空间的控制曲线，屋顶采用斜坡覆土形态，建筑消隐地融入场地，形成三个沿中轴排列的覆土堆体，寓意"堆列三星"，形成"博物馆"与"遗址区"之间的时空对话。作为扬州"城市文化客厅"的中国大运河博物馆，其公共空间、展厅空间的文化景观设计都融入了运河元素，呼应运河文化的主题，营造出博物馆的艺术氛围和运河文化的美学属性[3]。

二、博物馆研究要彰显地域化

地域文化特色是一个地区的自然景观和人文历史所反映出来的、蕴含浓厚文化意义的个性特质，是某一地区物质文化和人文精神的集中反映与高度概括。博物馆的文物沉淀着地域文化，是当地文化传承的重要见证。博物馆要提高地域文化研究力，要深入挖掘当地文化资源并识别其历史价值、文化价值、艺术价值、科学价值，展示地域独特的文化魅力。四川省巴中市著名的红色专题馆——川陕革命根据地博物馆立足于川陕苏区独特的红色资源优势，大力开展文献资料整理研究，出版《川陕革命根据地历史文献资料集成》《川陕革命根据地审计史》《川陕苏区群众工作陈列馆策划方案》等书，并积极传播红色文化，传承红色基因，弘扬红色精神[4]。此外，博物馆可以通过深入研究和挖掘当地地理、区域文化优势，实现自身建设与文化研究双提升。陕西历史博物馆、山西博物院等博物馆注重打造当地通史类展厅，重庆红岩革命历史博物馆、重庆抗战遗址博物馆、成都金沙遗址博物馆、南宋德寿宫遗址博物馆等通过复原研究遗址，展览、展示突出地域文化符号。多地博物馆在对外刊物中开辟反映地域文化特色、当地史地研究成果等栏目，例如，福建省考古博物馆学会、福建博物院主办的《福建文博》期刊开辟了闽台文化专栏，陕西省文物局主办、陕西历史博物馆承办的《文博》设有史迹考述栏目。河北博物院推出《文博讲坛》，至今已有300余期，其中多期讲座介绍了河北的历史和文化。杭州"文博讲堂"聚焦杭州市宋代文物遗存、传承宋韵文化，等等。博物馆研究在彰显地域化中扎根成长，在陈列展览、展示传播中不断升华，让观众更好地了解和感受当地的历史、文化和艺术。

三、博物馆展览要力求精品化

博物馆的展览是向公众传递文化知识和艺术美感的重要方式。为了将博物馆打造成具有

辨识度的城市客厅，展览内容和形式都应当力求精品化。首先，在展览内容上坚持文化精品。一个博物馆陈列水平的高低不在于藏品数量的多少，而在于其藏品的文化内涵、文化渊源[5]。要呼应时代主题，精心挑选具有代表性和独特性的展品，力求让观众在有限的空间内领略到最具魅力的文化艺术。如2023年全国博物馆十大陈列展览精品中，有4个关于建军强军、民族抗战的陈列展览，反映对军队文化建设的重视并致敬建军95周年。其次，在展览设计上与时俱进。要通过科技手段、艺术手法等突出展示效果，提升观众体验，使展览更具吸引力和感染力。如扬州中国大运河博物馆的展厅以历史、人文、非遗、自然、艺术等多重视角，依托14个独具特色的展示空间，运用运河文化中水、船、人等元素，年轻化、艺术化的语言以及绘画、雕塑等当代艺术作品，提炼出具有象征意义的造型，呈现了当代雕塑家对运河传统文化的思考，开启一场关于历史文化传承、传统与当代并存状态的对话，传播展示大运河生生不息的活力与精神，勾勒出人们对美好未来的憧憬与期待[6]。在2023年度国际博物馆日中国主会场活动开幕式上，扬州中国大运河博物馆荣获全国"最具创新力博物馆"称号。

四、博物馆社会教育要打造品牌化

社会教育工作是连接博物馆与观众的纽带和桥梁，更是让博物馆"活"起来、"火"起来的增长极。博物馆作为社会教育的重要场所，应当在教育方面形成品牌效应。在加强自身建设的同时，博物馆要注重与学校、社区、科协等单位合作，通过举办主题讲座、研讨会、夏令营等系

列教育活动，让更多的人参与到博物馆的学习和教育中，形成大社教格局。要加大与社会组织、企业在特色教育方面合作，提供多样化、分层化、特色化的教育资源，广泛开展具有品牌效应的社会教育活动。同时，要注意规避文化资源堆积、千篇一律的形式等通病，加强社会教育内容、方式、方法、手段创新，进而引起观众的兴趣与共鸣。川陕革命根据地博物馆坚持守正创新，凝练了打造红色文化精品课堂的经验范本：一是举办特色展览，推出红四方面军主要将领展、川陕苏区美术作品展，联合四川博物院推出"川陕奇迹"文物图片展，把流动博物馆送到群众家门口，让红色文化"走进"寻常百姓家；二是推出特色活动，在重大节日节点开展重温入党誓词、新党员入党宣誓等主题活动，清明节推出的网上祭英烈活动参与群众达10万人次；三是注重融合互动，每年国际博物馆日期间，将主题展览、文创售卖、拓片、打草鞋、纺线、临摹红军石刻标语等参与性、互动性强的活动融入纪念日活动，吸引广大群众参与，进一步扩大影响力和覆盖面[7]。

五、博物馆文创要聚焦时代化

博物馆的文创产品是连接观众和文化遗产的重要桥梁，也是博物馆经营发展的重要组成部分，其本质上属于用于交换与流通、拥有庞大的消费群体的商品。如今，博物馆的文化需求全面升级，逐步朝虚拟化、年轻化、时尚化发展[8]，为促使博物馆具有辨识度，文创产品的开发应当与观众的喜好和时代潮流相结合。文创设计者可以通过结合文物元素，形成独特的设计风格，开发具有时尚感和创意性的文创

产品。例如，将传统文化元素与现代科技相结合，设计出具有科技感和艺术美感的文创产品，使传统文化在新时代的文创产品中焕发新生，吸引更多年轻人的关注和参与。文创产品是文化创意产品，其核心要素非文化莫属，文化是博物馆文创的创作之源，它的转化形式分成两种：一是具体物质或精神文化在文创产品中的重现，二是将文化素材以意象的形式呈现于文创产品当中[9]。在新的时代背景下，运用好这两种转化形式，借助现代科技手段对文化资源、文化用品进行创造与提升，展现中国式现代化人类文明新形态，将成为博物馆文创产品获得公众认可、抢占市场份额的重中之重。

六、博物馆管理要注重人性化

管理出效益、管理出形象。博物馆各项功能的充分发挥，离不开其内部的良好运行管理。在新时代的背景下，博物馆管理的重要性大大增强，需要正视当前部分博物馆管理存在的一些问题，具体表现为四点：博物馆文物安全受到威胁、藏品管理存在不足、公共服务水平较低、不同类型人才缺乏严重等[10]。应对这些问题，博物馆需要更新管理观念，形成现代化运行管理意识，构建优秀的人才队伍，强化软硬件设施改造升级，使管理作用充分发挥，公共服务水平不断提高。在这一基础上，博物馆要贯彻"以人为本"的管理理念，注重人性化人力资源管理，关注员工的需求和发展，建立分类考核激励机制，根据不同职能岗位的特点和要求调整优化相应的考核标准，为文博人才提供良好的薪酬待遇，打通职务职级晋升通道；要注重员工的职业发展规划，提供多样化的职业培训，鼓励职工考证考

级，实现个人横向纵向发展，在博物馆工作中找到归属感、实现个人价值。

七、博物馆宣传推广要力争系列化

现今，大众接收分享信息、进行文化交流的途径产生了巨大转变，博物馆的宣传和推广也发生了深刻变化。及时高效的宣传推广能够在博物馆和社会公众间建立起纽带，大幅提升博物馆的知名度，吸引更多专业人士到博物馆开展学术探究，以及更多的公众到博物馆参观学习，同时为公众向博物馆提出更多合理化建议提供有效途径，不断改进和完善博物馆服务、提升博物馆内涵。博物馆需要开展多层次合作、打造系列化活动方能达到良好宣传推广的成效。要通过建立与时俱进的传媒矩阵，与电视、报纸、杂志、网络等媒体合作，进行深度的、系列性的、专题性的宣传报道。要与旅游机构、文化公司等合作，开展博物馆文化旅游产品推广，实现文旅融合发展。要全力打造融媒体传播模式。博物馆的宣传推广工作应最大限度地利用新媒体优势，提升博物馆的知名度和影响力，实现博物馆的健康持久发展[11]。注重微博、微信、抖音等社交媒体的运用，开拓文博序列媒体传播阵地，发布博物馆的最新动态和推广活动，吸引更多的关注和参与。

坚持守正创新，努力将博物馆打造成具有辨识度的城市文化客厅，可以让博物馆在城市中发挥更大的作用。博物馆的外形特色化、研究地域化、展览精品化、社会教育品牌化、文创时代化、管理人性化和宣传推广系列化，将为博物馆的发展注入新的活力和动力，使博物馆成为城市文化建设的重要支撑和城市形象的重要窗口，更好地履行其使命，为人类文明的传承和发展作出更大的贡献。

参考文献

［1］姬秀丽：《古根海姆博物馆联盟对我国乡村文化建设的启示》，《泰山学院学报》2020年第3期。

［2］禹航：《巴黎卢浮宫博物馆扩建工程玻璃金字塔再解读》，《华中建筑》2013年第2期。

［3］郑晶：《大运河文化如何开发？——以扬州中国大运河博物馆为例》，《美术观察》2021年第10期。

［4］周璇：《川陕革命根据地博物馆：走好新时代的长征路》，《文化月刊》2021年第2期。

［5］郭琳：《增强博物馆地域文化特色建设的思考》，《网友世界》2012年第18期。

［6］郑晶：《大运河文化如何开发？——以扬州中国大运河博物馆为例》，《美术观察》2021年第10期。

［7］周璇：《川陕革命根据地博物馆：走好新时代的长征路》，《文化月刊》2021年第2期。

［8］李国：《博物馆文创如何抓住新消费风口》，《工人日报》2023年1月3日。

［9］王琳：《传统文化在博物馆文创中的应用》，《大观（论坛）》2022年第12期。

［10］唐治洲：《当前我国博物馆管理问题探究》，《中国民族博览》2022年第15期。

［11］段淼：《新媒体时代博物馆的宣传与推广》，《中国报业》2023年第8期。

城市博物馆的多元属性

尚尔靓

（大连博物馆）

城市博物馆与其他博物馆有着共同的性质和使命，借用国际博物馆协会对博物馆的定义来表述，它们都是"一个为社会及其发展服务的、向公众开放的非营利性常设机构，为教育、研究、欣赏的目的征集、保护、研究、传播并展出人类及人类环境的物质与非物质遗产"。但城市博物馆作为一种新型博物馆又有着特殊的指向，就是要为"城市及其发展"服务，征集、保护、研究、传播并展出"城市及城市环境"的物质与非物质遗产。城市博物馆的属性特征就存在于这一特殊的指向之中，因此，科学认识"城市及其发展"的内涵，准确把握这一内涵对城市博物馆的规定和要求，具有十分重要的意义。

一、城市及城市发展的内涵与意义

城市是什么？不同学科给予了不同的回答。经济学认为，城市是各种经济市场相互交织在一起的网络系统；社会学认为，城市是在地理上有界的社会组织形式；地理学认为，城市是地处交通方便环境且覆盖有一定面积的自然与社会结合体；建筑学则认为，城市是具有一定规模的建筑、交通、绿化及公共设施用地的聚落。这些定义皆是从不同视角给出的，其既有合理性，也存在片面性。为此，一种跨学科的综合性思维应运而生。它们从认识城市本质入手，采用与乡村相比较的方法，概括了城市的基本内涵。较为大家所认同的有两种：其一为"城市，人口集中，工商业发达，居民以非农业为主的地区，通常是周围地区的政治、经济和文化的中心"[1]；其二为"城市是以人为主体，以空间利用为特点，以积聚经济效益和人类社会进步为目的的一个集约人口、集约经济、集约科学文化的空间地域系统"[2]。可见，人的主体地位、城的空间特点、市的集约和推动作用成了定义的关键点。

城市发展具有怎样的含义？不同立场的人也给出了不同的标准。有人强调人口数量的增长和建筑体量的扩大，"规模"成为衡量发展的主要指标；有人强调城市年度生产总值和财政收入，"数量"成为衡量发展的主要指标；有人强调城市体制机制改革和制度建设，"创新"成为衡量发展的主要指标；有人强调市民的社会道德水平，"文明"成为衡量发展的主要指标；还有人用城市影响力去定义，认为只有成为地区经济与社会发展的引擎，才能称作发展。不同的标准，推动了城市的局部发展，但也给城市整体及地区和国家发展造成了一定的负面影响。例如，唯"规模"的标准，导致城市的盲目扩张，土地资源遭到严重破坏；唯"数量"的标准，造成了环境的污染，空气质量明显变差；唯"创新"和"文明"的标准，忽略了城市的实体经济建设，出现了过度依赖房地产的情况；唯"影响力"的标准，则直接导致了一些城市像章鱼一样，将触角伸到了偏远乡村，破坏了乡村的独立完整。党的十八大以来，科学发展观深入人心，经济建设、政治建设、文化建设、社会建设、生态文明建设"五位一体"的发展理念，成为全国人民的共识。这是党和国家基于全面建设小康社会总目标对于发展的解释，是当今中国衡量城市发展最科学、最实际的标准。

城市和城市发展的意义在哪里？城市是人类文明史上璀璨的明珠，它代表了先进，代表了卓越，代表了繁华；城市发展是人类社会发展的火车头、发动机，它引领、带动着乡村的发展，驱使着整个人类社会不断进步。没有城市的国家是难以跻身文明古国行列的，没有大城市、中心城市的国家，是无法立于当今世界潮头的。城市已经成为一个地区乃至一个国家的标牌，成为先进生产力和先进文化的代表，城市发展正在成为一个地区乃至一个国家发展的基本战略。

二、城市及城市发展对城市博物馆的规定和要求

1. 综合性。我国博物馆的分类，一般以藏品和基本陈列内容为依据，分历史类、艺术类、科学与技术类、综合类四大类别。历史类博物馆主要收藏陈列的是历史见证物，着眼点是发展过程；艺术类博物馆主要收藏陈列的是代表性艺术作品，着眼点是审美价值；科学与技术类博物馆主要收藏陈列的是发现发明成果，着眼点是创新创造；综合类博物馆主要收藏陈列的是历史、艺术、科学与技术等混合作品或物品，着眼点是典型性和特色。城市博物馆以服务城市及其发展为宗旨，在收藏陈列上既要兼具历史类与综合类特性，又要表现出更高更强更广的特点。这是因为城市是一种多元存在，既包括可以直观感受的物质世界的方方面面，也包括触摸不到的精神世界的林林总总，它们之间及各自所含要素之间既相互独立又密切联系；城市发展既有自然因素的制约，也有社会因素的影响，而且这种制约和影响又是交叉的、多重的，只有站在经济建设、政治建设、文化建设、社会建设、生态文明建设"五位一体"的高度，全方位、多视角关照城市，才能准确完整地表现城市、服务城市。具体到收藏陈列领域，就是更加多元全面，既要包括已为传统博物馆所认定的文物类别（艺术品、科技产品、历史见证物），还要包括上述类别所没有涵盖，但为城市所不可或缺的含有自然环境信息（地质、地貌、水文、气象等）和社会文化信息（民风、民俗、民间文艺、语言、宗教等）的重要物品物件资料。事实说明，自然和社会信息是一座城市的重要存在，有的还成为人们记忆的标识（昆明、重庆、苏州之所以被称为"春城""雾都""水城"，便是由它们所处的地理位置和气象特征决定的；北京的四合院文化、南京的夫子庙会、福州的三坊七巷、拉萨的藏传佛教等，也都成了这些城市的代名词）。保

护传承城市所有遗产，是城市及城市发展所赋予城市博物馆的重要责任和使命。毫无疑问，这是其他博物馆所没有的高、强、广的大综合，是城市博物馆的特性所在。

2.地域性。艺术类、科学与技术类博物馆，一般都无地域限制，只要具备相应的价值标准，就都会成为收藏陈列的对象。传统的历史类、综合类博物馆，大多为省、自治区所属，虽然在收藏陈列上也有着地域限制，但这种界限常常是行政区内某处某种文化的代名词，而缺少地域的整体特点。城市博物馆则不同，由于城市及其发展内涵的规定，它的收藏陈列必须与城市所在地理位置和人文环境相适应，划定一个相对独立的区域。城市地理位置主要以地界为标志，它是城市所辖范围的数字表达，是城市与城市、城市与乡村之间的界标，没有了这一界标，城市就成了抽象的而非具体的存在；它又是计算城市经济与社会发展指标的依据，没有了这一依据，城市生产总值是否有增长，有多大的增长，社会有无进步，有多大的进步，就无从断定了。城市人文环境主要以文化生态为标志，它是一种物质条件，也是一种制度和约定俗成，反映了城市的价值观和精气神；它是阳光、土壤和气候，又是源头活水和核心竞争力，决定着城市文化的生长与面貌，也决定着城市的发展前景。城市博物馆必须在这种有限的地界内和相对独立的文化生态环境中"征集、保护、研究、传播"城市遗产，才能发挥服务城市及城市发展的作用，成为名副其实的城市博物馆。

城市人文环境与城市地界不完全重合，有的甚至会超越地界。这是由城市与它外部环境的关系决定的。如果城市是由外部环境迁徙而来，那它一定会有原生地的基因，隔山隔水也注定有着切不断的联系；如果与外部环境共生共存于一个大的文化系统，那么这个城市也一定会表现出母系统所共有的特征。这两种情况直接导致人文环境对地界的超越。但是，超越并非简单的跨并，应是对自身更加深刻和明确的定位，发现和确立城市在大系统的主体或特殊的作用，这同样是城市博物馆应有的责任、使命和属性特征。

3.开放性。城市是人与环境的对立统一体。作为主体的人，无论在知识结构、思维方式、价值观念等方面有何不同，其对美好生活永无止境的期盼是共同的。这种期盼既包括对衣食住行等物质生活的向往，也包括对丰富多彩文化旅游娱乐等精神生活的追求，彰显了人的本性。作为客体的环境，包括自然和社会两个方面，而无论是哪一方面，也无论条件和历史有何不同，落后于人不断增长的物质与精神需求是共同的，服务于人不断增长的物质与精神需求又是必须的。为此，山川、河流、森林、土地等要随之不断地改造改变，道路、广场、建筑及生产生活设施要随之不断地更新翻新，城市空间要不断向高向宽拓展，城市精神文明的水准要不断提升。城市人永无止境的向好欲望是城市发展的不竭动力，它与环境自始至终的对立统一，使得城市一直处于动态的生长之中。这种生长是变化，更是发展，其生生不息的力量源泉，便是城市持之以恒的改革与开放。开放是眼界、胸怀、姿态，也是一种品格，是城市特别是现代城市的重要特征。传统的博物馆，或将收藏陈列对准某一领域（如科学类、艺术类博物馆），空间是封闭的，或偏重过去发生的，将收藏陈列下限为新中国成立或新时期以前（历史类、综合类博物馆），时间是封闭的。

城市博物馆则不能，它必须与城市的生长相对应，关注过去，也要注重当下，还要将目光放眼到未来，既为今天而收藏昨天，又为明天而收藏今天，馆藏不再是静止的一潭水，而是流动的一条河，使陈列昨天、今天、明天并举，让昨天成为今天和明天的基础和借鉴，让今天和明天成为昨天的自然延伸和逻辑展开。必须坚定贯彻以人为本的方针，关注人的精神世界，反映人的精神特征及变化，表现人与人之间的制度和道德约束，弘扬优秀传统文化，传递城市时代精神；必须始终保持开放的胸怀，全面掌握城市在经济、政治、文化、社会、生态等领域对内对外交流合作的新举措新成果，使自己的服务对得准、落得实、跟得上。

城市及城市发展的内涵与意义规定了城市博物馆的属性，城市博物馆的属性特征决定了自身的职能、职责和主要任务。它们是城市博物馆的立馆之本和价值所在，是区别于其他博物馆的重要标志。

参考文献

［1］中国社会科学院语言研究所词典编辑室编：《现代汉语词典（第五版）》"城市"词条，商务印书馆，2005年。

［2］李铁映：《城市问题是个战略问题》，转引宋俊岭《城市的定义和本质》，《北京社会科学》1994年第2期。

从开放服务规范视角谈博物馆开放管理

——以故宫博物院为例

战恒彬

（故宫博物院）

博物馆进入中国的百年来，从无到有，从小到大，不断创新发展。博物馆作为以教育、研究和欣赏为目的，收藏、保护并向公众展示人类活动和自然环境的见证物，经登记管理机关依法登记的非营利组织[1]，在藏品保护、学术研究、开放服务、观众教育等方面发挥着积极的作用。其中开放服务作为博物馆的重要功能之一，也被越来越多的博物馆界同仁所认可。由于开放服务涉及领域众多，以往缺乏统一规范的标准，成为阻碍博物馆开放管理发展的一大障碍。

为了解决当今国内博物馆在观众服务领域的标准缺失问题，在国家文物局的牵头下，由湖南省博物馆具体起草的国家标准——《博物馆开放服务规范》（GB/T 36721–2018）（以下简称《规范》）于2019年4月1日起正式实施。自此，全国各类博物馆都有了一个统一规范的开放服务标准。本次发布的标准从开放服务基本条件、工作人员要求及票务服务等9个服务子项分别制定规范标准。

开放服务规范化是一个系统性的工作，其涵盖开放服务的方方面面。大型博物馆在机构设置上，职能细分的特点明显。因此，《规范》中定义的开放服务范围涉及多个业务部门。《规范》中提出的9个服务子项涵盖故宫博物院院办公室、文化产业管理处、数字与信息部、宣传教育部、保卫处、开放管理处和文创事业部等多个部门的职责。

一、开放服务规范化在开放管理中的应用

（一）设立开放管理的专职部门

《规范》中对于开放基本条件，要求"应设有专门的服务接待部门，并配备专职人员，人员数量应与接待规模相适应"。故宫博物院的组织架构也曾与其他博物馆类似，曾设置有保管、陈列和群众工作部三大部门，其中群众工

作部是负责日常开放接待的部门。改革开放以来，故宫博物院的参观人数呈现出明显的增长态势，为了适应不断增长的参观人数，加强开放管理能力，提升开放服务水平，1984年11月，故宫博物院成立专职开放管理部门——开放管理部（现更名为开放管理处）[2]。开放管理处以安全、服务、卫生为三大任务，在保证文物、古建和观众安全的同时，为来院参观的观众提供整洁的参观环境和优质的服务体验。

（二）配备安全巡逻人员

《规范》中要求"应配备安全保卫人员在开放区域进行巡视"。随着故宫博物院开放面积的不断增加，许多非开放区域变成了开放区域，但是部分新增的开放区域不适宜采用固定岗位人员，开放管理处便在院内组织若干支保安巡逻队负责开放区域的巡逻。根据开放服务工作实际，开放区域内共设立60人的巡逻队，负责开放区域的安全巡视等工作。一方面，这些巡逻队能够将不宜采用固定岗位人员的开放区域"串联"起来，实现安全无死角，在出现突发事件时能够有机动力量第一时间发现上报处置，保证文物安全、古建安全和观众安全。另一方面，平时在巡逻过程中，巡逻队员可以随时回答观众的咨询提问，及时发现观众遇到的困难并给予帮助。

（三）制订《参观须知》

《规范》中要求"博物馆应公示开放时间和参观须知，如因特殊情况需闭馆或调整开放方案，应提前公示"。制订《参观须知》是博物馆开放服务规范化的重要步骤，博物馆与旅游景区不同，为保障观众的参观体验，需要对一

些行为和活动进行规范。随着近年来"故宫热"的持续发酵，故宫博物院内开始出现一些以营利为目的、专门从事古装拍摄或婚纱摄影的商业拍摄团队，他们利用故宫博物院的古代宫廷建筑的特点进行宣传，通过线上或线下的方式招揽生意，为顾客提供有偿的古装拍摄或婚纱摄影等服务。此外，故宫博物院内还出现越来越多的网络主播，视频录制和直播带货等活动愈演愈烈。上述行为存在影响古建安全、占用公共空间及设施、扰乱参观秩序等问题，也影响其他观众的正常参观[3]。《参观须知》明确规定"未经我院允许，禁止进行各类表演、宣传、采访、社会调查、宗教活动、售卖商品或服务、商业性拍摄等非参观游览活动"。通过制订《参观须知》，落实《规范》相关要求，有效遏制非参观游览活动对于正常参观活动的影响，改善参观环境。

（四）增设特殊群体关怀设施

《规范》中要求"博物馆应对老年人、未成年人、残疾人、低收入群体等特殊群体给予关怀"。故宫博物院的观众群体呈现明显的多样化特点，其中就包括老年观众、未成年观众、残疾观众等特殊群体。由于自身行动不便，一些老年观众和残疾观众会选择轮椅的方式入院参观，此外，未成年观众中的婴幼儿群体在院内还需要使用婴儿推车。无论是轮椅还是婴儿推车在院内推行都多有不便，为落实《规范》对于特殊群体的关怀要求，开放管理处克服古建环境下增设无障碍设施的不便，逐步在中轴线区域增设无障碍通道。目前，中轴线区域的无障碍通道已全部打通，观众从午门入门，可以沿太和门广场、昭德门（贞度门）、中左门

（中右门）、后左门（后右门）的无障碍通道前往三大殿区域参观。之后可通过东一长街、西一长街、日精门、乾清宫东庑、乾清宫、交泰殿、坤宁宫、基化门的无障碍通道分别前往后三宫区域、东六宫区域及西六宫区域进行参观，最后从御花园结束中轴线的参观。打通上述区域的无障碍通道，便于使用轮椅或婴儿推车的观众参观，有效提升特殊群体观众的参观体验。

（五）定期服务设施巡查

《规范》中要求"应定期对观众服务设施设备进行巡查，并建立巡查制度，发现问题及时检修，保证其正常安全运行。在检修期间，应向观众进行明示"。目前，故宫博物院在开放区域分布较为完备的观众服务设施，包括观众休息座椅、分类垃圾桶、参观引导牌等。这些设施方便了观众的参观，也提升了故宫博物院整体的服务水平。为保证上述设施的良好状态，开放管理处专门成立相关科室，负责开放服务设施的日常巡查，及时发现设施损坏，及时维修更换，并形成完整的记录备查。

为了能够让观众在故宫博物院内更加舒适地休息，近年来，故宫博物院的座椅等观众休息设施数量明显增加，相应的维保需求也不断增长。为此，每年故宫博物院开放管理处挑选专业供应商对座椅等观众休息设施进行维护保养。每年定期的维护保养，使得旧有的座椅变得焕然一新，破损的座椅也通过更换部件延长了使用寿命。

（六）提供观众意外伤害保险

《规范》中要求"宜为观众购买人身意外伤害险"。尽管《规范》中为观众提供意外伤害保险并未作强制性要求，但考虑到故宫博物院每年千万余人次的参观量，从提升开放服务水平以及防范安全风险的角度，故宫博物院为观众购买了人身意外伤害险。以参观为目的，在开放时间进入故宫博物院开放区域的观众，一旦出现人身意外伤害，可以通过故宫博物院由保险公司进行理赔。

（七）制定并优化极端天气应急开放方案

《规范》中要求"应制定突发事件应急预案"。博物馆作为公共文化机构，面向公众开放，不可避免地在开放管理中遇到各类突发事件。反恐防暴、疫情防控、大客流管控、观众异常行为管理、极端天气开放等方面都需要制定相应的预案，以备不时之需。故宫博物院与其他现代化博物馆不同的是，其主要开放区域为室外区域，受天气等因素的影响较大，特别是极端天气下，如何确保文物、古建和观众的安全是开放管理亟待解决的问题。

为此，结合故宫博物院的开放管理实际，制定《故宫博物院气象灾害开放应急方案》（以下简称《方案》）。《方案》依据《气象灾害预警信号发布与传播办法》和《气象灾害预警信号及防御指南》列出的十四类气象灾害等级，选取故宫博物院会遇到的七类极端天气，根据不同等级的气象灾害预警采取相应的措施，诸如关闭部分殿宇和区域、疏散观众到安全区域、闭馆等。

《方案》实施以来，也遇到部分管理措施缺乏数据支持、气象灾害预警与院内实际体验不相同、观众了解措施的渠道缺失等问题。为此，故宫博物院对《方案》进行优化。结合故宫博物院古建筑群风洞实验，模拟不同大风天气下古建筑的受损情况，补齐殿宇或区域关闭措施所需的数据支持。改变单纯使用气象灾害预警信号作为《方案》措施启动的依据，充分利用院内气象站的数据，作为大风天气、暴雨天气相关措施的启动依据。《方案》相关措施实施前，通过院内广播系统向参观观众提前告知即将采取的措施详情，与此同时，开放区域工作人员还可以使用手举提示牌等形式告知观众。

（八）提供干净整洁的参观环境

《规范》中要求"卫生质量应符合GB9669的有关要求"。《图书馆、博物馆、美术馆、展览馆卫生标准》（GB 9669—1996），该标准于1996年9月1日实施，现已被2019年11月1日实施的《公共场所卫生管理规范》（GB 37487—2019）所替代。

环境卫生是故宫博物院开放管理处的主责主业之一，自2008年以来，故宫博物院开始使用物业保洁服务负责开放区域的环境卫生。故宫博物院开放管理处对物业保洁人员开展岗位培训，确保所有物业人员上岗前了解岗位情况，熟悉岗位职责，掌握岗位技能。开放区域保洁工作包含地面保洁、展柜玻璃清洁、服务设施保洁、垃圾分类转运等内容，上述工作以《公共场所卫生管理规范》为标准，按照"片纸不留一尘不染"的工作要求，落实日常监管责任，将开放区域划分相应的责任区，安排专人负责。此外，疫情期间，还定期对开放区域进行消杀工作，降低疫情传播风险，提供安全卫生的参观环境。

二、对开放管理的若干思考

开放管理的目的之一就是为观众提供优质的开放服务，让观众能够在博物馆参观过程中收获良好的参观体验。上述的措施在实现博物馆开放服务规范化的同时，也促进开放管理水平的提升。然而，《规范》涉及博物馆开放服务的方方面面，开放管理的一些领域仍存在较大的发展空间。在当前开放服务的基础上，需要不断优化现有措施，推动开放管理的进一步发展。

（一）打造开放管理专业人才队伍

博物馆设立专职的开放管理部门，在推进开放服务规范化的过程中发挥着重要的作用。随着规范化进程不断深入，对工作人员的专业程度要求越来越高，缺乏专业人才队伍将严重制约开放管理的进一步发展。为此，以《规范》落实为契机，注重培养工作人员的专业素养，从开放服务专业知识、应对突发事件等方面开展系统性培训，对于具备条件的工作人员，鼓励其取得相应的资格证书。与此同时，在年轻人才引进上，注重发掘其在开放管理领域的发展潜力，提升开放管理人才队伍的专业性。

（二）措施文件不断完善

规范化的博物馆开放服务离不开制度的保障，《参观须知》是对参观博物馆的观众的一种行为约束，也是博物馆开放管理的制度保障之一。在博物馆的日常开放服务中，难免会遇到一些影响博物馆正常参观秩序的行为。如何进行有效的管理，《参观须知》为日常的开放管理提供了重要的依据。然而，由于《参观须知》存在的滞后性，开放管理面临当下热点问题时，因缺乏相应的依据，在管理上面临被动局面。为了解决上述问题，需要结合热点问题，不断完善《参观须知》。及时将热点问题的管理措施纳入《参观须知》当中，使得新问题能够得以有效管控，防止事态扩大影响管理效果。

对于一些拥有较大室外开放空间，以及存在古代建筑的博物馆来说，极端天气对开放管理的影响不容小觑。极端天气下的盲目开放，如处置不当，不仅不满足《规范》对博物馆开放服务的规范化的要求，也会对博物馆内馆藏文物、古代建筑乃至参观观众本身造成不利影响。为此，故宫博物院针对极端天气制定应急开放措施的努力值得推广。与此同时，《方案》本身还存在完善的空间。《方案》已就大风天气、暴雨天气的应急开放相关措施以及整个极端天气应急开放的启动流程进行了优化，其他的极端天气应急开放措施也应当进行优化提升。为此，应该多部门联合开展相关研究，针对《方案》中涉及的其他极端天气的应急开放措施进行优化，进一步完善《方案》内容。

（三）加大特殊群体的关怀力度

近年来，老年人、未成年人、残疾人等特殊群体的参观意愿显著增强，随着这部分观众的比例增加，也暴露出日常开放管理工作对于特殊群体关怀力度不足的问题，诸如：缺乏适老助老方面的管理经验、开放区域无障碍设施还有待完善等。

为此，应当组织开展专题调研，通过加强馆际合作，学习其他博物馆在适老助老方面的先进经验，将学习到的经验结合自身的工作实际加以应用，初步摸索出符合各博物馆特色的适老助老相关措施。以故宫博物院为例，应当进一步完善无障碍设施的覆盖范围，逐步在武英殿、文华殿、奉先殿等处增设无障碍坡道，方便使用轮椅或婴儿推车的观众。增强工作人员关怀特殊群体的意识，通过各类培训，让工作人员掌握特殊群体帮扶技能，更好地为特殊群体提供服务。

三、结　语

现如今，博物馆对开放服务领域的重视程度越来越高，一方面是博物馆自身发展的需要，另一方面也是观众需求的一种反馈。为此，《规范》为博物馆的开放服务提供了一个统一规范的标准，如何在《规范》落地的基础上，不断提升开放管理水平，实现开放服务的多元化发展，还需要博物馆在实践中不断探索。故宫博物院结合自身的实际，从开放管理角度，践行《规范》相关内容取得一定的经验，但在实现开放管理与开放服务良性发展过程中，还有很长的路要走。

博物馆在统一的标准之上，还应制订长远的规划，发掘自身的优势，调动创新的活力，积极探索符合自身特色的发展之路，实现开放管理与开放服务的良性发展。

参考文献

［1］黄志华：《博物馆开放服务规范》（GB/T 36721–2018），《标准生活》2018年第11期。
［2］故宫博物院院史档案，《开放管理部》编号：19850622z。
［3］战恒彬：《博物馆内商业拍摄对于开放管理的影响及对策》，《文物鉴定与鉴赏》2023年第5期。

开封市博物馆管理体制建设研究

赵宜聪

（开封博物馆）

随着文化产业的高速发展，现代社会文化产业与旅游资源高度融合，迫切需要博物馆开拓以文化宣传与文化教育为主要类型的文旅结合的新发展道路[1]，让文化展示、教学研学、旅游休闲为主基调的现代博物馆职能逐步增强，传统的博物馆管理模式与制度受到其新职能转变的影响随之发生变化。在社会发展与人民精神文化生活快速提升的背景下，顺应时代要求转变博物馆管理理念与管理能力，成为当下博物馆更好发挥自身功能与优势的关键。

一、博物馆管理学研究探索背景

国内博物馆的上级管理机构主要以各级文物主管部门为主，采取部门负责制的监督管理体制。作为承担社会文化事业发展的重要力量，满足公民精神文化需求，提高公民思想道德水平和文化素质是当代博物馆的重要使命[2]。本研究重点放在开封市博物馆制度建设基础之上，以《博物馆管理办法》《文物保护法》为基础，在事业单位法人管理的大前提下，结合管理运行实践

减少博物馆管理制度建设中理论谋划与实践布局的冲突，让博物馆建设与运行同社会发展相协调。研究的难度主要集中在相关法律、法规的实践应用上，法规理论运用于博物馆制度建设中尚存在理论与实践的矛盾。另外，开封市博物馆运行机制中还存在经费不足、人员结构单一的固有问题。其长期在制度建设上，主要以工作制度为主主抓对汇总材料的总结，征询事业单位公文原件等部分内容存在内部档案消化的问题[3]。

二、开封市博物馆管理制度

开封市博物馆作为市内运营的非营利公益性事业单位，并不是以获取收益作为主要工作目的，更多的是为了实现一定的社会职能，开封市博物馆的工作主要为展览展示服务、文物展览服务、民俗展览、非物质文化遗产研究、文物修护与保护等。本研究基于管理事项的探讨，实则管理事项主要是以开封博物馆服务与执行为主。涉及的管理制度范围与内容主要有：开封博物馆工作规则、馆职工代表大会工作章程、在编职工各

类假期管理规定、劳动用工管理制度、职工继续教育管理规定、考勤管理制度、监察工作制度、公文处理规定、保密制度、档案管理办法、公章管理规定、信访工作制度、妇委会工作制度、团委工作制度、公务接待管理制度、公务车辆管理办法、财务管理办法、物资设备管理办法、环境卫生管理办法、安全文明施工制度、安全保卫管理规定、消防管理规定、陈列展览管理办法、藏品管理制度、文物保护工作管理办法、计算机及信息管理办法、社会教育服务管理办法、图书资料管理办法、科研管理办法、大晟乐舞管理制度等。

开封市博物馆设置管理体系制度建设由来已久，早在1989年包公湖馆区修建完成后，当时的博物馆馆长就有意实施《开封博物馆规章制度汇编》，其目的就是在新运营的场馆下，不断适应新的环境因素，继而加强管理、完善制度、提高工作效率。包公湖馆区的建设是当年开封市文化发展的一件大事，运营实施皆是按照一流博物馆建设要求展开的，多项大事与好事在文博行业中得到适当的开展。在创建包公湖馆伊始，馆领导十分注重规章制度的设置与实行，采取以制度管人，以条例办事的工作准则。

1.管理制度制定的意义

开封市博物馆职工关注度最高、反映最强烈的两个管理制度是《开封市博物馆各类假期管理规定》《开封市博物馆考勤管理制度》。开封市博物馆作为公益性的文化单位，社会服务与公益行为是其肩负的重要职责，博物馆运营中制定科学规范的规章制度是进一步促进文博事业全面发展的基础，同时也是开展各项工作的基本准则，从草拟和撰写时就凝结了全馆工作人员的心血。从馆领导到各部、室皆按照自身业务范围和管理工作权限，采取逐层申报负责的方式落实相关规章制度。

制定规章制度和管理办法就是为了规范工作程序，提高工作效率，建设服务规范、运转协调、公正透明、廉洁高效的工作秩序。具体强调落实到工作职责、决策程序、调查研究、作风纪律、廉政建设、会议制度、公文审批等事项[4]。事业单位在法人治理下实现科学民主决策，提高服务水平，健全监督制度，执行工作纪律，加强廉政建设[5]。

2.开封市博物馆请假制度探究

开封市博物馆各类假期请假制度的设置，主要依据的是国家假日管理条例以及河南省职工休假的相关要求，并结合馆里工作实际，制定的各类假期放假请假制度。制度制定时要兼顾在编职工、聘用职工、人事代理人员等不同人员的权益，防止出现区别对待的情况，共同维护本单位全体职工的利益。请放假制度主要参考《事业单位人事管理条例》《河南省人口与计划生育条例》《职工带薪年休假条例》等法律法规。以请假手续办理为例，正常办理请假手续需填写提交请假审批表，先经科室主任签字，再由分管领导签字，方能准假。关于请假多久需要审批的问题多发生分歧，例如请假半天或一天是否需要主管领导签字；请假天数超过10天或者15天如何安排具体请假流程，是否需要馆领导批准等程序。

在年休假制度上，主要依据人事部2008年《机关事业单位带薪年休假实施办法》，以及企业职工所能享受的《职工带薪年休假条例》第三条内容，企业职工所能享受到的年假制度与事业单位所享受年假制度在分配上应相同。但在实际执行中，以开封市博物馆为例，馆员大多为开封本地人，多无探亲假的要求，自2008年起开始实行的公休假制度在本馆推行仍存在理解差异，部分职工对待长期假期仍采取请事假或者调休的方式。开封市人事考核管理规定中对待职工依法享受寒暑假，其休假天数多于年休假天数的，可替代年休假天数，单位职工因请事假累计达到20个工作日以上的，单位有特殊规定的要扣除部分工资。以同属于文博系统的河南博物院为例，采取区分职工的方式对待假期，例如在编职工原则上享受《机关事业单位带薪年休假实施办法》，而聘用人员或长期人事代理人员采取的是《职工带薪年休假条例》。虽在年休假内容上分歧较小，但有一个重要问题，即在年休假期间存在不同的工资发放情况，在编职工请假不受年休假影响，以及其他休假期间享受基本工资待遇。

再者以婚丧假为例，参照全国各类假期放假条例和河南地方的风俗习惯，以及2015年新修改的《中华人民共和国婚姻法》的内容，对职工请婚假设置具体的天数并加入了补充说明，对奖励和社会保障部分提出相关要求，假期期间工资待遇不发生变化。关于丧假上的安排主要参照20世纪80年代《国营企业职工请假丧假和路程问题的通知》，同时按照工作实际并结合本地风俗习惯来处理丧假的具体实施情况。

开封市博物馆馆内女性职工较多，国家放开二孩政策后馆内女性职工对生育孩子有了较高的需求，对产假、哺乳假的时间长短也有特殊要求。生活质量的提高和保育技术及意识的进步，更多的女性职工选择合理的假期时间来安排新生儿的保育、养护、哺乳等程序性任务[6]。长期的计划生育政策和单一性结构的家庭更加注重新

生儿的降生，生育假期政策主要按照《河南省计划生育条例》规定实施。女性职工生育享受98天产假，再依据《河南省计划生育条例》增加产假3个月，即给予产假6个月。女性职工怀孕未满4个月自然流产的给予产假20天，这是女性职工特别规定，难产的女职工增加产假15天。为全面贯彻《人口与计划生育法》，男性职工可在配偶生育后享受7天的陪护假，《河南省人口与计划生育条例》陪护假在原7天的基础上增加至一个月。为保障新生儿健康快乐成长，生一孩女性职工哺乳期不超过九个月，每天劳动时间内为哺乳期女职工安排一小时哺乳时间，女职工如生育多胞胎，每多生育一个婴儿每天增加一个小时哺乳时间。

探亲假待遇的相关规定中，凡在国家机关、人民团体和全民所有制企业、事业单位工作满一年的固定职工可享受探亲假，即与配偶不常住在一个城市，可享受探望配偶的待遇；与父母不住在一起，又不能在公休假日团聚的，可以享受探望父母的待遇，采用年假的形式一次给予，原则上应是每年都准予放假。这些内容主要参考了《国务院关于职工探亲待遇的规定》与《河南省博物馆在编职工各类假期管理规定》等条例，条例中规定的假期均包括公休假日和法定节日在内，且探亲假属于享受性假期，未享受视为自动放弃，不再放假。

3. 开封市博物馆考勤制度探究

开封市博物馆注重对员工考勤制度的管理，严肃劳动纪律、规范工作秩序、提高工作效率为设置考勤制度的根本目的。考勤制度的实施主要依靠上下级监管体系进行，即科室负责监督与检查，实行领导负责制，各部室主任对科室内部工作人员进行监督和检查。此项制度建

设主要参照《劳动合同法》《事业单位人员人事管理条例》等成文法律，依照法律要求此项条例中所涉及的假期主要包含公休假、请事假、公务外出假。

单位范围主要以文博展览性质的公益单位为主，因展出和布展参观需要，馆内对员工放假采取的方式多为节假日值班，工作日轮休或者调休制度。因工作加班和公务外出延迟的原因，很多职工容易将请假与调休相混淆，无法履行请假手续，多存在旷工或者延迟上班的现象。申请职工请休假手续应以书面申请为主，交由部室主任审批，再经主管馆长、馆长进行审批。同时为开展馆内正常业务，每位员工在请假前需要预留联系方式，并保持电话畅通，确保有紧急情况时，能及时联络。

考勤制度关系着单位的工作效率，如果单位中存在无故脱岗、未按时上下班、长期无故外出的状况，必然会导致工作效率低下。依据《中华人民共和国劳动法》参考对员工的奖惩条例，有针对性地对职工旷工、无故请假、故意迟到早退现象进行处理，事业单位人员多数是公职，在实际工作标准中应参照2017年《公务员法》相关内容，涉及调休、请假、公务外出补助休假等方面，公务员可按照国家规定享受福利待遇。依照地区发展的经济水平提高公务员休假福利待遇。公务员实施国家规定的工作时制，按照国家相关规定享受休假。如在法定工作日之外加班的，应给予相应的补休[7]。

完善的奖惩制度是激发考勤不断促进单位发展的重要激励手段，利用奖惩的考勤办法，对不同类型的人员工作状态实施奖励或者惩罚，批评教育为主，以圆满完成本职工作，高效率地提升单位工作业绩。单位的奖惩主要以奖金的形式进行区分，以扣发部分工作绩效或现金处罚为主要形式，在月度内无出现迟到、早退、旷工、请假等情况，能圆满完成本职工作将发放全额工资。出现以下情况不扣发工资，凡国家的法定假期，例如节假日、公休假、探亲假、调休假，考勤奖照发，出现公务外出培训、学习、出差、开会、考察、出国，考勤奖正常发放[8]。如有下列情况，馆内可对职工进行处罚，迟到或早退1次、一月之内迟到早退累计3次以上，一个月迟到累计10次以上，都要扣除当月考勤奖。无故不参加会议或重要活动，每次扣除20元，迟到或早退活动每次扣除5元。上班和值班期间严禁无故脱岗、睡岗、酗酒、打扑克、下棋、玩电脑游戏者处百元处罚，如有部室主任或负责人出现上述情形则加倍处罚。凡请病假2个月以内者，需由医生开诊断证明并加盖公章，由部室领导根据当事人情况批准进行扣发工资和薪金。事假中除特殊情况下如有超期，应按照各类假期相关规定酌情扣发工资，旷工达半天以上扣除部分考勤奖或者全部扣除考勤奖，由各部门研究具体处理办法，对长期旷工的工作人员，按照自动退职进行处理。

三、余 论

开封市博物馆贯彻落实习近平新时代中国特色社会主义思想，强调文物保护和文化遗产保护传承工作的重要性，规范博物馆工作管理，促进文物博物事业发展。制定《开封市博物馆管理制度汇编》就是为了解决馆内长期存在的工作纪律涣散、工作积极性不高、发现问题意识薄弱等问题，旨在规范工作程序，提高工作效率，建设服务规范、运转协调、公正透明、廉洁高效的工作秩序，依法按照国家、省、市各职能部门的有关法律法规与相关要求，结合我馆实际来制定相应的工作制度[9]。在今后的工作中，开封市博物馆在贯彻落实纪律规章制度过程中，要自觉维护工作和生活纪律，合理利用规章制度，职工保护自身权益的同时，还应严于律己，规范自身的行为习惯。

附记：本文系开封市哲学社会科学2020年规划课题"开封市博物馆管理体制建设研究"（项目编号：ZXSKGH-2020-677）阶段成果。

参考文献

［1］王媛媛：《博物馆管理工作浅谈》，《卷宗》2015年第10期。

［2］郑夏娟、冯亚飞：《论现代博物馆内部管理中的制度建设》，《自然博物》第3卷，2016年。

［3］邱林：《浅谈博物馆现代管理制度》，《中国包装科技博览》2012年第28期。

［4］黄哲京：《我国博物馆章程建设现状分析》，《故宫博物院馆刊》2014年第3期。

［5］王新生：《博物馆法人治理结构建设浅析——以晋祠博物馆为例》，《文物世界》2018年第6期。

［6］王敏琪：《浅谈博物馆的科学管理》，《商》2015年第23期。

［7］王宏钧主编：《中国博物馆学基础》，上海古籍出版社，2001年。

［8］文化部文物局主编：《中国博物馆学概论》，文物出版社，1985年。

［9］国家文物局博物馆司编：《博物馆工作手册》，华龄出版社，2007年。

考古之光，照亮文明之源

——吉林省新时代边疆考古回顾与探索

韩 洋

（吉林省文物局 吉林省文物考古研究所）

吉林省处于东北亚的腹心地带，东部与俄罗斯接壤，东南部以图们江、鸭绿江为界，与朝鲜相望，边境线总长1438.7公里。其中中俄边境线232.7公里，中朝边境线1206公里。最东端的珲春市最近处距日本海仅15公里，距俄罗斯的波谢特湾仅4公里。目前境内共发现不可移动文物9204处，其中世界文化遗产1处，全国重点文物保护单位95处，省级文物保护单位354处，市、县级文物保护单位2185处，国家历史文化名城3座，国家考古遗址公园2处。吉林省古代民族众多，地方民族政权的活动区域及文化交流涉及今日本、韩国、朝鲜、俄罗斯东部地区，塑造了吉林文物工作边疆性、民族性和国际性的特点，历来为东北亚各国所关注。近年来，吉林省新时代边疆考古和历史文化研究成为东北亚国际政治重要课题之一，与海南考古和新疆考古一样在服务国家大局、维护国家主权与文化安全方面发挥着重要作用。

一、历史回顾

吉林省的考古和文物保护工作，可追溯到有展览和相关机构时，吉林省陈列展览活动始于清末，1909年8月，清政府职掌保存古迹事项的民政部令各省督抚"随时搜集，分类储藏珍品，共之众人观览"，查周秦以来碑碣、石幢、石磬、造像及石刻、古画、摩崖字迹、金石诸物，并令在省城建立博物馆，吉林省此时未能建立博物馆，相应业务由吉林省立图书馆代办。1919年，吉林省教育厅以"购入大宗仪器、标本，连同各校学生成绩，一并陈列，供众观览"为由，设立教育品陈列所。1922年，教育品陈列所并入吉林省立图书馆。1927年，因财力不支，陈列所撤销，所藏标本、仪器分拨吉林女中、吉林一中。1930年6月，国民政府教育部颁令要求各省设立博物机构，保存古物。此次，吉林省亦未能设立博物馆。这个阶段可视为具有展览功能的博物馆雏形期。东北沦陷时期，日本侵略者为长期占领中国，制造"满洲独立"论，就将古迹、古物保存视为"国家创始之要图"。1933年8月，伪满洲国文教部公布《古迹保存法》及《古迹保存法施行规则》。1936年10月，吉林省立图书馆附设古物陈列室，收藏了永吉、桦甸、敦化、扶余等县出土的古物、古器及古城址照片和该馆馆长胡绵书献出的50余枚古钱，陈列并展出。1938年5月，伪满洲国国立中央博物馆筹备处成立。1939年7月，在"新京"（今长春市）正式成立了伪满洲国国立中央博物馆，主要藏品为自然科学和社会科学方面的标本6万余件。目的是为日本侵略者的侵略政策服务，由伪满洲国民生部管理。1945年8月，日本侵略者投降，伪满洲国国立中央博物馆也随之解体。这个阶段可视为带有殖民色彩的博物馆形成期。中华人民共和国成立后，为了搜集、保管、研究和宣传、展示历史遗物，1951年5月，设立了吉林省博物馆（吉林省历史博物馆），这也是数十年来吉林省文物事业人才培养的摇篮和行业航母。吉林省文物考古研究所、吉林省近现代史博物馆、吉林省自然博物馆（东北师范大学自然博物馆）、吉林省文物店、吉林省伪皇宫陈列馆（伪满皇宫博物院）等都是其发展壮大后的派生机构。这个阶段是真正意义上的博物馆和文物保护考古机构的发展期。

吉林省境内最早的考古活动，始于20世纪初日本人鸟居龙藏在吉林的考古调查。东北沦陷时期，日本人在吉林市、延边州和集安市等地进行了大量的调查与部分试掘工作。中华人民共和国成立之前，李文信对龙潭山区域的调查和杨公骥等对西团山墓地的发掘，可视为中国学者在吉林省考古工作的开始。作为中国边疆考古的重要组成部分，自1983年吉林省文物考古研究所成立以来，通过长期有针对性、系统的考古工作，初步构建起了吉林省考古学文化的时空框架，吉林考古工作取得了丰硕成果。100万年前郭王府屯遗址的发现，延伸了历史轴线，实证百万年的人类史。长白山地抚松枫林遗址和和龙大洞遗址的发掘为研究东北亚地区石器加工技术传播、人群迁移提供了全新视角。大安后套木嘎遗址诠释了13000年前人类就在此生息、繁衍，这是目前中国东北地区发现最早的新石器时代遗址。夫余国核心区域吉林市帽儿山墓地的葬俗、葬制，出土的漆器和丝织品，是丝绸之路进入吉林省最好的印证，代表了这一时期东北亚地区文明发展的最高成就。集安世界文化遗产是汉唐时期东北亚文明发展进程的重要例证，对东北亚地区的文化发展产生深远影响。延边中京"显德府"、东京"龙原府"呈现的建筑格局，六顶山墓群贞惠公主墓碑、龙头山墓群简王王后碑、贞孝公主墓壁画所呈现的遗存信息和特征，既是"海东盛国"文化与唐文化相互交融的载体，也代表着"海东盛国"文明发展的高度。乾安春捺钵遗址是迄今发现中国面积最大、世界罕见的古代游牧民族季节性游牧营地，为辽帝行宫遗址的确认提供了新的证据。长白山金代神庙遗址是目前长白山地区发现的保存最好、等级最高的山祭文化遗存，是中国边疆考古的重大突破。图们磨盘村山城是中国首次对"东夏国"遗存进行发掘清理，填补了中国东夏国遗存考古工作的空白，对探索统一的多民族国家的形成过程，以及中国学者掌握东夏国研究国际话语权具有重要意义。池南老黑河遗址是吉林省首次对近现代史迹及代表性建筑进行发掘，磐石红石砬子遗址考古成果斐然，实证吉林省"东北抗日联军创建地"历史地位。这些考古新发现和新成果充实了边疆考古学术体系，彰显了边疆地区多元一体的文化交流，对东北亚古代文明的研究工作发挥了重要的推动作用，确立了吉林省考古在东北亚历史、考古学领域中的重要地位和作用，使吉林省文物考古工作成为中国文物保护体系中不可或缺的环节。同时也为形成以汉唐时期大遗址保护为核心、辽金城址群为重点、伪满警示建筑群、革命文物和"一五"时期工业遗产为代表的"五片两线一带十八点"的吉林省文物保护利用总体格局奠定了坚实基础。

吉林省具有较强的考古学研究能力，共有吉林省文物考古研究所、吉林大学、东北师范大学3支考古科研队伍。其中，吉林大学考古学院（教育部边疆考古研究中心）为中国培养了一大批在国内外考古学界具有较高地位的学术带头人，与北京大学考古文博学院一同成为中国考古学"双一流学科"。东北师范大学立足培养市、县所需的基层考古工作人才，为构建中国完整的考古科研体系做出了有益探索。吉林省文物考古研究所是吉林省最重要的考古力量，承担了省内配合大中型基本建设抢救性考古发掘和学术性考古发掘研究工作，科研项目数量、质量在全国考古文博单位中名列前茅，达到普通高校考古学系平均水平。

二、现实瓶颈

目前看，吉林省的文物工作虽然取得了一定成绩，但是仍有一些亟须解决的困难和问题，表现在以下几方面。

（一）边疆考古理论研究需进一步深化。边疆考古是中国考古学的重要组成部分，为探索中华民族多元一体格局形成的历史进程提供了重要证据，是维护国家统一和民族团结的有效手段。同时吉林省边疆地区考古学及其研究几乎涵盖了从旧石器时期到明清考古等各阶段，首要任务是建立边疆地区史前考古学文化谱系，把不同时期、不同文化之间的渊源及相互关系梳理清楚。重点加强对旧石器考古、汉唐考古等列入"考古中国"重大项目的研究，构建吉林文明标识体系，深化吉林文明在中华文明多元一体格局形成进程中的地位与作用，彰显吉林考古在建设"中国特色、中国风格、中国气派"的考古学中的价值。

（二）出土文物预防性保护与修复科技支撑不足。考古遗址现场出土文物的预防性保护、修复技术平台、考古方舱尚未建立，设施设备落后，多学科技术人员短缺，难以形成有效的科技支撑，致使科技成果转换滞后，文物保护和考古科技创新有待加强。需要建立田野考古、系统研究、现场保护一体化协同、科学化实施的工作管理系统，提升考古遗址智能化、科学化、精细化保护水平。

（三）考古遗址的保护水平和利用有待提升。吉林省考古遗址资源丰富，历史文化底蕴深厚，是吉林省最核心的文物资源，也是"万亿级"旅游产业发展的新动能，在全省文物保护利用工作中发挥着重要的引领作用。同时也存在配套的服务设施不完善，环境治理滞后、维护运行经费不足、开放程度不高等情况，考古研学、遗址展示、文化旅游、休闲娱乐于一体的精品旅游产品附加值兑现难度大，文物资源推动经济社会发展的潜力没有得到全面释放。

（四）考古保护工作力量薄弱。省级考古机构编制、人员不足，每年开展考古项目近百项，与吉林省在中国东北边疆地区考古中的重要地位不相匹配。缺少文物考古领军人才、骨干人才，缺少良好的引才留才等相关激励机制，导致优秀人才流失严重。重点方向考古研究人员出现青黄不接、后继乏人等问题，一旦与周边国家产生学术争端，无法掌控国际话语权，势必严重影响国家文化安全。

三、新时代探索

将继续围绕落实习近平总书记关于文物考古工作的重要论述精神，统筹边疆安全与发展，主动融入"一主六双"高质量发展战略，赋能经济社会发展大局，开拓进取，砥砺前行，推进新时代边疆考古事业蓬勃发展。

（一）加强边疆考古研究工作，积极构建国际学术界认可的话语体系。中国边疆考古中极其重要的政治准则和学术标准就是维护国家统一、国家主权和领土完整。充分发挥吉林考古准确阐释边疆地区的历史发展脉络和维护边疆地区社会稳定的积极作用。根据国家重大学术项目需求，加强地域合作，着眼解决东北亚旧石器与古人类文化迁徙交流及汉唐时期文化时空框架等重要学术问题，诠释吉林区域文明在中国统一的多民族国家形成过程中的地位和作用。加强多学科协同，以"冰雪丝路"考古综合研究项目为抓手，深化文物价值研究，助力经济社会发展。加强口述历史与考古研究结合，深化磐石红石砬子遗址考古发掘，为革命文物利用提供学术支撑。进一步加大考古成果的挖掘、整理、阐释工作，扩大研究成果在东北亚的影响力。

（二）加大科技创新转化，提升考古保护利用水平。加大重要考古遗址的数字化保护。加快推进吉林省文物考古工作站和标准库房建设，推动文物考古工作机制实现系统性重塑。强化现代科技在考古工作中的应用。探索寒地出土文物保护，实现考古工地数字化管理，建立动植物考古动态筛选机制。加强科技应用，开展"云端考古"，以系统化航摄、三维重建、信息采集为主要工作手段，实现吉林省内重要古代遗址基础数据的数字化、信息化和规范化，为吉林考古插上"翅膀"增添"慧眼"。

（三）拓宽文化合作渠道，深化文明交流互鉴，全面提升吉林文化的国际影响力。考古证实边疆地区自古以来就在"一带一路"发展进程中扮演着重要角色。依托吉林省文物特点，在国家政策指导下，加强中俄、中法、中英考古学术合作，拓展中韩、中日考古学术交流，建立健全国际合作机制，增强国际话语权。铸牢中华民族共同体意识，深度挖掘吉林省独特的文化文物资源，提高策展水平，实施品牌战略，推出吉林特色的精品展览，讲好"吉林故事"。积极加入"一带一路"沿线文化遗产保护联盟，向世界推介吉林文物，引进境外优质展览，增强吉林文化的国际互动。

（四）落实文物政策支持，实现文物资源与经济发展同频共振。各级党委政府要落实新时代文物工作方针，落实省级考古机构编制，壮大队伍的要求，出台引进和留住人才的政策措施，给予考古一线人员在职称评定、项目申报、资金资助、成果绩效等方面以政策倾斜，避免人才外流。把文物保护放在突出位置，统筹好历史文化遗产保护与城乡建设、经济发展、旅游开发的关系，推动"先考古、后出让"政策落地，促进考古、保护与展示措施有效衔接，实现遗址科学保护和可持续展示利用。在做好文物保护的前提下，依托文物资源的品牌效应，深入挖掘地域文化的内涵和历史价值，因地制宜发展新型文旅商业消费集聚区，打造体验式、沉浸式、延伸式新消费，做好文物旅游产业发展这篇文章，最大限度发挥文物资源的时代价值，让古老的文物焕发新的生命力。

（五）强化文物资源管理，多措并举筑牢文物安全屏障。夯实文物基础工作，做好文物保护单位"四有"（包括设有保护范围、有标志说明、有记录档案、有专门机构或专人负责）工作，加强国土空间规划管理体系下历史文化遗产保护，完成全省重要遗址保护区划地形测绘工作，实现文物保护规划与国土空间规划的有效衔接。建立文物资源资产动态管理机制，为文物精细化管理提供科学数据。全面推进文物领域"放管服"改革，调整优化审批流程。完善基本建设考古制度，建立基本建设考古经费财政保障机制，提升管理能力和服务水平。建立文物安全长效机制，适时修订《吉林省文物保护条例》，完善文物保护立法。开展专项行动，持续打击各种违法犯罪行为，整治风险隐患。完善文物监察监管体系，加强世界文化遗产监管，构建遗产监测体系，完善巡查监管制度。

吉林梅河口东花园城址考古调查勘探简报

梅河口市文物管理所　吉林省文物考古研究所

梅河口市地处吉林省东南部的辉发河上游，介于松辽平原与长白山区的过渡地带。辽北吉南地区在战国秦汉之际是整个东北文化交流与汇聚的中心地带，不同文化因素的交汇融合，使得该地区的文化面貌呈现纷繁复杂的局面。20世纪80年代，该地区青铜时代晚期至早期铁器时代遗址的考古工作就已经展开。1987年，吉林省文物考古研究所等单位将东丰大架山遗址器物组合关系明确的早晚两期遗存分别命名为"宝山文化"和"大架山上层文化"，前者年代约为春秋战国时期，后者的年代则在西汉时期[1]；1988年，吉林省文物考古研究所等单位又在对东丰宝山遗址的发掘中进一步印证了宝山文化与大架山上层文化的叠压关系[2]；2009年，辽宁省文物考古研究所等单位发掘了辽宁西丰永淳遗址及墓地，二者文化内涵一致，时代为战国晚期至西汉初期[3]。此外考古工作者还在西丰肇兴[4]、金山屯[5]，开原李家台，铁岭树芽屯[6]，以及辽源[7]、东丰[8]、东辽河上游[9]一带的调查中发现多处青铜时代晚期至早期铁器时代遗存[10]，丰富了战国秦汉之际辽北吉南地区的文化内涵。

东花园城址位于梅河口市山城镇南大杨树河（辉发河上游段）左岸的山岗上，地势北高南低，东侧俯瞰大杨树河以东广大区域，与方家街古城隔河相望。南临沟谷与连绵的山岗，西为耕地，北坡下为东花园村所在地，现为县级文物保护单位。2021年3月，为了解城址的性质与保存现状，进一步探索辽北吉南地区战国秦汉时期遗存的文化面貌，吉林省文物考古研究所、梅河口市文物管理所共同对梅河口东花园城址进行了考古调查和勘探，现将收获简报如下。

一、调查所见城址概况

东花园城址平面略呈正方形，边长约70米，周长280米，中心地理坐标为东经125°24′44.36″，北纬42°19′39.84″，海拔高程439.23米。城垣为土石混筑，保存较好，仅东城墙略显低颓，东南角略有缺失。西城墙中部为城门，豁口宽约10米，西墙北段在接近中部门址处向外凸出呈半圆形，似为瓮门遗迹。南城墙与北城墙保存较为完好，高出现地表1米余，城墙底部宽7～10米。

二、地层堆积

在前期考古调查和地形测量基础上，勘探区域被划分为两个区：城址外为Ⅰ区；城内为Ⅱ区（图1），两区的地层堆积存在一定差异，但分区内地层堆积基本相同，现按区将地层堆积情况介绍如下。

（一）Ⅰ区地层堆积（城址外）

按土质土色与包含物的不同，可分为3层（图2）：

第①层：浅灰土层。厚25～30厘米。土色浅灰，土质疏松，含植物根茎等。该层下未发现遗迹现象。

第②层：浅黄土层。距地表25～30厘米，厚20厘米。土色浅黄，土质疏松。该层下未发现遗迹现象。

第③层：黄褐土层。距地表45～50厘米，厚20厘米。土色黄褐，土质疏松。该层下未发现遗迹现象。

③层下为生土层。

（二）Ⅱ区地层堆积（城址内）

按土质土色与包含物的不同，可分为3层（图3）：

第①层：浅灰土层。厚15～20厘米。土色浅灰，土质疏松，含有植物根茎等。该层下未发现遗迹现象。

第②层：黑褐土层。距地表15～20厘米，厚20厘米。土色黑褐，土质疏松。该层下未发现遗迹现象。

第③层：黑灰土层。距地表35～40厘米，厚10厘米。土色黑灰，土质疏松。遗迹均开

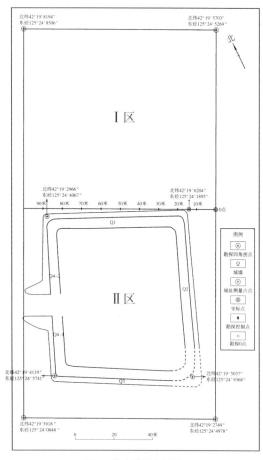

图1　考古勘探分区图

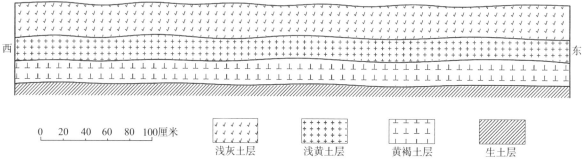

浅灰土层	浅黄土层	黄褐土层	生土层

图2　Ⅰ区考古勘探局部地层剖面图

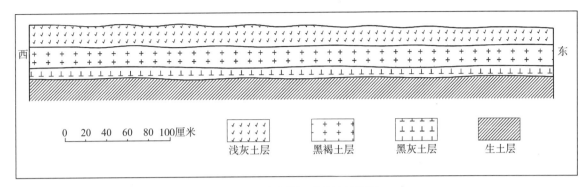

西　　　　　　　　　　　　　　　　　　　　　　　　　　　　　　　　东

0　20　40　60　80　100厘米

| 浅灰土层 | 黑褐土层 | 黑灰土层 | 生土层 |

图3　Ⅱ区考古勘探局部地层剖面图

口于此层下。

③层下为生土层。

三、城内遗迹

本次勘探发现的主要遗迹除城墙外，皆位于城内的Ⅱ区，开口于③层下。类型有房址、仓、台基、路、灰坑（图4）。

（一）房址

共确认7座，编号F1~F7。平面皆呈长方形，总体沿城墙内规律分布，面积55~125平方米，除F7北部被乱石坑破坏外，其他房址范围较为规整。房址内勘探发现有明显的础石和

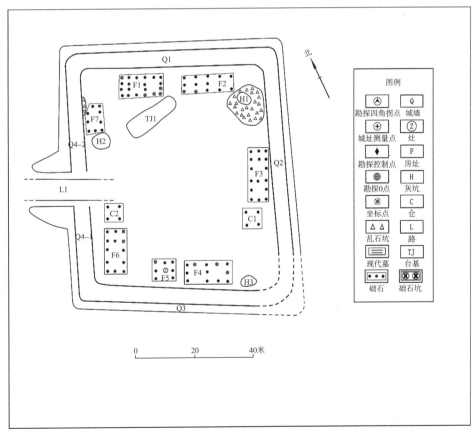

图4　考古勘探遗迹分布平面图

础石坑，其中F5中部位置还勘探发现有灶1处。

（二）仓

发现2座，编号C1～C2。C1位于东城墙中段偏南，平面略呈正方形，边长约6.7米。C2位于西门内南侧，平面呈长方形，长约6.3米，宽约5.8米。

（三）台基

1处，编号TJ1。位于城址内北侧，平面呈不规则形，东西长约18米，南北宽约5～6米。

（四）路

于城址西门确认道路1条，编号L1，呈西北—东南向，残长约22米，宽约6.7米，当为进出城址西门的主道路。

（五）灰坑

发现3个，编号H1～H3。平面皆略呈椭圆形，面积14～25平方米，分别位于城址内东北角、东南角及西城墙北段。

四、主要采集遗物

调查中主要采集的遗物有石器、铁器、陶器残片等。陶器大多为夹砂陶，少量为泥质陶，颜色呈红褐、黄褐、灰褐、黑褐等。绝大多数饰绳纹，粗细有所差别，素面陶极少。可辨部位多为环状耳、罐的口沿与底部，还有少量陶豆、器盖等。现将代表性遗物分述如下。

（一）石器

1件，为石镬。MSDCHZ：001，系灰色石英斑岩加工而成。整体呈长方形楔状，正锋直刃，刃部残损近一半，顶部有明显砸击使用痕迹，两面加工平整。长10.2厘米，顶宽6厘米，厚4厘米，刃部宽5.6厘米，刃部略钝（图5-1）。

（二）铁器

共发现铁镬残片3件，均为生铁铸制。MSDCHZ：002-1，呈长方形片状，一侧带有残存的90度角的断碴凸棱，当是铁镬楔形侧面的残留部分。表面锈蚀较重。残长6.7厘米，残宽4.8厘米，厚0.4～0.5厘米（图5-2）。MSDCHZ：002-2，略呈三角形片状，一侧边缘残存90度角的断碴凸棱，当是楔形侧面的残留部分。残长5.1厘米，残宽3.5厘米，厚0.5厘米（图5-3）。MSDCHZ：002-3，长三角形片状，两侧边缘处分别残留两道断碴凸棱，其顶端为铁镬的銎部，就其形制看，应是铁镬的楔形侧面。表面锈蚀较严重。残长7厘米，顶宽3厘米，壁厚0.45～0.5厘米（图5-4）。

（三）陶器

豆2件。红褐色泥质陶，轮制。MSDCHZ：003-1，属豆柄部残段，圆柱体，空心喇叭状，形制规整匀称。上端直径3.8厘米，孔径0.8厘米，下端直径4.9厘米，孔径1.8厘米，残高4厘米（图5-6）。MSDCHZ：003-2，敞口盘状，复原直径13厘米。壁厚0.5～0.7厘米，表面略有凸凹的弦纹，当是轮制痕迹。就其形制看，疑似豆盘或喇叭口底座（图5-7）。

陶器口沿5件。MSDCHZ：004，黄褐色夹砂陶，其内掺有蚌壳粉。折沿圆唇，器腹施竖向粗绳纹，复原口径26厘米，残高8厘

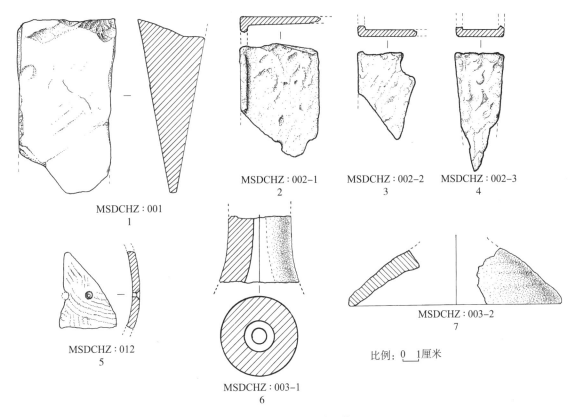

MSDCHZ：001
1

MSDCHZ：002-1
2

MSDCHZ：002-2
3

MSDCHZ：002-3
4

MSDCHZ：012
5

MSDCHZ：003-1
6

MSDCHZ：003-2
7

比例：0　1厘米

图5　东花园城址出土器物

米，残宽15厘米，壁厚0.8~1厘米（图6-1）。MSDCHZ：005，泥质红褐陶，轮制。平折沿方唇，唇内与折沿处各有一道凹弦纹，腹部施竖向细绳纹，壁厚1厘米，复原口径21厘米（图6-2）。MSDCHZ：006，仅存口沿至颈部，夹砂红褐陶，敞口圆唇，唇内有两道凹弦纹，似广肩。残高2.6厘米，残宽5.6厘米，复原口径12.5厘米（图6-3）。MSDCHZ：007，夹砂黑褐陶，敞口，折沿，方唇。器腹施竖向细绳纹，残高7.2厘米，残宽6厘米，器壁厚0.8厘米，复原口径42厘米（图6-4）。MSDCHZ：008，泥质黑陶，敞口，折沿，方唇。器腹施斜向绳纹，残高3.4厘米，残宽7.2厘米，器壁厚0.6厘米，复原口径30厘米（图6-5）。

环状器耳　MSDCHZ：011，黄褐色夹砂陶，桥形柱状，表面磨光，器耳长12厘米，粗

径2.4厘米，孔径2.2厘米，器壁厚0.8~1厘米（图6-6）。

器盖　MSDCHZ：009，残，黑灰色夹砂陶，其形制为圆形，子母口，沿内微凹，沿宽1~1.1厘米，沿高0.2~0.3厘米。残长8.4厘米，残宽3.3厘米，复原口径26厘米（图6-7）。

器底　4件，均残。MSDCHZ：010-1，红褐色夹砂陶，平底。壁厚0.7厘米，底厚约1.8厘米，残高1.8厘米，复原底径9厘米（图6-8）。MSDCHZ：010-2，红褐色夹砂陶，平底。残高2.6厘米，壁厚0.4厘米，底厚0.85厘米，复原底径8厘米（图6-9）。MSDCHZ：010-3，黄褐色夹砂陶，底厚0.8厘米，残高1.7厘米，复原底径8厘米（图6-10）。MSDCHZ：010-4，黑褐色夹砂陶，平底。器表施细绳纹，残高1.8厘米，底厚0.8厘

米，复原底径16厘米（图6-11）。

钻孔陶片1件。MSDCHZ：012，泥质灰陶，器表施绳纹，并钻有双孔，其中一孔残存一半，另一钻孔外径0.4厘米，内径0.2厘米，壁厚0.5厘米，残长4.4厘米，残宽3.5厘米（图5-5）。

上述器物具有明显的汉式特征，器类也为辽北吉南地区典型的汉代遗物，因此古城的年代可能为汉代。目前发现的绳纹陶片等遗物下限似未进入魏晋，故初步推测该城的废弃年代可能在东汉时期。

五、结　语

此次调查与勘探表明，东花园古城的文化内涵比较丰富，时代特征也较为清晰。其作为汉代城址在辉发河流域尚属首次发现，并且时代相对单纯，后世不曾沿用。虽然城内已被辟为耕地开垦多年，但整体未遭到严重破坏，保存较为完好。该城址的发现，对于东北地区的秦汉考古、历史研究，追溯梅河口市文明发展进程，重建该地及周边地区战国秦汉时期考古学遗存的时空框

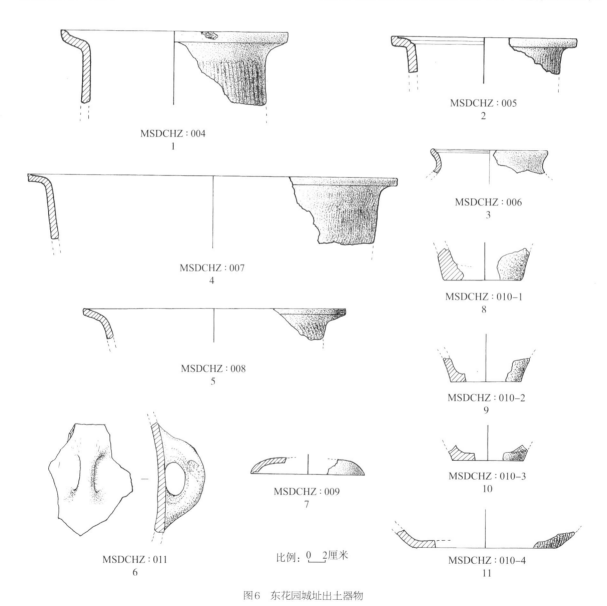

MSDCHZ：004
1

MSDCHZ：005
2

MSDCHZ：007
4

MSDCHZ：006
3

MSDCHZ：008
5

MSDCHZ：010-1
8

MSDCHZ：011
6

MSDCHZ：009
7

比例：0 2厘米

MSDCHZ：010-2
9

MSDCHZ：010-3
10

MSDCHZ：010-4
11

图6　东花园城址出土器物

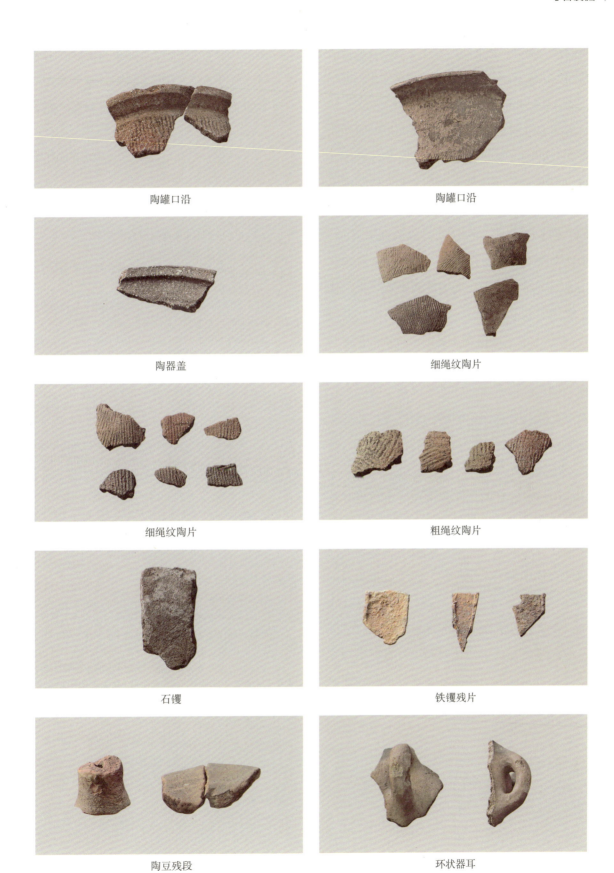

陶罐口沿　　　　　　　　　　　　　陶罐口沿

陶器盖　　　　　　　　　　　　　细绳纹陶片

细绳纹陶片　　　　　　　　　　　粗绳纹陶片

石镬　　　　　　　　　　　　　　铁镬残片

陶豆残段　　　　　　　　　　　　环状器耳

彩图　东花园城址出土器物

架与谱系，探讨互相之间的文化交流及其背后所反映的人口流动情况，进而探索夫余文化起源问题，均有着重要的价值和意义。

战国秦汉时期的辽北吉南地区是中原文化因素和人群进入东北的重要节点地带，早在20世纪80年代初，距该城址不远的东坡曾集中出土过10余枚战国晚期至秦汉时期的铁铤铜镞（详见《梅河口市文物志》），或与此城有关。第二次全国文物普查中，考古工作者于柳河县向阳乡烂木桥村的古战场遗址内发现一批三棱及三翼铁铤铜镞，铜镞上刻有"左目工二"与"右目工二"的小篆铭文。其中三棱铁铤铜镞与东花园古城周边出土的铁铤铜镞形制完全相同，这种三棱铁铤铜镞当是弩机使用的矢镞，年代在秦汉之际，且燕文化的最北端据点也停留在吉林梨树二龙湖古城，其出现或与秦统一六国过程中燕赵移民大批涌入辽东有关。

战国秦汉时期的辽北吉南地区也是当时整个东北地区南北文化交流与汇聚的中心地带，源于嫩江流域的汉书二期文化最南进抵东辽河流域的吉林东丰大架山一带，源于辽东半岛的双房文化最北至辽宁开原一线。有研究指出，汉书二期文化是夫余文化的重要来源之一，因此这一区域当与夫余文化的起源、发展密切相关。另在古城址周边还疑似发现几处高句丽墓葬，有待今后的考古发掘验证。

附记：本次考古调查参加人员有吉林省文物考古研究所石晓轩、徐坤、王聪、苏作巍，梅河口市文物管理所刘悦、谢占斌、张会来、徐卓。

执笔：刘悦

参考文献

[1] 吉林省文物考古研究所、东丰县文化馆：《吉林东丰大阳发掘报告》，待刊。

[2] 吉林省文物考古研究所、东丰县文化馆：《吉林东丰大阳发掘报告》，待刊。

[3] 辽宁省文物考古研究所等：《辽宁西丰县永淳遗址及墓地的发掘》，《考古》2011年第3期。

[4] 辽宁铁岭地区文物组：《辽北地区原始文化遗址调查》，《考古》1981年第3期。

[5] 辽宁省西丰县文物管理所：《辽宁西丰县新发现的几座石棺墓》，《考古》1995年第2期。

[6] 辽宁铁岭地区文物组：《辽北地区原始文化遗址调查》，《考古》1981年第3期。

[7] 辽源市文物管理所：《吉林辽源市龙首山遗址的调查》，《考古》1997年第2期。

[8] a.吉林省考古研究所、东丰县文化馆：《1985年吉林东丰县考古调查》，《考古》1988年第7期。
b.洪峰：《吉林东丰县南部古遗迹调查》，《考古》1987年第6期。
c.吉林省文物考古研究所：《吉林东丰、海龙县考古调查与试掘简报》，《考古》1994年第6期。

[9] a.金旭东：《东辽河流域的若干种古文化遗存》，《考古》1992年第4期。
b.吉林省文物考古研究所：《东辽河上游考古调查发掘简报》，《辽海文物学刊》1995年第2期。
c.吉林大学边疆考古研究中心等：《东辽河上游青铜时代遗址2017年考古调查简报》，《北方文物》2020年第4期。

[10] 肖景全、周向永：《辽吉两省相邻地区早期铁器时代文化的发现与研究》，《辽宁省博物馆馆刊（第2辑）》，辽海出版社，2007年。

弥勒像坐姿研究

——以施无畏印·倚坐菩萨像为中心

［日］石松日奈子 著

解 峰 薛 婷 译

（吉林省文物考古研究所）

中原地区弥勒菩萨像的立像、交脚像、结跏趺坐像等形式都是从犍陀罗和西域地方传入的。公元5—6世纪，以交脚像为主流（图1~4），自北凉至隋代遗留下许多实例，对这些实例的展开分析可发现其若干特征[1]。

①自犍陀罗以来，交脚坐的传统是右脚在外，在中原地区一开始即被沿袭。但在公元5世纪末龙门石窟出现了左脚置于外侧的造像，此后两种形式均得到流行。

②在龙门石窟和巩县石窟等以洛阳为中心的河南地区，于北魏末期，出现了代替交脚坐的近似结跏趺坐的弥勒菩萨像。

③关于手印和持物，犍陀罗和西域地方常见的形式为转法轮印、手持水瓶，尽管在中国北魏前半期以前都可以见到，但在迁都洛阳之后，多为右手结施无畏印、左手置于膝上结与愿印的形式。

④云冈石窟和龙门石窟的交脚菩萨，宝冠正面多表现化佛。当时，头上的化佛并非观音像。

在中原地区，除了交脚坐弥勒菩萨外，还有制作于公元6世纪的倚坐菩萨像（两脚相并而坐的形式。严格来说，交脚坐、半跏坐均属于倚坐。但单独讲"倚坐像"时，多指两脚相并倚坐。因此，本文所指的"倚坐"，是两脚相并倚坐的意思）（图5）。并且，这些造像与右手作施无畏印说法相的交脚菩萨像相同，多为主尊像，也有独尊像，被认为有特定的尊格，其中有明确题为"弥勒"者。

关于倚坐菩萨像，水野清一作了研究[2]。水野清一讨论了位于河南省嵩山少林寺北齐武平元年（570年）都邑主董洪达等四十人造像碑，碑首雕刻以倚坐菩萨像为主尊的三尊像龛，下方题记"弥勒下生主"，从而得知，北齐末期的倚坐菩萨像被视为弥勒下生像，结合隋开皇二年（582年）吴野人夫妇等四面十二龛倚坐菩萨造

图1　高善穆石塔的交脚菩萨像
甘肃省酒泉市出土

北凉承玄元年（428年）
甘肃省博物馆藏

图2　云冈石窟第17窟 明窟东壁
比丘尼惠定龛

北魏太和十三年（489年）
山西省大同市

图3　龙门石窟古阳洞 北壁 长乐王夫人龛
北魏太和十九年（495年）河南省洛阳市

图4　交脚菩萨石造像
隋 6世纪末期 西安碑林博物馆藏

图5　金铜菩萨倚坐像
北周 6世纪后半期 私人藏

图6　犍陀罗王倚坐像
贵霜时期 印度马图拉博物馆藏

像[3]题作"弥勒大像主"这一现象，可推断出"公元五百年后半的倚坐菩萨像一般都被认为是弥勒像，这应该没有任何疑问。一方面，唐朝以倚坐形象出现的佛像都属于弥勒佛；另一方面，北魏的弥勒菩萨像通常以交脚坐出现，暗示着在此期间，弥勒像不断地发生演变。也就是说，北

齐倚坐弥勒菩萨像只不过是北魏交脚菩萨像的演变形式而已，而隋唐的倚坐弥勒佛无疑是齐隋的倚坐弥勒菩萨像发展后的产物"，揭示了交脚菩萨像—倚坐菩萨像—倚坐佛像这一演变过程。

水野氏的这个见解，揭示了中国公元5世纪至6世纪以来，弥勒像的巨大变化。但从水

野氏发表该论文以来已经过去了半个世纪，其所揭示的弥勒像演变图式，即交脚菩萨像—倚坐菩萨像—倚坐佛像不足以说明复杂的弥勒像的演变。

本文首先从西亚与印度的王、神像中寻找倚坐像表现形式的起源，推测其与交脚菩萨一样，是在西域与弥勒结合的。其次，关于中原地区的施无畏印倚坐菩萨像，将在公元6世纪弥勒坐姿呈现的多样化状况中对手印、坐姿、造像的状况等具体问题进行讨论，同时探讨其为弥勒的可能性。与此相关，倚坐如来像的尊格可有多种推测。倚坐如来像和倚坐菩萨像有何种差异，将另文讨论。最后，在与交脚坐、倚坐像坐姿接近的半跏趺坐、游戏坐菩萨像中，将特别关注其中结施无畏印的主尊像及独尊像的实例，提出其为弥勒菩萨的可能性，并以此作为研究半跏思惟像的一个方法。当然，此文尚不足以得出任何明确的结论，希望补充近年来自中原地区逐渐引入的新材料，对此前的说法进行补充与回顾。

一、倚坐像的起源

倚坐像是从什么时候开始制作的呢？倚坐的形态在中国古代的西王母以及东王公的神像表现中是看不出的，可能并非起源于中国，而是起源于印度或西亚。贵霜时期，马图拉郊区出土的身着游牧服饰的王者像（图6），犍陀罗雕像中的国王像、神像以及如来像等多见类似的形态。笈多王朝时期，阿旃陀和埃罗拉等石窟寺中盛行如来倚坐像，与交脚坐类似，是一种常见于王、神像的坐姿。

除了两脚下垂着地的倚坐和交脚坐，还有单脚着地的半跏坐和游戏坐，坐姿都是相似的

坐法，区别只是单脚着地或双脚着地所体现的形态上的不同。但是倚坐和游戏坐一般在南印度的龙树窟或阿玛拉巴提出土浮雕中的佛像或王者像中比较多见，交脚坐并没有在马图拉和南印度的尊像中出现过，而是很像贵霜等游牧民族王者像的坐姿[4]。另外，关于倚坐，如果观察波斯萨珊王朝的摩崖浮雕（图7）或银制器皿上的帝王像，就会看到犹如帝王的气势，其样式属于两脚张开、脚跟对齐的正面倚坐形式。这四种倚坐形式都是为了表现王们的坐姿，有王者风范的寓意。其中游戏坐以比较自由的形式出现在佛传图或本生图等故事场景的王者形象上。倚坐、交脚坐均象征着王者的威严。

在克孜尔石窟和库木吐喇石窟壁画中，倚坐如来像与结跏趺坐或交脚坐如来像被一同绘制。还有，在克孜尔石窟也能看见倚坐菩萨像，第171窟主室入口上部所绘的兜率天说法图的主尊就是身体端坐于座上、两脚相并的倚坐菩萨像（图8）。在克孜尔石窟，这种兜率天说法图中主尊弥勒菩萨的交脚坐，以类似两脚相并而坐的形式居多，虽然第171窟像的坐姿有些许不同，但是可以把它看成是左手拿着水瓶的

图7　巴赫拉姆二世谒见图（摩崖浮雕公元3世纪）

弥勒菩萨。如此，则倚坐菩萨像与交脚菩萨像同样在西域与"弥勒"这个尊格相关联。宫治昭认为，西域的弥勒菩萨图像是从犍陀罗的王者形象转变而来[5]，其与倚坐菩萨像和交脚菩萨像极其相似，据此可以推测弥勒菩萨只是王者形象中的一种表现形式。

图8　克孜尔第171窟——兜率天说法图

二、中国的施无畏印倚坐菩萨像

中原地区的施无畏印倚坐菩萨像出现于公元5世纪[6]，至公元6世纪，自北魏末期数量逐渐增多，出现了题为"弥勒"的实例。以下依时代次序分别讨论。可参照笔者做成的"施无畏印倚坐菩萨像分布图"（图9）。

北魏时期

①甘肃省庆阳北石窟寺第165窟前壁南侧倚坐菩萨像[7]（图10），北魏永平三年（510年）。

第165窟后壁为三身如来立像，左右两壁为二身如来立像，前壁北侧交脚菩萨像一身、南侧造一身双脚并未交叉的倚坐菩萨像。在与北石窟寺结构相似的泾川南石窟寺中也雕有两尊菩萨像，皆为交脚像。北石窟寺中的交脚像相当于倚

图9　施无畏印倚坐菩萨像分布示意图（○中数字与本文中的佛像序号相对应）

坐像，可视为弥勒菩萨。右手施无畏印，身着"X"形天衣，天衣交叉处佩戴璧状环饰。

②道教三尊像（传出于陕西省富县）（图11），北魏永平年（508—512年）铭，永青文库藏。

台座上有"道民"文字，故知为道教造像。道教造像极少见倚坐形式。富（鄜）县位于西安（长安）以北200公里处。松原三郎认为其为"鄜县地方独有的佛、道两教兼用造像"，推测太武帝废佛后，陕西腹地隐匿的佛教信徒为了将"秘密信仰"伪装成道教，故而制作了此种佛、道融合形式的雕像[8]。无论是否为"秘密信仰"，北魏时期道教信仰与弥勒信仰的交集确实出现在造像上。从外形上看，永平三年（510年）雷花头造交脚三尊像[9]虽是道教造像风格，但坐姿为类似弥勒的交脚坐，且手印表现类似转法轮印。此外，在陕西地区之内，西安以北的耀

州区及以东的临潼区有很多佛道两教混合的造像，可窥知该地区特殊的信仰和造像的情况。推测，该造像倚坐式的坐姿和类似转法轮印的手印似乎暗示出与弥勒信仰的某种联系。

③四面佛碑像，北魏神龟三年（520年）铭，维多利亚阿尔伯特博物馆藏。

碑首雕刻交龙[10]，四面设佛龛。倚坐像包括背面的主尊和两侧面的独尊像，共计三身。侧面的一身有肉髻似如来形。另两身着大衣，但头部宝缯向左右伸出垂于肩部，看似为菩萨与如来的中间形态（图12），右手施无畏印，左手施与愿印，双足之下各踏一莲花。侧面倚坐菩萨像下方的思惟菩萨像旁刻有"定阳郡主薄杨口憘"题记。定阳郡位于山西省西南部的吉县。

④青铜倚坐菩萨像，北魏孝昌三年（527年）铭。

此像右手施无畏印，左手施与愿印，身躯

图10　庆阳北石窟寺第165窟倚坐菩萨像　北魏6世纪初 甘肃省西峰区

图11　道教三尊石造像 陕西省富县石泓寺　北魏永平年间（508—512年）永青文库藏

图12　李僧智等人造像碑　北魏神龟三年（520年）英国维多利亚与阿尔伯特美术馆藏

消瘦。据称台座背面铭文中写着"弥勒像"[11]。

⑤石造朱黑奴等四面像（陕西省华县出土），北魏时期（6世纪前半），西安碑林博物馆藏。

四面中较宽的两面配置三层佛龛，其中一面最上层龛内造倚坐菩萨像（图13），另一面最上层龛内以半跏思惟菩萨像为主尊。其余两面中的一面最下层龛内造倚坐菩萨像。这两尊倚坐菩萨像均施无畏印、与愿印，身着"X"形天衣，头部与如来像相同呈肉髻状。

陕西历史博物馆还有一尊与之极为接近的四面像，倚坐菩萨像的形式也差不多。其上刻有普太（泰）元年（531年）铭文。

北魏时期的实例均位于以陕西为中心的北魏西部，包括甘肃东部、陕西、山西西南部。当然，今后在北魏东部地区发现实例的可能性是存在的。但是，北魏后半期东部地区的文化艺术中心为洛阳，考虑到北魏末期该地区弥勒菩萨的坐姿由交脚坐向接近结跏趺坐的坐姿转变的情况，则该地区是否与西部地区一样造倚坐菩萨像值得怀疑。另外，这些西部地区的实例所见之倾向，即菩萨形、如来形的形象及与道教造像之间的关联，表现在弥勒尊格的特殊性。换言之，其反映了外形兼具菩萨像和如来像的特点，以及该地区独特的信仰形式，即弥勒信仰和道教信仰的融合。可以看到，在这种混乱的状况下，弥勒的坐姿逐步变化成倚坐。

西魏时期

⑥四面像，西魏大统十七年（551年）铭，京都大学文学部博物馆藏。

此像由陕西地区多有的黄花石制作，四面造有如来立像、如来结跏趺坐像、倚坐菩萨像（图14）、骑象菩萨像，分别与台座铭文中的定光、释迦、弥勒、普贤相对应。倚坐菩萨像手

结施无畏印、与愿印，圆润的脸庞和身躯不同于北魏末期的菩萨造像。铭文中所见"猗氏县"位于今山西西南部，原属北魏，后归西魏管辖，"安次县"位于今河北省。

此外，雕刻倚坐菩萨像且具有同样纪年铭文的造像碑还有一件[12]。据《山西古迹志》记载，在太原傅公祠内收藏着带有大统十三年（547年）铭文的石塔，塔内有一尊刻有"弥勒像主"字样的倚坐菩萨像[13]。

公元534年，北魏分裂成东魏、西魏，已发现以长安为都的西魏时期实例，但目前未发现以邺城为都的东魏倚坐菩萨像。当然，这可能因为超出了笔者的考察范围，或可能因北魏时期东、西部的差异一直延续到此时期。另外，根据西魏实例上的"弥勒"铭判断，此时期的

图13　朱黑奴造像碑的倚坐菩萨像 陕西省华县出土
北魏6世纪前半期 西安碑林博物馆藏

倚坐菩萨像确系弥勒造像。

北齐时期

⑦赵庆祖造像碑[14]，北齐天保五年（554年）铭，河南省洛阳古代艺术馆藏。

碑额雕有螭龙头像，属于典型的传统式石碑，碑阳的螭龙头像中央篆额部分（顶尖呈五角形的部分）刻有以倚坐菩萨像为主尊的三尊像龛（图15）。主尊双手残，推测可能是施无畏印、与愿印的形态。龛左刻"弥勒主赵庆祖"。此像下方碑身部分配置如来坐像龛，维摩、文殊、二佛并坐像，倚坐菩萨像即未来佛弥勒。遗憾的是出土地点不明，但碑阴铭文中可见"南阳人前□阳郡中正赵庆祖""遂干龙门□村建立真容"等内容，据此可将其视为洛阳周边的造像。洛阳古代艺术馆里还有一件同时期表现倚坐菩萨像的四面像[15]，出土于洛阳以北的孟津翟泉（无纪年），身着大袖衣，宝冠正面表

现化佛，双手残，推测为施无畏印、与愿印。

⑧韩永义造像碑[16]（原在河南省偃师县寺里碑村），北齐天统三年（567年）铭，偃师商城博物馆藏。

此造像碑在螭龙头像中央篆额部分雕造以施无畏印倚坐菩萨像为主尊的三尊像龛，龛下题记"弥勒菩萨"。其下碑身部的上方并列一排六个像龛。这些佛像均有题记，为过去六佛的佛名号。碑身中央是以如来坐像为主尊的大龛，有"释迦牟尼佛"题记。另外，在碑身下方的造像记中可见"七佛宝堪并二菩萨贤圣诸僧弥勒下生梵王帝释"等文字，显然，碑首的倚坐菩萨像为未来佛弥勒，与过去七佛相对应。

寺里碑村还有两件碑首雕造倚坐菩萨像的造像碑[17]：北齐武平二年（571年）铭比丘僧道略等三百人造像碑、北齐武平三年（572年）铭冯翊王高润平等寺碑。

图14　四面像的倚坐菩萨像
西魏大统十七年（551年）京都大学文学部博物馆藏

图15　赵庆祖造像碑的倚坐菩萨像
北齐天保五年（554年）洛阳古代艺术馆藏

⑨张伏惠等造像碑（河南省襄县出土），北齐天统四年（568年）铭，河南博物院藏。

碑上部雕刻幔帐，其下雕二列三层共六龛，各龛均雕七尊像。最上层的两龛都以菩萨像为主尊，右龛内为施无畏印的倚坐菩萨像，左龛内同样是施无畏印的半跏菩萨像（图16）。除了倚坐和半跏坐的坐姿差异之外，其他特征均较为相似。并且，各龛外侧均可见"弥勒像主"的字样[18]。也就是说，不只倚坐菩萨像，半跏菩萨像也属于弥勒（该半跏像手结施无畏印，这一点与半跏思惟像存在明显区别）。襄县（襄城县）位于洛阳东南130公里的汝河河畔。

⑩都邑主董洪达等四十人造像碑，北齐武平二年（571年）铭，河南省登封市少林寺藏。

前述水野清一氏曾论述过该造像碑[19]。在螭龙头像中央篆额部雕刻施无畏印倚坐菩萨像。此像下题记"弥勒下生主"。碑阳刻有武平二年、碑阴刻有武平元年（570年）造像记。碑首的背面以半跏菩萨像为中心，左右均刻半跏思惟像[20]。

少林寺位于洛阳东南50公里处少室山山麓。

北朝的东部地区，进入北齐时期之后倚坐菩萨像实例大量出现，且均题"弥勒"铭文，其中两件题为"弥勒下生"[21]。

北周时期

⑪陈海龙等四面像碑（山西省安邑县出土），北周保定二年（562年），山西博物院藏。

此碑整体呈长方形，碑额为圆拱形，碑面下方刻有造像记。整体分为三大层，中层中央龛内以施无畏印倚坐菩萨像为中心造二弟子二菩萨，龛旁可见"弥勒佛主""观世音菩萨主""大世菩萨"等文字。弥勒像以观音、势至为胁侍。与前述西魏大统十七年铭造像相比，身躯修长且增强了装饰性。安邑县位于山西省西南部，先后受北魏、西魏、北周统治。

据《山西古迹志》记载，安邑县旧县公署内房公祠中，陈列了十余件西魏至北周时期的碑像，其中可见众多倚坐菩萨像，内有题为"弥勒"者[22]。

图16　张伏惠造像碑菩萨倚坐像和半跏菩萨像

河南省襄县出土　北齐天统四年（568年）河南博物院藏

⑫倚坐菩萨像（四川省成都万佛寺遗址出土），北周天和二年（567年）铭，四川博物院藏。

此菩萨像上半身已残，以圆雕手法雕刻繁复的璎珞。双手印相不明，铭文的详细内容也无从得知，只能暂将其归类为弥勒菩萨。四川毗邻陕西和甘肃南部，原属南朝，后归北周管辖。成都万佛寺遗址中，与北周铭文造像共出的有南朝梁代铭文造像，其中未发现倚坐菩萨像和弥勒菩萨像，故梁代的弥勒图像目前是未知的。

⑬王令狠造像碑[23]（甘肃省张家川回族自治县出土），北周建德二年（573年）铭，甘肃省博物馆藏。

正背面分别造结跏趺坐如来坐像三尊、倚坐菩萨三尊像（图17），左右两侧分别造倚坐如来像、树下交脚菩萨像。铭文包括"弥勒壹堪释迦门壹堪前有二师子"等，倚坐菩萨像应是弥勒像，躯体浑圆，身着"X"形天衣，手结施无畏印、与愿印。

⑭宁夏回族自治区须弥山石窟第45窟西壁南侧倚坐菩萨像[24]，北周时期（6世纪后半）。

须弥山石窟北周窟中的第45、46窟均属于中心柱窟，构造相似。左右（东西）两壁各开三龛，其中右（西）壁南侧龛以菩萨像为主尊，第45窟是倚坐菩萨像（图18），第46窟是交脚菩萨像，二者尊格相同。交脚坐的第46窟像显然为弥勒菩萨，倚坐的第45窟像亦应为弥勒菩萨。后代补修部分较多，头部较大、上身稍短的体态与前述王令狠造像碑接近。

除此之外，在北周时期金铜造像中有数件倚坐菩萨像，陕西临潼博物馆藏有一件石制圆雕倚坐菩萨像。

图17　王令狠造像碑 甘肃省张家川回族自治县出土
北周建德二年（573年）甘肃省博物馆藏

图18　须弥山石窟第45窟 西壁南侧 菩萨倚坐像
北周6世纪后半期 宁夏回族自治区

隋代

⑮李阿昌造像碑[25]（甘肃省泾川县水泉寺出土），隋开皇元年（581年）铭，甘肃省博物馆藏。

此碑整体近长方形，碑额圆拱。正面自上而下开二佛并坐像龛、如来坐像龛、倚坐如来像龛，背面上部屋形龛内造倚坐菩萨像。正面的三龛为过去、现在、未来三世佛，背面的倚坐菩萨像则是兜率天上的弥勒菩萨。

⑯吴野人夫妻等四面十二龛像（传出于河南省滑县），隋开皇二年（582年）铭，开封博物馆藏。

水野清一氏对此像做了详细论述[26]。东面上层龛五尊像以倚坐菩萨像（图19）为主尊，

图19　隋朝开皇二年（582年）吴野人夫妻等四面十二龛像
传河南省滑县出土 开封博物馆藏

旁边刻有"弥勒大像主"。双臂自肘部以下残，印相不明。薄衣贴体及上半身笔直的身形体现出北齐风格。另外，该四面像北面上层龛以倚坐如来像为主尊，题记"阿弥陀"。此时期倚坐如来像的尊格仍处于不断变化的阶段。

⑰甘肃省敦煌莫高窟第417窟后部天井弥勒说法图（壁画），隋代（6世纪末至7世纪初）。

此图像绘于药师净土上方。在敦煌，交脚菩萨像衰落较晚，至隋代才出现倚坐像。作为主尊的倚坐菩萨像左手持水瓶，是来自印度的传统形式。在汉文化地区，此种持水瓶形式的弥勒菩萨像一般在北魏前期就已消失，而像敦煌这种偏远地区，由于造像活动从未间断，因此这种古老的图像反而更容易保留下来。

此外，敦煌莫高窟还有下列隋代倚坐菩萨像。第404窟南壁中央菩萨说法图主尊（壁画）、第313窟南壁菩萨说法图主尊（壁画）、第390窟南北壁菩萨说法图主尊（壁画）（图20）、

图20　敦煌莫高窟第390窟 北壁 菩萨说法图壁画
隋 甘肃省敦煌市

第390窟后壁五尊像主尊（雕塑）。

唐代

⑱河南省洛阳龙门石窟敬善寺区倚坐菩萨像三尊龛二件。

同宾阳南洞洞外南壁倚坐菩萨像三尊龛一件。

初唐时期（7世纪后半），这些都是附属于被称为"优填王像"的倚坐如来像，被视为根据优填王传说制作的特殊造像[27]。其中敬善寺的一身（图21）显庆四年（659年）造像题记为"弥□像"。主尊施无畏印、倚坐，从像容可以看出是弥勒菩萨。

入唐后，倚坐弥勒菩萨像实例明显减少，如来形式的倚坐弥勒佛像数量有所增加。

三、弥勒菩萨坐姿的展开分析与倚坐菩萨像

中原地区的弥勒菩萨像，最初以交脚菩萨像为主流，到北魏末期，各个区域发生变化。在东部地区，以龙门、巩县等地石窟为中心的洛阳周边，出现了代替交脚坐的近似结跏趺坐的弥勒菩萨像。坐姿的这种变化被认为属于"造像样式的中国化"，我们推测在帝都洛阳周边，此种中国化进程进展深入，外来的交脚坐姿消失。相信此种变化会对周边区域造成一定影响，可以认为，北魏末期以来交脚像开始逐渐减少。

另外，在北魏西部地区出现了倚坐菩萨像。上节对倚坐菩萨像进行了讨论，就现存标本而言，北魏6世纪初分布于自山西西南部到陕西、甘肃东部的实例较早，此时已可看出与弥勒的关联。

弥勒菩萨的倚坐形式与交脚坐形式有可能均从西域方面传入汉文化地区。交脚弥勒菩萨像可以追溯到犍陀罗，犍陀罗和马图拉地区却未发现倚坐菩萨像。或许当弥勒菩萨以王者形

图21　龙门石窟敬善寺区 菩萨倚坐像
唐显庆四年（659年）　河南省洛阳市

象出现于西域时，采用了作为王者坐姿的交脚坐形式。尽管西域地区倚坐弥勒菩萨像（译者按：此"倚坐"系前文"严密而言"的倚坐，包括两脚相并倚坐、交脚坐、半跏坐）的主流为交脚坐像，而汉文化地区的倚坐弥勒菩萨像比交脚弥勒菩萨像（在北凉时期，公元420年石塔上得到证实）晚出现近一个世纪，但仍可将其视为西域的影响。

此外，公元6世纪初，北魏全境内的弥勒菩萨像倾向于以交脚坐作为普遍表现形式，北魏西部一带以倚坐像形式呈现的崭新姿态的菩萨像作为弥勒，而出现的背景则很难予以说明。但可以推测，在陕西周边地区那些固有的民间信仰与道佛混合信仰较为根深蒂固，对造像形象的严谨度并没有太深的意识，也较易于接受新鲜的事物。可以想象，在交脚像流行的北魏时期，这一地区的人们还是比较容易接受新事物的。

东魏、西魏时期直接继承了前朝的趋势，虽然发现了西魏时期的倚坐菩萨像，但尚未发现东魏时期的倚坐菩萨像。西魏大统十三年铭石塔及大统十七年铭四面像中的倚坐菩萨像都是可以确认为"弥勒"铭的早期实例。特别是大统十七年铭造像上铭文中的"定光佛、释迦佛、弥勒菩萨"明确地表现了过去、现在、未来三世佛的信仰。在图像上，以如来立像表现定光佛、结跏趺坐如来表现释迦佛、倚坐菩萨表现弥勒、骑象菩萨表现普贤，可以说倚坐形式作为弥勒的一种坐姿得到确立[28]。东魏、西魏时期全境仍在制作交脚弥勒菩萨像，但推测新的弥勒图像在一些地区扎根，菩萨坐姿开始呈现多样化。

到了公元6世纪后半期的北齐、北周时期，此时原本偏处陕西周边的倚坐菩萨像传至东部北齐区域内。北齐时的实例集中于洛阳周边及东南区域出土的碑像上，北齐东北部地区、河北曲阳县众多的白玉石造像及山东的单体造像中则不见。倚坐菩萨像原本分布于洛阳西北方向的陕西、山西西南部，使人联想到北齐的倚坐菩萨像不是从东、南、北三个方向传入，而是从西面，也就是西魏至北周传入。这些碑像的碑首篆额部多表现倚坐菩萨像[29]，螭龙头像中央篆额部雕有幔帐的宫殿风格建筑物（弥勒菩萨的兜率天宫），其内配置结施无畏印呈说法状的倚坐菩萨像。这其中多题记"弥勒"，可能与碑额下方的碑身部分雕刻的主尊（释迦）相对，碑额呈现出了天上的世界。把弥勒菩萨造像安放在高处，这种现象在敦煌莫高窟和云冈石窟中较常见，西面的克孜尔石窟和巴米扬石窟也是一样[30]。还有，犍陀罗雕刻中也有如来坐像上方配置手持水瓶的交脚弥勒菩萨像的例子[31]。

然而，在北齐时期的石窟中并没有发现倚坐菩萨像。北响堂山石窟北洞中心柱正面造如来坐像、右面造半跏如来像、左面造倚坐如来像，水浴寺石窟西窟中心柱正面造如来坐像、右面造如来坐像、左面造倚坐如来像。北魏时期的巩县石窟第一窟中心柱的正面造如来坐像、右面造如来坐像、背面造二佛并坐像、左面造趺坐菩萨像（图22），洛阳周边发现的北魏末期的趺坐菩萨像被推断为弥勒像。通过对这三个石窟比较可知，中心柱左面是趺坐菩萨像或倚坐如来像。中心柱窟起源于很早之前右绕礼拜的支提窟，右绕时，中心柱的左面为最后礼拜处。考虑到此时期信仰过去、现在、未来三世佛，那么最后礼拜的如来应是未来佛弥勒。

这样，在北齐石窟中，以倚坐如来像表现弥勒的情况居多。另一方面，自前代以来的交

图22　巩县石窟第一窟 中心柱东面 趺坐菩萨像
北魏6世纪前半期 河南省巩义市

脚坐和结跏趺坐弥勒菩萨像逐渐减少，但仍然以独尊像的形式制造。总之，北齐弥勒图像的种类是多样化的。

与西魏相比，北周时期的倚坐菩萨像分布范围更广，北面的宁夏固原、南面的四川成都、西面的甘肃张家川等地均发现实例。其中固原须弥山石窟造倚坐和交脚坐两类造像，张家川出土的建德二年铭像表现倚坐如来像、树下交脚菩萨像等，这里图像种类的多样化也很明显。

北齐时期倚坐菩萨像在北朝疆域的东西两个方向得到扩展，但不应断定倚坐菩萨像是弥勒图像的主流。北齐区域内山东、河北几乎不见倚坐弥勒菩萨像[32]。此处尤为重要的是，可以确定弥勒图像、弥勒坐姿因地域产生多种变化并呈现多样化状态。这一时期的弥勒像，既有交脚坐、结跏趺坐的菩萨像，又有倚坐、交脚坐的如来像，甚至还有立像形式，确实种类繁多。

隋代交脚菩萨像数量较少，仅在陕西、甘肃等地可见其实例，其他地区几乎不见。另外，四面像、造像碑上的倚坐菩萨像是与其他尊像组合雕造的，在敦煌莫高窟仅隋代有此类实例[33]。

至唐代，弥勒大部分为倚坐如来像，菩萨形象仅见于龙门石窟的附属于优填王像的特殊造像，其属于倚坐菩萨像。当然，并不是唐以后倚坐菩萨像的形象就消失不见了，只是如上文所述，其不再作为弥勒的形象出现了。

四、倚坐如来像的尊格

如前所述，中原地区的倚坐菩萨像是公元6世纪才出现的，然而，倚坐如来像却是在公元5世纪前半期就已经出现。北魏时期，在甘肃敦煌莫高窟、张掖金塔寺石窟、山西大同云冈石窟发现较多，河南洛阳龙门石窟、巩县石窟有少量发现。其后，流行于公元6世纪中期东魏北齐地区的山西太原天龙山石窟、河北邯郸响堂山石窟和鼓山水浴寺石窟，此后，在唐代的数量又逐渐增加。

关于倚坐如来像的尊格，初唐时期的很多实例被认为是弥勒，如龙门石窟惠简洞本尊倚坐如来像（图23）的铭文中明确题作"弥勒"，但唐以前倚坐如来像的尊格"释迦"或其他如来的可能性也很高。在《云冈图像学》中，水野清一、长广敏雄氏认为，与交脚菩萨成对出现的倚坐佛"与其说是未来佛弥勒，倒不如说是现在佛释迦牟尼佛。因此，就云冈石窟而言，相比于弥勒佛的说法，将其解释为释迦牟尼佛

图23　龙门石窟惠简洞 本尊 弥勒佛倚坐像

唐咸亨四年（673年）河南省洛阳市

更为恰当"[34]。此外，河北曲阳修德寺遗址出土的白玉像中包括北魏正光元年（520年）"释迦"铭倚坐如来像和正光四年（523年）"弥勒"铭倚坐如来像[35]。再加上前文所述的隋开皇二年四面十二龛像的北面上层龛倚坐如来像题为"阿弥陀"，由此表明，至此时期倚坐如来像并不一定限于弥勒佛。

如来的倚坐像形式，很可能从印度、西域方面传来，要明确其尊格从南北朝时期的倚坐如来像向初唐时期的倚坐弥勒如来像的演变过程，尚不容易。现在看来，倚坐如来像的传播是几经波折的。倚坐如来像的问题与交脚如来像，都将作为今后研究的课题。

五、施无畏印的半跏坐弥勒菩萨像和半跏思惟像

笔者对中原地区坐姿多样的弥勒像颇感兴趣。通过现有的为数不多的实例研究或可掌握些许复杂情况，然而，出现此类变化的原因是很值得研究的。其主要原因，可能是如波浪般断续从西方传入的新造像样式的中国化、信仰内容的变化与图像的交错等种种要素复杂地重合在一起，期待未来对此问题的研究可以取得新进展。

最后，介绍一类特殊菩萨像的实例——施无畏印半跏菩萨像，并提出其为多样化的弥勒的一种形式的可能性，希望以此为线索，澄清弥勒和半跏思惟像的关系。

前述河南襄县出土北齐天统四年（568年）铭造像上，施无畏印倚坐菩萨像与施无畏印半跏菩萨像（图16）并排表现，二者均有"弥勒"题记。中原地区的半跏菩萨像几乎都是右

手贴近脸颊的思惟像（半跏思惟像），从铭文上看，其尊格仅限于悉达太子或单纯的思惟像。但是，公元6世纪制作了右手施无畏印（左手施与愿印）的半跏菩萨像。例如，龙门石窟古阳洞南壁第三层并列坐佛龛之间的中型龛等是最早的例子[36]。与北齐天统四年铭造像出土于同一地点的天保十年（559年）铭碑像[37]的碑首篆额部表现右手施无畏印、左脚下垂而坐的菩萨像（图24）。该造像的坐姿并不是将右脚踝搭在左膝上，与其说是半跏坐，不如说是更接近游戏坐。半跏坐和游戏坐的形式很接近，似乎没有严格区分（严格来讲，犍陀罗的半跏思惟像更多属于游戏坐）。此外，巩县石窟陈列室中的一件碑像（无纪年，约6世纪中期）和宾夕法尼亚州立大学所藏碑像［北齐武平六年（575年）铭］均可见施无畏印半跏菩萨像，

图24　张暾鬼造像碑的半跏菩萨像 河南省襄县出土
北齐天保十年（559年）河南博物院藏

在笔者所知范围内此类实例较少。

另外，在克孜尔石窟第118窟（海马窟）左壁半圆形部位中央绘有此种类型的菩萨像（图25）。右手于膝部上方结施无畏印，左手于胸前结与愿印，右脚下垂呈游戏坐状。宫治昭氏将此像推定为兜率天上的弥勒菩萨[38]。并且，克孜尔石窟的弥勒菩萨像中，除了数量最多的交脚像，还可见前述的倚坐像及此类游戏坐像。克孜尔石窟与公元6世纪汉地弥勒菩萨图像状况相似。现在，如果将中原地区的施无畏印交脚菩萨像、倚坐像、半跏坐（包含游戏坐）像这三类菩萨像与克孜尔石窟中菩萨像相对照的话，这类像明显属于弥勒菩萨。也就是说，施无畏印半跏坐（包括游戏坐）菩萨像，不仅在中原地区，其在西域地方也作为弥勒。据此推测，施无畏印半跏坐像（包括游戏坐）也是"王者形象"的弥勒菩萨像的一种表现形式。

值得注意的是，此种形式的造像出现于日本飞鸟时代佛教造像中，即目前保管于东京国立博物馆法隆寺宝物馆的金铜菩萨半跏像（155号）（图26）。该造像是朝鲜半岛及日本6—8世纪几乎全部呈思惟相的半跏菩萨像中唯一表现施无畏印的，此外，其衣着为朝鲜半岛及日本少见的大袖衣。一直以来，由于强调手印和服装的特

殊性，这件155号像被视为与《别尊杂记》所载大阪四天王寺旧本尊救世观音像（图27）为同类，被模糊地认为是与圣德太子有渊源的特殊造像，其源流并未明确。但是，如果冷静地对四天王寺像的形式进行判断就会发现，其右手掌稍微朝向内侧，右臂放置于右膝上，上半身稍微向右倾斜，显然不是施无畏印，而是思惟像[39]。此外，后世模仿四天王寺像的京都庐山寺像等一系列模仿古代的实例均呈现思惟像。因此，155号像和四天王寺像在穿着大袖衣这一服制方面是共通的，但手印除外，施无畏印半跏像在飞鸟时代的实例只有155号像。

那么，此处若将155号像作为与中原地区的施无畏印半跏像类似的实例，此像即应为弥勒像，令人费解的是，大阪野中寺的半跏思惟菩萨像上明确地题为"弥勒"[40]。另外，关于服装，身着大袖衣的菩萨像流行于北魏时期的6世纪前半期，是以长安和洛阳为中心制作的中国式的菩萨像形式，其中龙门石窟古阳洞南壁第2层第4龛的主尊交脚菩萨像（图28）衣

图25　克孜尔石窟第118窟的菩萨半跏像（临摹）

图26　金铜菩萨半跏像
（法隆寺献纳宝物第155号）
7世纪 东京国立博物馆藏

图27　《别尊杂记》中所著
的四天王寺本尊像

着与155号像接近[41]。如此，则155号像图像
的源流可直接从中国6世纪的菩萨像中寻求，
从手结施无畏印判断，其为弥勒的可能性较高。
关于飞鸟奈良时代的半跏思惟像，尽管中国没
有半跏思惟弥勒像的实例，但根据铭文一般认
为野中寺像是弥勒菩萨，可以说155号像是更
忠实于中国图像的弥勒菩萨像。

半跏思惟像这一富有魅力的形象在亚洲东、
西部不断地被创作出来，其尊格实际上充满了
许多可能性，至今仍处于神秘之中。如今在朝
鲜半岛和日本一般被认为是弥勒的半跏思惟像，
在中国只是"太子"或单纯的"思惟像"，关
于该形象在何时何地又因何与弥勒结合的问题，
迄今虽有各种见解[42]，但仍未得到解决。但

是，如果此处介绍的施无畏印半跏坐菩萨像是
弥勒像的一种形式的话，那么看来已找到解决
这一难题的线索。公元6世纪，中原地区弥勒
图像表现出多样化的同时向周边诸国传播的过
程中，"施无畏印半跏坐的弥勒像"和"思惟相
半跏坐的太子像"（半跏思惟像），这两个相似
的图像之间发生了交错，导致出现"思惟相半
跏坐的弥勒菩萨像"，此种可能值得充分考虑。
但是，目前施无畏印半跏像的实例还很少，期
待今后关于此种形式造像有更多的报道。

补记：

1. 近年来，在四川省成都市相继发现的南
朝石造像中，有两件比梁（萧梁）代还要古老
的齐（萧齐）代铭文造像，其背面刻有交脚菩
萨像。但在齐代前后，即宋（刘宋）、梁时期
的实例中，仍未发现交脚像。因此，这些齐代
交脚像应自北朝地区，很可能是从西安方面传
至此地，非梁代造像。

2. 本文发表后，于山西博物院藏北齐天保
七年（556年）铭四面造像碑的碑首背面发现
有"大弥勒像"题记的施无畏印半跏坐菩萨像。

※本文最初发表于*MUSEUM* 502号，1993
年。后收录于《北魏佛教造像史研究》（2005
年）。本次译自《北魏佛教造像史研究》，第
241~255页。

图28　龙门石窟古阳洞（南壁第2层第4龛）
身着大袖衣的菩萨交脚像
北魏6世纪前半期　河南省洛阳市

参考文献

［1］［日］石松日奈子：《中国交脚菩萨像考》，《佛教艺术》
　　178号，1988年。

［2］［日］水野清一：《倚坐菩薩像について》，《東洋史研
　　究》第5卷第4号，1940年。

［3］［日］水野清一：《開皇二年四面十二龕像について》，
　　《東方学報》京都第11册第1分册，1940年。

［4］［日］宫治昭：《ガンダーラ・カーピシーの〈兜率天上の

弥勒菩薩〉の図像について》，《涅槃と弥勒の図像学》，吉川弘文館，1992年，第310页。

[5]［日］宫治昭：《バーミヤーン石窟の天井壁画の図像構成》，《佛教藝術》191号，1990年。

[6]作为胁侍像的云冈石窟第7窟主室西壁佛坐像龛中合掌倚坐菩萨像。另，云冈石窟第1窟和第6窟中成对出现的维摩·文殊像与此坐姿接近。

[7]甘肃省文物工作队、庆阳北石窟寺文管所：《庆阳北石窟寺》，文物出版社，1985年；甘肃省文物工作队、庆阳北石窟文物保管所：《陇东石窟》，文物出版社，1987年。

[8]［日］松原三郎：《北魏の鄴县様式石彫》，收录于《增订中国仏教彫刻史研究》，吉川弘文館，1966年。

[9]［日］松原三郎：《增订中国仏教彫刻史研究》，吉川弘文館，1966年，图版58。

[10]关于佛教造像的石碑形式，见［日］石松日奈子：《中国の造像記について》，《未央》3号，未央刊行会，1990年。

[11]注［9］松原氏前揭书，插图五一。但是，据说松原氏也未曾见到过。

[12] O. Siren, *Chinese Sculpture*, 1925. p. 169.

[13]［日］水野清一、日比野丈夫：《山西古迹志》，京都大学人文科学研究所研究报告，1956年，第42、43页。

[14]洛阳古代艺术馆：《洛阳魏唐造像碑撷说》，《文物》1984年第5期。

[15]参见注［14］。

[16]李献奇：《北齐洛阳平等寺造像碑》，《中原文物》1985年第4期。

[17]参见注［16］。

[18]周到：《河南襄县出土的三块北齐造像碑》，《文物》1963年第10期。对"弥勒像主"的文字判读，得到河南省文物局局长孙传贤与河南省博物馆研究员吕品的协助。

[19]注［2］水野氏前揭论文。

[20]［日］常磐大定、关野贞：《"支那"仏教史蹟》第2集第83图（仏教史蹟研究会，1925年）发表了此像背面拓片。佛像部分没有拓到，故无法得知其形状。

[21]弥勒信仰指死后愿往生兜率天的弥勒上生信仰，或往生到弥勒佛下生未来人间世界且三会说法（龙华三会）的弥勒下生信仰。下生信仰与上生信仰原本就是统一的内容。北魏时期的弥勒像多以上生兜率天的菩萨形象，铭文中发愿值遇下生后的龙华三会的情况居多。与这些像一样雕为菩萨形的弥勒题为"弥勒下生"的例子有曲阳出土北齐天保二年铭白玉菩萨交脚像。

[22]注［13］水野清一、日比野丈夫前揭书，图版五五～五七。

[23]吴怡如：《北周王令猥造像碑》，《文物》1988年第2期。

[24]宁夏回族自治区文物管理委员会、中央美术学院美术史系编：《须弥山石窟》，文物出版社，1988年。第45窟和第46窟的右（西）壁设有三尊佛龛，中央龛造如来立像，北龛造如来坐像，南龛造倚坐菩萨像（45窟），还有以交脚菩萨像为主尊的第46窟。如来立像为定光、如来坐像为释迦、菩萨像为弥勒，代表三世佛。相对侧的左（东）壁也是具有相同的结构，用倚坐菩萨像代替倚坐如来像。此种情况下，倚坐如来像应该也是弥勒佛。

[25]秦明智：《隋开皇元年李阿昌造像碑》，《文物》1983年第7期。

[26]注［3］水野清一前揭论文。

[27]［日］冈田健：《龍門石窟初唐造像論——その二 高宗前期》，《佛教藝術》186号，1989年。

[28]甘肃省天水麦积山石窟102窟（西魏）塑有文殊菩萨倚坐像。不过，此像与维摩诘像成对表现维摩经的内容，本文讨论的施无畏印倚坐弥勒菩萨像与之有所区别。

[29]碑像的碑首篆额部除了造倚坐菩萨像之外，还有造半跏菩萨像、结跏趺坐如来像、倚坐如来像的情况。

[30]在克孜尔石窟入口上方的拱形壁面以及巴米扬石窟窟内天井部绘有弥勒说法图。

[31] A. Foucher, *The Biginning of Buddbist Art*, 1914. p. XXVII.

[32]山东省博兴县出土了一件陶制倚坐像，很难判断是如来像还是菩萨像。详见常叙政、李少南《山东省博兴县出土一批北朝造像》，《文物》1983年第7期。

[33]补充一点，隋代的倚坐菩萨像中，有一件题为"观音"。同注［9］松原三郎前揭书，图版一二八C。

[34]［日］水野清一、长广敏雄：《云冈图像学》，收录于《云冈石窟》第八、九卷，京都大学人文科学研究所，1953年。

[35]杨伯达著，［日］松原三郎译：《埋もれた中国石仏の研究》，图版六、七，《东京美术》，1985年。

[36]龙门石窟古阳洞的营造次第，参见石松日奈子《龍門古阳洞初期造像における中国化の問題》，《佛教藝術》184号，1989年。关于此半跏菩萨像龛的年代，可推定在正壁三尊像和第三层完成的正始二年（505年）与第二层完成的永平年间（510年前后）之间。

[37]河南省襄县出土张嗷鬼三十人造像碑（北齐天保十年铭，现藏河南博物院）碑额篆额部菩萨像手结施无畏印、与愿印，左脚下垂呈游戏坐。天统四年的铭像上亦刻有张嗷鬼的人名，同一地点还发现了天统五年（569年）铭张嗷鬼一百人造像碑。天统五年铭造像碑上有一尊倚坐菩萨像，但未题像名。参照注［18］周氏前揭论文。

[38]［日］宫治昭：《キジル第一期のヴォールト天井窟壁画上・下》，《佛教藝術》180、183号，1988—1989年。

[39]迄今为止，多数研究者判断四天王寺救世观音像结施无畏印。

［40］大阪野中寺金铜菩萨半跏思惟像铭文中刻有"弥勒御像"。《飛鳥·白鳳の在銘金銅仏》，奈良国立文化財研究所飞鸟资料馆，1976年。中国、朝鲜、日本的半跏思惟像中，题为"弥勒"者，仅此一件。

［41］关于中国身着大袖衣的菩萨像，见［日］石松日奈子《龍門北魏窟の研究—龍門北魏樣式の形成における中国化の問題》，《鹿島美術財団年報》第8号，平成二年度版，1991年中的《龍門古陽洞の大袖菩薩像》。

［42］关于中国、朝鲜半岛、日本的半跏思惟像，除以下所示，还有很多讨论。

　　［日］内藤藤一郎：《夢殿秘仏と中宮寺本尊 其一～其四》，《東洋美術》4～7号，1930—1931年。

　　［日］矢代幸雄：《細川侯爵家蔵白玉弥勒半跏像》，《美術研究》65号，1937年。

　　［日］水野清一：《半跏思惟像について》，《東洋美術》第5巻第4号，1940年（收录于《中国の仏教美術》，平凡社，1968年）。

　　［日］毛利久：《半跏思惟像の系譜》，《大和の古寺一》，岩波书店，1982年。

　　［日］田村円澄、黄寿永编：《半跏思惟像の研究》，吉川弘文館，1985年。

　　［日］大西修也：《阿弥陀·弥勒信仰の実態と図像—菩薩半跏像＝弥勒像説へのアプローチ—》，町田甲一先生古稀纪念会编《論叢 仏教美術史》，吉川弘文館，1986年。

　　［日］浅井和春：《菩薩半跏像観松院》，《國華》1116号，1988年。

从善业泥与天龙山浮雕所见唐代佛教造像传播

李　想

（东北师范大学历史文化学院）

一、善业泥造像

善业泥造像，广义上系小型陶质模制造像的通称，这类小泥佛像由模压脱制而成，另有脱佛、脱塔、泥佛、泥塔、陶佛像、陶板小佛等不同称呼。狭义的善业泥造像指背面模印有"大唐善业埿压得真如妙色身"字样的陶质造像，因其模印文字中"善业埿"三字，故称之为善业泥造像。

善业泥造像在各地均有发现，集中大量出土则在唐代长安城内的寺院遗址中。关于善业泥造像的发现和著录始于清末，如清代鲍昌熙《金石屑》、清末《神州国光集》以及民国时期《尊古斋陶佛留真》等文献中都有对善业泥造像的记录；近代以来，大村西崖等日本学者在相关论述中对此也有提及；陈直《唐代三泥佛像》为国内最早对善业泥造像研究的文章，此后金申、李翎等多位学者在其研究中对善业泥造像进行了比较研究[1]~[7]。

本文所讨论的善业泥造像特指善业泥像中较为典型，且布局复杂、构图精美的一种组合造像，或可称之为"莲花化佛善业泥造像"。该种善业泥造像为陶质，表面呈青黑色，尖拱龛形。正面有佛像十躯，图像整体左右基本对称。主尊像桃形头光、高肉髻，修眉细目，大耳下垂，袈裟右袒，结跏趺坐于莲台上，左手施降魔印，莲台下部莲梗处左右各出三枝藤蔓，分列上中下。下部两支藤蔓端部生莲花；中部两支藤蔓端部生莲台，莲台上站立主尊左右胁侍菩萨，胁侍菩萨头戴三叶冠，佩项饰，左右有飘带，靠近主尊一手呈向主尊递物状；上部两支藤蔓向上生长，莲蓬及仰莲莲台交错向外侧伸出。莲台共三层，下部莲台佛造像结跏趺坐、施禅定印；中部及上部佛造像施触地印。主尊造像上部有华盖，华盖顶部有仰莲莲台，上另有一尊造像，结跏趺坐，施禅定印，整体疏朗有度，灵动不呆板。善业泥背面为模印"大唐善业埿压得真如妙色身"12字阳文，竖三列，每列四字，文字间有界格（图1）。

关于该种善业泥的年代，多位学者都进行了论述，基本认定其年代为初唐时期。其中何鸿的断代依据较为确切，何鸿依据僧人义净在

《大唐西域求法高僧传》中"归东印度，到三摩明吒国，国王……每于日日造拓模泥像十万躯"的记述，以及《大唐南海寄归内法传》中"造泥制底及拓模泥像，或印绢纸，随处供养。或积为聚，以砖裹之，即成佛塔，或置空野，任

其销散"等记载，并结合同类造像的比较分析，将该种善业泥造像的年代范围精确至唐高宗至武周时期，偏向武周时期（690—704年）[8]。

二、天龙山石窟唐代浮雕

天龙山石窟位于今山西省太原市晋源区，始凿于东魏，盛于北齐隋唐。天龙山石窟按照分布范围分为东西两峰，东峰现存洞窟12个，编号1~8号窟及上层1~4号窟，开凿年代为东魏至隋；西峰现存洞窟13个，编号9~21号窟，开凿年代主要为唐代。其中第9窟为天龙山石窟中唯一的唐代摩崖大像窟，第9窟外部建有木构阁楼，阁内佛龛分上下两层，上层正中雕大型倚坐弥勒佛像；下层主要雕三尊菩萨像，正中为十一面观音立像，左为骑象普贤菩萨，右为骑狮文殊菩萨，窟内附雕有多处小型造像及窟龛。在十一面观音立像背面，即下层北壁上部，有两幅浅浮雕莲花化佛图，两处浮雕构图相同，内容基本一致，西侧浮雕表面风化较重，细节多不清晰，东侧浮雕保存情况较好，也较有代表性。

东侧浮雕下部靠近中心位置为3尊形体稍大的佛像，中尊为倚坐弥勒佛，弥勒佛两侧有二弟子胁侍。左右尊为坐佛，坐佛外侧各有一胁侍菩萨，构成三佛二弟子二菩萨的组合。其中西侧佛像身着袒右式袈裟，左手施禅定印，右手施降魔印。结跏趺坐于莲座上。莲座下有莲茎，莲茎与莲根相连，莲根向东西两侧分别生出一个莲台和一朵小莲花。东侧莲台上立一尊弟子像，右手置于腹部，侧身立式，西侧莲台上立一尊菩萨像。从胁侍处伸出两根主干莲茎，向上分叉展开，生出多支莲茎，每个分支

图1　善业泥造像拓片（引自金申《谈善业泥像》）

莲茎上长出莲叶、莲花、莲蕾和仰莲，仰莲莲台上雕化佛。化佛身着袒右式袈裟或双领下垂式袈裟，双手施禅定印或左手施禅定印、右手施降魔印，结跏趺坐于仰莲上。李裕群等学者研究认为，天龙山石窟第9窟年代在公元705—712年，即中宗至睿宗时期，或可延续到玄宗开元初期（713—720年），天龙山石窟第九窟浮雕是以弥勒为主尊的三佛题材，所表现的可能是弥勒净土[9]（图2）。天龙山浮雕的题材与年代确定，对研究类似形象的造像有重要参考意义。

三、初唐时期佛教发展及两化佛造像关系

唐太宗时期，佛教在中国的发展受到压制。至唐高宗时期，佛教在中原地区开始得到发展的机会，显庆五年（660年）正月，高宗和武则天巡幸太原，礼拜童子寺大佛和蒙山大佛，大舍珍宝，敕令妆銮佛像，到武周时期，因武则天家世崇佛，同时，武则天登基后，为彰显其统治的正统地位，颁布《大云经神皇授记义疏》，并以弥勒佛自居，统治者的支持对佛教发展起到了积极的促进作用。此外，太原作为武则天故里，也格外受到重视，天授元年（690年）武则天登基后，即罢大都督府，置太原为北都，并多次巡幸太原。与此同时，太原地区的佛教发展也极为迅速，佛事活动日益兴盛，在天龙山周边至今仍分布有唐代太山龙泉寺遗址、福慧寺石窟、姑姑洞石窟、瓦窑村石窟等多处唐代佛教遗存，足以反映出彼时大兴土木开窟建寺之风。因太原与都城的特殊关系，太原地区自然会受到大量的都城文化与艺术风格的影响，佛教的影响也不例外，李裕群也认为，天龙山石窟唐代造像更接近于长安地区。

莲花化佛善业泥造像与天龙山石窟第9窟化佛浮雕两者题材风格一致，画面布局相似；在年代关系上，天龙山石窟化佛浮雕略晚于善业泥造像；从构图来看，天龙山唐代浮雕的化佛图像内容更为繁复，可以看作是善业泥莲花化佛组合造像风格的延续与发展。

长安作为当时中国佛经翻译及传播的中心，不仅最早接受新的佛教思想理念及文化，且对佛教思想的理解还物化到佛教造像的全新的布局与形式上，再传播到各地。天龙山第9窟下层北壁莲台化佛浮雕与洛阳龙门石窟唐代第二期（武周时期）万佛沟龛莲台化佛也有一定相似性[10]，但龙门石窟的化佛排布更加整

图2　天龙山第9窟唐代浮雕局部
（引自李裕群，李钢《天龙山石窟》）

齐，其阵列排布形式可能与北朝时期的千佛像有一定联系，不似太原天龙山排布方式更自然生动，佛像与莲弯曲的枝蔓较好地融合在一起。佛教传播方向大体为以都城长安为中心向各地传播，从与善业泥造像类似的两处石窟浮雕莲花化佛风格来看，也符合这一传播方式，长安到太原与长安到洛阳是两条并行的传播路径，但是从年代序列上，也不排除太原同时接受从长安和洛阳两大都城文化同时带来的影响。从太原与洛阳化佛的差异也可以看出，接受和吸收外来新的造像形式的同时，各地也保留了一定的本地原有的风格。

同时，关于石窟造像风格的传播问题，善业泥这类内容复杂、构图完整、便于携带的小型造像也为我们提供了线索[11]。佛教造像的形成无法脱离工匠、宗教活动、社会而存在，它们是不断互相流动的[12]。长安作为当时中国的佛教中心，其佛教造像也具有范式意义，长安地区以新思想理念制作生产的新布局形式的小型善业泥造像作为传播媒介，随着信徒或凿石窟工匠传播至各地，再由各地接受吸收，将新风格形式的造像，融入当地的造像制作中，逐步形成了整体风格相似，但又具有地方风格的佛教造像系统。

参考文献

[1] 陈直：《唐代三泥佛象》，《文物》1959年第8期。

[2] 陈直：《西安出土隋唐泥佛象通考》，《现代佛学》1963年第3期。

[3] 金申：《佛教善业泥像》，《收藏家》1995年第6期。

[4] 金申：《谈善业泥像》，《收藏》2016年第19期。

[5] 李翎：《擦擦与善业泥考辨》，《中国国家博物馆馆刊》2011年第6期。

[6] 李翎：《擦擦与善业泥》，《中国美术研究》2013年第2辑。

[7] 李翎：《擦擦与善业泥续考——关于汉地擦擦图像类型的研究》，《故宫学刊》总第十辑，2013年。

[8] 何鸿：《"善业泥佛像"存在时限考释》，《创意与设计》2019年第2期。

[9] 李裕群、李钢：《天龙山石窟》，科学出版社，2003年，第66～68页。

[10] 丁明夷：《龙门石窟唐代造像的分期与类型》，《考古学报》1979年第4期。

[11] 王文波：《南诏时期"善业泥"初探》，《四川文物》2022年第5期。

[12] 王思怡：《邺城地区北朝佛教造像及相关问题研究》，吉林大学硕士学位论文，2023年。

吉林大安尹家窝堡遗址出土"康定元宝"铜钱辨误

张翁然

（东北师范大学历史文化学院）

2015年7—10月，吉林大学边疆考古研究中心和吉林省文物考古研究所组成联合考古队对吉林省大安市尹家窝堡遗址进行第二次发掘，此次发掘出土了大量北宋钱币，笔者在研读该遗址发掘简报时，发现其中出土一枚康定元宝铜钱，编号为（H21①：3）[1]，这枚康定元宝铜钱引起了笔者的注意，在以往的文献记载和考古发掘中仅见到过康定元宝小平铁钱，并未见过康定元宝铜钱，检视发掘报告中所收康定元宝铜钱拓片，与所见康定元宝铁钱亦有区别，因此，吉林大安尹家窝堡遗址出土的这枚铜钱是否为康定元宝是值得研究讨论的。

一、文献所记康定元宝

按照中国古代铸币面文的普遍规律，康定元宝应为北宋仁宗康定年间的铸币。康定是宋仁宗的年号，《改康定元年及尊号去宝元二字诏二月甲辰》中记：

朕绍膺骏命，统御庶邦，祗迪先猷，甫浃九闰，何尝不稽探前载。询纳迩言，克念永图之

安，聿求小毖之助，靡敢暇逸。汔臻治康。而近岁以来，眚异间作，霄躔示象，星舍舛期，天戒靡私，史占攸著。企汤乙在予之诮，慕周王侧身之思。屡省实勤，厥咎非远。虽彻盛食之品，躬怀旰朝之忧，恐未足导迎至和，消伏众变。是用推策正本，协纪求中。庶回灵鉴之孚，式新瑞历之授，宜改宝元三年为康定元年。[2]

宝元三年（1040年）二月改元康定，康定二年（1041年）十一月改元庆历，康定这一年号实际使用时间不足两年，即使改元康定后各钱局迅速做出调整发行康定元宝，在不满两年的时间里，战乱频繁，康定元宝的发行量也是极为有限的。

《宋史·食货志》中并未提及"康定元宝"，只是对这一时期铸币名称的变化作一简单陈述："后改元更铸，皆曰'元宝'，而冠以年号，至是改元宝元，文当曰'宝元元宝'，仁宗特命以'皇宋通宝'为文，庆历以后，复冠以年号如旧。"[3]书中并没有确切记载北宋朝铸造发行过以"康定"年号命名的货币，宝元和康定年间主要的流通货币应是按照宋仁宗诏

令发行的皇宋通宝，从今天的出土情况也不难看出，北宋皇宋通宝存世量丰富，可见其铸造量亦极大。另据《宋史·任颛传》记载："陕西铸康定大铜钱，颛曰：'坏五为一，以一当十，恐犯者众。'卒如其言。"[4]《宋史·食货志》又载："军兴，陕西移用不足，始用知商州皮仲容议，采洛南县红崖山、虢州青水冶青铜，置阜民、朱阳二监铸钱。既而陕西都转运使张奎、知永兴军范雍请铸大铜钱与小钱兼行，大钱一当小钱十；又请因晋州积铁铸小钱。"[5]在《续资治通鉴长编》中也有相关记载："初，陕西军兴，移用不足，知商州皮仲容。始献（建）议采洛南县红崖山、虢州青水冶青铜，置阜民、朱阳二监以铸钱。既而陕西都转运使张奎、知永兴军范雍请铸大铜钱与小钱兼行，大钱一当小钱十。奎等又请因晋州积铁铸小钱。"[6]两书对于此事的记述几乎相同，应该是脱脱等人在编撰《宋史·食货志》时参考了李焘的《续资治通鉴长编》，证明这件事是可信的。北宋康定年间陕西都转运使张奎和知永兴军范雍曾建议陕西铸造"康定大铜钱"，在时任盐铁判官的任颛看来，铸造大铜钱会导致百姓私铸猖獗，不仅不利民，还会害民，朝廷听取了任颛的建议而没有铸造康定铜钱。首先可以确定皮仲容建议设置阜民、朱阳两钱监铸铜钱的时间是在康定元年十二月。另外，张奎任陕西都转运使和范雍知永兴军时已经是庆历元年五月，此时尚未改元，所以实际应该是康定二年五月。"请因晋州积铁铸小钱"的时间在庆历元年九月，即康定二年九月，其中铁钱有可能是康定元宝小平铁钱。因为到十一月就改元庆历，所以康定元宝小平铁钱存世稀少也具有合理性，而且铸造地可能在晋州地区。据《宋会要辑稿》

对皮仲容建议增钱监一事的记载，宝元二年（1039年）北宋与西夏战争开始："康定元年，因陕西移用不足，屯田员外郎皮仲容建议增监冶铸，因敕江南铸大钱，而江、池、虢、饶州又铸小铁钱，悉辇致关中。"[7]从目前文献资料看我们基本可以断定康定元宝在历史上确有铸造，且应为小平铁钱而无铜钱或者当十铁钱。因为铁钱易生锈，极难保存，所以发行量本就不多，存世者更为稀少。

清代以来康定元宝小平铁钱曾在一些泉谱上出现。清代钱币学家李佐贤在《古泉汇》中收录一枚康定元宝拓片，并评："今康定元宝钱甚罕，仅见铁小平一种，当十及铜钱均不可得。"[8]民国钱币学家丁福保在《古钱大辞典》中评价康定元宝时提到："陈莱孝曰：'按宋史食货志宝元中铸钱以皇宋通宝为文，庆历以后复冠以年号，则似康定中，未尝鼓铸。诸谱皆不载，而所有康定元宝铁钱未有确考，字体明朗，元字系左挑'"，"培（翁树培）按铁钱元字在穿下，左挑元（元宝二字如开元钱），康字甚肥，今所见漫漶者多"，"喜海按康定泉今世罕有流传者，近收藏家唯余与家子敬兄各有一枚，皆铁泉也。铜泉则未闻有流传于世者矣。丙午丁未，余在蜀中又得康定泉四五枚，以一分赠鲍子年。"[9]此外日本《古泉大全》评价该钱时皆引用前面所提，也能增加一定说服力[10]。新中国成立后，学界对康定元宝的认知也基本因循前人，且在版式划分上较以往更为细致。阎福善编著的《两宋铁钱》是宋代铁钱研究的集大成之作，书中辑录两枚康定元宝拓片，分别为阔元和狭元两版，其书中记："康定元宝，今仅见小平铁钱，钱文楷书，铸于仁宗康定年间（1040—1041年）。根据形制特点，可能为四川路铸。出土于陕西、山西，四川偶有出土。"[11]钱币权威读本《中国古钱大集》收录康定元宝小平铁钱拓片稍多，有4枚，包括大样、小样、扁元等版。记康定元宝特征："今仅见小平铁钱，铸工较粗劣，钱文均作隶书旋读。亦有数种版式。"[12]《两宋铁钱》与《中国古钱大集》中对钱文书法的记载稍有差异，从钱币拓片来看，其文字与开元通宝相似，应该说是隶书更准确些。文献等资料关于康定元宝的记载证明，康定元宝存世仅有小平铁钱一种，且钱文字体为隶书。

二、康定元宝的出土情况

清代金石学家钱泳在《履园丛话》中提到其任武昌节署时曾在汉口购得"康定元宝"[13]，大概就是在汉口出土的。1988年党顺民参与整理一批铁钱，其中出三枚康定元宝："康定元宝，小平，三种。仁宗康定元年铸。①真书旋读，直径2.2、穿径0.7、厚0.2厘米，重4.5克。②真书旋读，直径2.4、穿径0.65厘米，重5克，面无内穿郭。③真书旋读，直径2.4、穿径0.75厘米，重5克。"按党顺民言："据说是山西黄河中部柳林地区出土，数量不详。"[14]文伯、张国彪另撰有《对〈陕西发现北宋河东小铁钱〉的出土地及有关情况之考察》一文，说明党顺民整理的这批铁钱应为柳林后宋家寨出土[15]。另外，文中也证实胡城所著《康定元宝小平铁钱》中钱币来源也是柳林后宋家寨，且按胡城所记，"仅康定元宝就有四十多枚"。又按文伯、张国彪等人对柳林后宋家寨村民的调查，"陕西人主要是找康定元宝"，可以推断出柳林出土这批康定元宝小平铁钱至少有43枚。康定元宝在陕

西也有出土记载。根据阎福善整理，北宋时期河东路地域（即今陕北东部吴堡、佳县、神木、府谷等四县）多出土康定元宝小铁钱[16]。此前陕西渭南地区也有出土康定元宝小平铁钱[17]。1956年，四川安县和金堂两地先后出土两批宋代铁钱，其中就有康定元宝隶书旋读版[18]。谢雁翔的《四川出土的宋代铁钱》提出，在四川省的成都市、安县、金堂、隆昌等地曾出土楷书"康定元宝"小平钱[19]。经过整理，四川资中、绵竹、雅安、名山、芦山等县出土的铁钱中，也有康定元宝铁钱发现[20]。

北宋钱币出土量大，大多被人忽视，关于康定元宝的出土记载更是少之又少，但可以确定的是迄今仅发现康定元宝小平铁钱，《中国古钱大集》中记："1997年闻北方出土小平康定铁母一枚，弥足珍贵矣。惜实物未见。"[21]这枚钱币未在泉谱中辑录，或为仿铸而已，不足为证。从考古出土情况看，康定元宝小平铁钱多出土于山西西部、陕西和四川地区，其他地区几乎未见。

三、尹家窝堡遗址出土"康定元宝"铜钱应为开元通宝

从文献资料以及考古出土情况来看，康定元宝钱已经可以确定仅有小平铁钱一种，其他铁母、铜母以及折十等应皆为仿铸，并不可信。近来古钱币市场出现很多仿铸康定元宝钱，以杂铜铸造，文字漫漶，铸造工艺不符合宋代特点，亦偶有见到以铁钱真品改刻仿制，然刀痕犹在，不合形制。通过对康定元宝考古出土情况和早期钱币学家记述的分析，康定元宝小平铁钱的铸造地有三种可能，一是四川地区；二是陕西地区，确切地说或是北宋时河东路地域；

三是山西地区。因为缺乏具体资料详证，无法确定实际铸造地。反观《吉林大安尹家窝堡遗址 2015 年发掘简报》中所说，吉林出土康定元宝铜钱的说法应该是有误的。另外对比这枚钱币拓片，其品相极差，仅存半枚，经仔细辨认应该是开元通宝存"开"与"通"二字，且上下颠倒，因锈蚀严重，文字风格与康定元宝相近，所以对辨识造成了困难，失误在所难免。将尹家窝堡 H21①：3 这枚钱币的钱文与"康定元宝""开元通宝"进行对比，可以确认发掘简报中的"康定元宝"风格更接近于开元通宝，所以是开元通宝无疑。

参考文献

［1］吉林大学边疆考古研究中心、吉林省文物考古研究所：《吉林大安尹家窝堡遗址 2015 年发掘简报》，《边疆考古研究》（第 20 辑），科学出版社，2016 年，第 110 页。

［2］司义祖整理：《宋大诏令集》卷第二，中华书局，1962 年，第 7 页。

［3］（元）脱脱等撰：《百衲本宋史》卷 133，食货下二（钱币），国家图书馆出版社，2014 年，第 2040 页。

［4］（元）脱脱等撰：《百衲本宋史》卷 330，列传卷第 89，国家图书馆出版社，2014 年，第 4022 页。

［5］（元）脱脱等撰：《百衲本宋史》卷 133，食货下二（钱币），国家图书馆出版社，2014 年，第 2040、2041 页。

［6］（宋）李焘撰：《续资治通鉴长编》卷 164，中华书局，1985 年，第 3954、3955 页。

［7］徐松辑：《宋会要辑稿》，食货之六。转引自阎福善《陕西北宋铁钱》，《考古与文物》1994 年第 5 期。

［8］（清）陈介祺等编：《陈介祺批校古泉汇》，书目文献出版社，1994 年，第 377 页。

［9］丁福保编：《古钱大辞典》（全二册），中华书局，1982 年，第 1872 页。

［10］［日］今井贞吉编：《古泉大全》卷 16，今井贞吉出版，1888 年，第 5 页。

［11］阎福善、高峰英等编：《两宋铁钱》，中华书局，2000 年，第 22 页。

［12］华光普主编：《中国古钱大集》，湖南人民出版社，2004 年，第 459 页。

［13］（清）钱泳撰，孟斐校点：《履园丛话》卷 2《阅古·古泉》，上海古籍出版社，2012 年，第 24 页。

［14］党顺民：《陕西发现北宋河东小铁钱》，《中国钱币》1989 年第 2 期。

［15］文伯、张国彪：《对〈陕西发现北宋河东小铁钱〉的出土地及有关情况之考察》，《中国钱币》1993 年第 1 期。

［16］阎福善：《陕西北宋铁钱》，《考古与文物》1994 年第 5 期。

［17］胡城、李增正：《渭南出土北宋折二铁钱》，《中国钱币》1994 年第 1 期。

［18］郭立中、刘志远等：《四川安县、金堂出土的两宋铁钱》，《考古》1959 年第 2 期。

［19］谢雁翔：《四川出土的宋代铁钱》，《四川文物》1984 年第 3 期。

［20］贾杰三：《四川近年出土的两宋铁钱考述》，《四川文物》1990 年第 5 期。

［21］华光普主编：《中国古钱大集》，湖南人民出版社，2004 年，第 459 页。

浙派山水画在北宗山水画中的体现

王洋

（吉林省博物院）

一、浙派山水画命名及其与"北宗"山水画的渊源

明清以来画派林立，浙派、吴门画派、松江画派等为明代后期主流画派。其中浙派山水画的名称最早由董其昌提出，他在其著作《容台别集》之《画旨》中提出，戴进是杭州人，所以以他为领军人物的画派在历史上才有了浙派的称谓。

同时，董其昌按照"南北宗"的理论，以浙派风格笔墨遒劲，大开大合，展现出直折和刚性的特点，缺少含蓄蕴藉的笔致，故而将其归入北宗一系[1]。

二、浙派山水画的绘画风格

明初因政治社会环境的变迁，朱元璋不喜元人绘画风格，主张取法南宋院体。南宋院体为多边角式构图，而明初宫廷绘画多为全景式构图画风的进一步沿袭，也可以说是浙派山水画进一步的传承和发展。

戴进作为浙派绘画的代表人物兼修宫廷绘画和民间绘画，在其艺术风格上充分体现了"北宗"绘画由苦心力学而"渐修"积累逐步达成一定境界的特色。据郎瑛记述，1425年戴进因在当时画艺超群而被召入宫廷画院，宣宗对其所作《秋江独钓图》十分赞赏，但画师谢环在翻看至秋景时，进言："画中渔人似有不逊之意。"其描述：戴进所作渔人所穿红袍乃士大夫服装，非渔人应该穿着。此种着官服的文人而渔隐生涯的形象经常在元画中出现，高人隐士弃绝公众耻于侍元的态度，暗喻戴进有反朝廷的含义。宣宗闻言同意这种看法，便斥退画作。此论戴进之言在今天被很多史学家考证为非史实，但观戴进流传的画作，其修养并不高。戴进离开宫廷之后，居住在繁华都市浙江杭州，在这里南宋院体绘画风靡一时，许多画家都是家族相传。戴进作为浙派的代表人物，结合自身的特色开创了具有自我风格的画风，也可以说是浙派山水画取得了更高的绘画成就，一时影响极大。戴进死后其名气更大，学他的画家也更多，当时以戴进画风作画形成了一种风气。

后学者成就较高的有夏芷、汪质、吴伟、戴泉、陈景初、汪肇、蒋嵩、张复阳、陈鹤等人。在这些人的引领下由院画体系发展而来的"浙派"采用刚性线条、大斧劈斫的画法蔚然成风。明后期，浙派绘画地位日益衰落，和宫廷绘画一样一败涂地，被讥为"画家邪学，徒呈狂态"，（明屠隆《画笺》）"习气恶派，以浙派为最"。在吴伟之后的浙派后进作品也确实给人以"徒呈狂态"的感觉，以随意线条、恣意泼墨去强求豪气，有些甚至近于胡涂乱抹，画面整体布局也十分放肆。一味地狂放、缺乏控制也会损坏艺术，所以浙派和宫廷绘画这种狂放不羁、信马由缰无法自治便日渐衰败。由于朝廷将经济中心转向江南，宫廷绘画受此影响，逐渐被平静恬淡的吴派画系所取代，之后的松江派只是吴门画派的进一步延伸。

明代画派林立，在明代画史中，董其昌的南北宗论，应该是明代，也可以说是浙派山水画画坛中最重大的一件事了。董其昌之所以将浙派划为北宗画派，因北宗山水画中体现着浙派的诸多特点，无论是在绘画情怀、画家的胸次，抑或是画法技法，都能在北宗中找到浙派的痕迹[2]。

三、浙派山水画的绘画艺术技法在"北宗"山水画中的体现

从绘画艺术技法来看，北宗多采用"勾斫之法"和用笔直白，由于北宗绘画艺术在艺术风格、形式、技法上所具有的种种特征，浙派山水画被称作"行家画""作家画""院体画"。该派画家既渴望与自然相融，又追寻自由奔放，这种为了作画而规矩自己的行为，注定很难有太多的突破和成就。

明代浙派画家戴进、吴伟等因其所处社会环境的原因，他们的画风在来自于南宋院画体系的隔代传承的基础上，又增加了自己对自然和个体之间关系的理解。画家们寻求与马远、夏圭相同的构图模式，也采用他们大斧劈皴的笔法，在角边间构造远近、虚实的景致。

浙派山水画在构图上，从全景式构图到边角式构图被广泛使用，画作中人物为焦点，尺寸大、数目多，将山水点缀在其周围，无论是巍峨的山岩还是流动的瀑布，都会以大大小小比例成画。在构图上分为大块区域，从多个角度逐步加深描绘，由远及近。这种近似元时期的比例构图，整幅画中山岭依附于树石，各个部分不分主从，却相互呼应，远近统一。画作不仅表现出大自然的意象，同时也透过人物与周遭环境的关系，表现出人与自然的和谐或抗争。既有对尘世的依赖，又有渴望超尘脱俗的理想。明代浙派画作中经常可以看到旅人在乱石激流中艰难跋涉，文人雅士在松风流水间驻足观景，世外隐士在茅庐烹茶待客。可见画家在作品中倾注了浓烈的个人情感，在点画勾勒之中，平日里隐藏在内心深处追求享乐的欲望和颐养天年的本能不经意间在画作之中流露而出。例如，吉林省博物院藏的戴进《松荫独钓图》，整幅画卷大气磅礴、水墨淋漓、豪放刚劲。画面的左上部山崖耸立乱石嶙峋，流泉飞舞奔流欲出，错落有致的树木点缀山间，入眼即见亦学郭熙的鹰爪树，群山料峭、苍松挺拔、天际辽阔，给人一种昂然向上的感觉，一眼望去肃穆之情油然而生。画面右下角则有两株古松虬枝老干遥相呼应，松枝乱草硬朗的线条衬托山脚下一泓秋水波澜不兴，岸边小小平台上

有一位戴官帽、着官服的高士安然独坐。画家将情绪倾泻在画作之中，这一点在浙派重要人物吴伟身上表现得尤为明显。吴伟师从戴进，其早期作品仍沿袭一侧垂直、亦学郭熙的鹰爪树，一侧水平的标准构图，他在离开宫廷之后放浪形骸，豪歌巨饮，心中郁结的不平之气常常体现在其晚期作品中，狂放不羁随意点染之处不时出现，粗放狂野的画风已露端倪，为一味模仿者创造了剑走偏锋的开端。

由此可见，相对于董其昌所欣赏提倡的"南宗"文人画的恬淡，以及在艺术表现上的顿悟而言，明代浙派画家的思想、风格、技法更加贴近民间，更多的是表达出内心对理想的渴望与现实的不满。然而，这种情绪一旦把握不好尺度就会过犹而不及，在画作上则体现为简单潦草、随意粗野、杂乱无序。这也导致在戴进、吴伟之后的后学者只能模仿其皮毛，不能捕捉其内涵，更谈不上领略马、夏画作精髓，与"北宗"之初的艺术风格难通声气，逐渐走入怪异、粗鄙之途。

四、浙派山水画在"北宗"山水画中的传承与发展

随着时代变迁，在明代浙派日趋衰落的同时，人灵地杰的苏州在经历了明朝开国时期文人惨遭整肃之后，历经百余年休养生息，生活渐趋安定，更加注重文化建设，凋零的艺术之花重新绽放。以沈周为代表的家境殷实、生活安稳的乡绅画家潜心艺术无意仕途，在明代画坛上脱颖而出，开创了在中国山水画历史上占有一席之地的吴门画派。因其具有更好的人文修养，更加符合中国文化中对于文人雅客的定位，加之人们早已厌倦宫廷绘画的腐朽与权贵

气息，以沈、文、唐、仇为首的"吴门四家"将吴门画派日渐壮大，夺取了浙派的画坛霸主地位，最终以其恬淡、平和的画风逐渐超出浙派一门并取而代之。人事代谢，江山依旧，在吴门画派独领风骚若干年之后，明朝晚期其又被松江画派所取代。至此，纵横明代中期百年历史的浙派山水画渐渐归为沉寂。

江山代有才人出，各领风骚数百年。浙派历经数百年的继承、变革、发展，在沉寂多年后又有了延续和发展。北宗山水始于唐，在北宋得以完善，成熟于南宋时期，在明代有了新的改变和突破。纵观吉林省博物院明代以来北宗山水画藏品：明戴进《松荫独钓图》的独立风格，溥心畬《松隐图》的犀利侧锋[3]，金城《仿李唐笔意山水图》的古意临摹，陈少梅《摹明人徐霖右军换鹅图》的浙派画意等。无论布局与技法如何变化，群峰耸立、山石嶙峋的画风依旧十分明显，可见浙派山水画技法在北宗山水画中影响深远。

其中，值得一提的是近代画家陈少梅，沿袭明代山水画的特点比较突出，突显浙派风格[4]。以吉林省博物院藏陈少梅《摹明人徐霖右军换鹅图》为例可见一斑。徐霖，字天三，今上海松江人，后移居至金陵，在中国历代画家中是集诗、词、书法、绘画为一体的名家，"江东三才子"之一。在徐霖传世不多的绘画作品中，如《花卉泉石图》《菊石野兔图》可见其山水画风格简单、笔力苍劲、刚猛酣畅、技法有致。恰陈少梅亦是集古时名家技法于一身，承马、夏人物精华，摹唐、仇花卉之精粹，继金城发扬北宗之志，取明王谔、吴伟，还有周臣、仇英、唐寅等绘画方法，构图严谨、描绘细致、章法简单，用墨师从古法、崇北融南。陈少梅在《摹明人徐霖右军换

鹅图》画作中笔墨精雅、潇洒放纵，既继承了徐霖作品笔墨淋漓、恣意洒脱、生机盎然、意趣高远的特点，又融合了自己清雅幽远的意象，化"清刚"为"绕指柔"，严谨的理性美，可谓师古化古之佳作[5]。

古往今来，中国绘画史上各种画派林林总总，风格各异不断变迁。时至今日，世人对董其昌"南北二宗"论仍存争议，在画史中记录明代后也很少有画家继续学习北宗。然赖毓芝的《消失的浙派与晚明的多重"古代"》一文中，从清宫本《清明上河图》出发，在其反映当时街市商业店铺及热门活动中，清晰可见古董店铺中陈设的浙派或与浙派宫廷风格相关的画作，由此可见明清浙派马夏之风依旧在传承。文中也论述了是更改了款识印章，重新包装成了古代大师的作品。浙派山水风格只是换了一种方式出现，而且在市面上广为流通，受到各个阶层众多人士的喜爱。综上所论，根据中国山水画史记载，以吉林省博物院藏北宗山水藏品为例，以及各位专家学者不同角度的论述及分析，我们认为从浙派山水画的风格、技法和传承来看依稀可见北宗画法的痕迹，构图上依旧采用虚实对角布局、焦墨拖长松枝、层次氛围渲染、斧劈质理山石等技法，可以说是在画史中逐渐被淡化的浙派山水在北宗山水画中得以再现，并且有了新的进步和发展。

参考文献

[1] [美]高居翰著，王嘉骥译：《山外山：晚明绘画（1570—1644）》，生活·读书·新知三联书店出版社，2014年。

[2] （明）董其昌《论画琐言》。

[3] 王彬编：《溥心畲谈艺录》，河南美术出版社，2001年。

[4] 《二十世纪美术作品档案》编委会编：《二十世纪美术作品档案·陈少梅》，北京出版社，2012年。

[5] 《名家翰墨丛刊·中国近代名家书画全集17·陈少梅》，（香港）翰墨轩出版有限公司，1996年。

清代内府康熙朝刊刻图书与书版初论

周　莎

（故宫博物院）

一、故宫典藏的康熙朝书籍
雕版研究资源概述

在故宫博物院典藏的186万余件文物藏品中，与图书相关的藏品被保存在故宫图书馆。一般而言，大众所熟知的图书馆典藏的藏品多以图书、报刊为主，但在博物馆系统中的图书馆，与我们所了解的常规借阅式图书馆稍有不同。在这里，除了收藏有图书、报刊以外，还收藏有大量的古籍善本与雕版。

据统计，目前故宫图书馆所藏康熙朝刻书有84种（见下表）[1]。

从表中可以看出，故宫图书馆所典藏的内府刻书门类广泛。主要有总类、易类、书类、春秋类、四书类、乐类、小学类、编年类、纪

事本末类、史抄史评类、典礼类、规章类、时令类、地理类、农家类、天文算法类、艺术类、术数类、类书类、总集类、词曲类、其他类等22个种类。书籍的内容涵盖了经、史、子、集四部。

上述内府刊刻的图书，在清代时期皆有雕版所存。因保存条件所限，以及清宫雕版历朝皆有毁失，时至今日，所存之雕版并不能完全与上述书籍一一对应。其中《五经四书大全》的雕版现仍存有，虽已不全，但仍可以反映出书籍的原貌。接下来，我们以此书版为例，简述某一书版所见的文物信息与版本信息。

《五经四书大全》一书，是康熙朝的重修本。所谓五经是指《诗经》《书经》《易经》《礼记》《春秋》；所谓四书是指《论语》《孟子》

故宫现存康熙朝刊刻图书目录

序号	类别	细类	书名	年代	版本
1	经部	总类	《钦定篆文六经四书》	康熙年间	内府刻本
2			《五经四书大全》	康熙十二年	重修本
3		易类	《日讲易经解义》	康熙二十二年	内府刻本
4			《周易本义》	康熙五十三年	内府仿宋咸淳元年吴革刻本

续表

序号	类别	细类	书名	年代	版本
5			《御纂周易折中》	康熙五十四年	内府刻本
6		书类	《日讲书经解义》	康熙十九年	内府刻本
7		春秋类	《钦定春秋传说汇纂》	康熙六十年	内府刻本
8		四书类	《四书章句集注》	康熙年间	内府影元刻本
9			《大学章句》	康熙年间	内府刻本
10			《日讲四书解义》	康熙十六年	内府刻本
11			《孝经》（满汉合璧）	康熙四十七年	内府刻满汉合璧本
12		乐类	《律吕正义》（四卷本）	康熙年间	内府铜活字印本
13			《律吕正义》（六卷本）	康熙年间	内府铜活字印本
14		小学类	《康熙字典》	康熙五十年	内府刻本
15		礼类	《国学礼乐录》	康熙五十八年	国子监刻本
16			《幸鲁盛典》	康熙五十年	孔毓圻刻进呈本 孔氏红萼轩刻本
17			《万寿记》	康熙四十九年	内府刻本
18			《万寿盛典初集》	康熙五十四年至五十六年	内府刻本
19	史部	编年类	《御定历代纪事年表》	康熙五十四年	王之枢刻内府印本
20			《御批资治通鉴纲目全书》	康熙四十六年至四十九年	扬州诗局刻本
21		纪事本末类	《绎史》	康熙九年	马□刻内府印本
22			《御制亲征朔漠纪略》	康熙年间	内府刻本
23			《亲征平定朔漠方略》	康熙四十七年	内府刻本
24		史抄、史评类	《诸史提要》	康熙五十二年	张廷玉请旨刻本
25			《大清会典》	康熙二十九年	内府刻本
26		职官类	《满洲品级考》	康熙十五年	内府刻本
27		时令类	《月令辑要》二十四卷《图说》一卷	康熙五十五年	内府刻本
28		地理类	《钦定皇舆全览》	康熙年间	内府刻本
29			《皇舆表十六卷》	康熙四十三年	扬州诗局刻本
30			《皇舆全览图》	康熙年间	内府刻本
31			《皇舆全览图》（版框宽度比上条略大，故推测非同一版本）	康熙年间	内府刻本

序号	类别	细类	书名	年代	版本
32			《孝经衍义》	康熙二十九年	内府刻本
33			《渊鉴斋御纂朱子全书》（黑口本）	康熙五十三年	内府刻本（黑口本）
34			《渊鉴斋御纂朱子全书》（白口本）	康熙五十三年	内府刻本（白口本）
35			《御纂性理精义》	康熙五十六年	内府刻本
36			《菜根谭》	康熙四十七年	内府刻汉满合璧本
37	子部	农家类	《御制耕织图》	康熙三十五年	内府刻本
38		天文算法类	《御制钦若历书上编》	康熙年间	内府铜活字印本
39			《御制数理精蕴》	康熙年间	内府铜活字印本
40			《新制仪象图》	康熙十三年	内府刻本
41			《数表》	康熙年间	内府刻朱墨套印本
42			《度数表》	康熙年间内府	刻朱墨套印本
43			《对数广运》	康熙年间	内府刻袖珍本
44		艺术类	《佩文斋书画谱》	康熙四十七年	内府刻本
45			《佩文斋广群芳谱》	康熙四十七年	内府刻本
46		术数类	《钦定选择历书》	康熙二十四年	钦天监刻本
4'/			《御定星历考原》	康熙五十二年	内府铜活字印本
48			《圣祖御书金刚般若波罗蜜经》	康熙六十年	内府刻本
49			《御书般若波罗蜜多心经》	康熙六十一年	内府刻本
50			《御书药师琉璃光如来本愿功德经》	康熙三十四年	内府刻本
51			《道德宝章》	康熙年间	内府重刻赵孟□写刻本
52			《太上洞玄灵宝高上玉皇本行集经》《无上玉皇心印妙经》	康熙五十一年有顺治十四年刻本	内府刻本
53		类书类	《读书纪数略》	康熙四十七年	宫梦仁刻进呈本
54			《渊鉴类函》	康熙四十九年	内府刻本
55			《佩文韵府》	康熙五十年	扬州诗局刻本
56			《韵府拾遗》	康熙五十九年	内府刻本
57			《分类字锦》	康熙六十一年	内府刻本
58	集部	总集类	《古文渊鉴》（四色套印本）	康熙二十四年	内府刻四色套印本
59			《古文渊鉴》（五色套印本）	康熙年间	内府五色套印本
60			《御定历代赋汇正集》一百四十卷《外集》二十卷《逸句》二卷《补遗》二十二卷《目录》三卷	康熙四十五年	陈元龙刻扬州诗局刻进呈本

续表

序号	类别	细类	书名	年代	版本
61			《钦定历代题画诗类》	康熙四十六年	陈邦彦刻进呈本
62			《佩文斋咏物诗选》	康熙四十六年	高舆校刻进呈本
63			《御选宋金元明四朝诗》	康熙四十八年	张豫章刻进呈本
64			《历朝闺雅》	康熙年间	内府刻本
65			《御定全唐诗录》	康熙四十五年	徐倬刻进呈本
66			《全唐诗》	康熙四十六年	扬州诗局刻本
67			《御选唐诗》	康熙五十二年	内府刻朱墨套印本
68			《御定全金诗增补中州集》	康熙五十年	郭元□刻进呈本
69			《千叟宴诗》	康熙六十一年	内府刻本
70			《清圣祖御制文》	康熙五十年 雍正十年	内府刻本
71			《清圣祖御制诗初集》	康熙四十二年	宋荦扬州诗局刻本
72			《御制避暑山庄诗》（戴天瑞绘图）	康熙五十一年	内府刻朱墨套印本
73			《御制避暑山庄诗》（沈嵛绘图）	康熙五十一年	内府刻朱墨套印本
74			《御制避暑山庄三十六景诗》	康熙五十二年	内府铜版刊本
75		词曲类	《御选历代诗》	康熙四十六年	内府刻本
76			《词谱》	康熙五十四年	内府刻朱墨套印本
77			《曲谱》	康熙年间	内府刻朱墨套印本
78		其他	《武英殿监修书官寄西洋人书》	康熙五十五年	清内府刻朱印
79			《铨选满洲则例》	康熙年间	内府刻本
80			《中枢政考》	康熙年间刻本	刻本
81			《兵部督捕则例》	康熙十五年	内府刻本
82			《大清律集解》（康熙四十五年刻本）	康熙四十五年	刻本
83			《大清律集解》（康熙五十四年刻本）	康熙五十四年	刻本
84			《五灯全书》	康熙年间	内府刻本

《中庸》《大学》。从现存的雕版实物上，我们还可以看到国子监刊版当年"挖补填刻"的印记。

与《五经四书大全》书籍刊刻内容相同的有"四书五经"雕版。现存的雕版有《书经》《礼记》《诗经》《春秋》《论语》《孟子》。这些书版刊刻于明万历十四年（1586年）至明万历二十一年（1593年），由北京国子监刊刻。各雕版版面的版本信息如下：

《书经》以《书经·周书·五之三十》雕版为例（图1），现存雕版呈长方形，长30厘米，

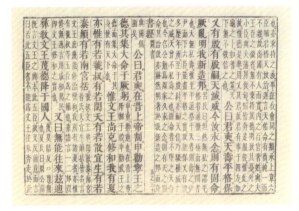

图1 《书经》雕版刷印样张

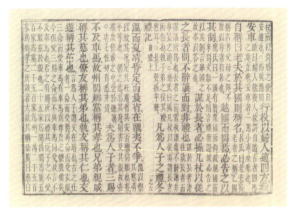

图2 《礼记》雕版刷印样张

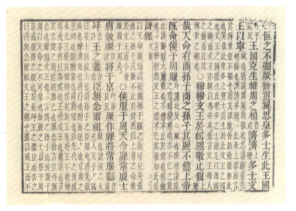

图3 《诗经》雕版刷印样张

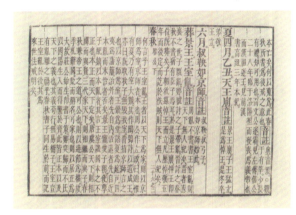

图4 《春秋》雕版刷印样张

宽20.6厘米，厚1.7厘米。雕版版面四周单边，无鱼尾，半叶9行，小字双行，行17字，大字单行，行17字。

《礼记》刻板由北京国子监刊刻。以《礼记·曲礼上·一之六》雕版为例（图2），现存雕版呈长方形，长30.5厘米，宽20厘米，厚2.3厘米[1]。雕版版面四周单边，无鱼尾，半叶9行，小字双行，行17字，大字单行，行17字。

《诗经》刻板由北京国子监刊刻。以《诗经·大雅·六之二》雕版为例（图3），现存雕版呈长方形，长30.2厘米，宽21.1厘米，厚3厘米。雕版版面四周单边，无鱼尾，半叶9行，小字双行，行17字，大字单行，行17字。

《春秋》刻板由北京国子监刊刻。以《春

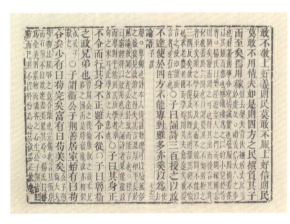

图5 《论语》雕版刷印样张

秋·昭公下·二十六之二》雕版为例（图4），现存雕版呈长方形，长30厘米，宽20.3厘米，厚2.5厘米。雕版版面四周单边，无鱼尾，半叶9行，小字双行，行17字，大字单行，行17字。

《论语》刻板由北京国子监刊刻。以《论

语·子路·七·之三》雕版为例（图5），现存雕版呈长方形，长29.7厘米，宽20.6厘米，厚2.8厘米。雕版版面四周单边，无鱼尾，半叶9行，小字双行，行17字，大字单行，行17字。

《孟子》刻板由北京国子监刊刻。以《孟子·万章·五之二十三》雕版为例（图6），现存雕版呈长方形，长29.9厘米，宽21.1厘米，厚2.8厘米。雕版版面四周单边，无鱼尾，半叶9行，小字双行，行17字，大字单行，行17字。

二、清宫旧藏的康熙朝书版重修方法与样式

根据前文所述，我们大致可以了解到清宫书版的样式，以及对于重修书版再次刷印的修改方式。

首先，通过对雕版版面的"挖补填刻"，可以利用前朝的雕版遗存或不同年代的雕版遗存进行再利用。这样刷印出的书籍仍可满足日常生活的读书之需。

其次，重印本或是用之前刊刻的雕版补修而成，这一历史信息只有在雕版上才能看得更加直观。如板材开裂，可以用"锯钉"修补；

图6 《孟子》雕版

刊刻之字错误或字迹不清，可以在重修版时进行"挖补填刻"来补全。反之，若从古籍版本的优劣来看，还是初印版要比重印版要好。不仅体现在用墨、用纸等这些耗材上，从刷印成品装订后的书籍来看，其版框更为完整，字口也更加清晰，没有磨损缺失之处。

从康熙朝内府所刊之书类别来看，主要以儒家各类代表作为主。其类别以传统的四部为分类方法。由此可见清代康熙皇帝对刊刻书籍的态度。康熙皇帝自幼钟情传统文化，对四书五经的传承与发扬作出了一定的贡献。此后，清代屡次刊刷满汉合璧的四书等儒家经典。例如，儒家首经《孝经》的满汉双语本就是在康熙四十七年（1708年）刊刻完成的。

对于康熙朝雕版的样式，仅举"十三经注疏"雕版这一明显的版面样式为例。故宫典藏的康熙二十五年重修的《记疏》雕版，在雕版的版面上，留下了明显的"挖补填刻"痕迹。《记疏》刻板刊刻于明万历二十二年（1594年）至明万历三十四年（1606年），由北京国子监刊刻，清康熙二十五年（1686年）内务府重修此版[2]。在雕版白口偏左的地方，有挖补填刻的内容，为"康熙二十五年重修"（图7）。这便是清代康熙朝时，利用前朝书版对书版版面进行修补工作的直观证据。

由上可知，康熙朝时，曾利用旧版进行修补，并刷印成书。这一版式特征便是从书籍雕版的版面信息中直观得知的。

三、清宫书版研究方法与展望

以上所举，让我们看到了清代书籍雕版实例，通过书版的版面信息，可以对清代宫廷

图7 《记疏》雕版 康熙二十五年重修

书籍版本进行对比研究。因此，我们在研究清宫书籍版本的同时，可以与清宫所刊刻的雕版相对应，若有其相应的雕版存世，可按其内容规律对比后进行总结。这种"书籍"与"雕版"对应的形式，或可称之为"二重证据"的方法。

由此可见，我们可以通过多学科的交叉对故宫博物院收藏的书版进行研究。第一，可以通过雕版实物，对其进行文物学的研究。第二，可以将书籍成本与雕版实物进行比对研究，雕版上很多如"挖补"信息、修补工艺、装潢工艺，通过书籍是无法看到的，溯其本源，可以对清代宫廷刊刻工艺及流程进行研究。第三，清宫书版为清史研究提供了相应的证据。第四，我们还可以根据书籍雕版的实物与尺寸，判断哪些版本与其相同，以及部头较大的书籍中，经过了几次递修板片，整套书包括哪些具体年代的校刊或重修。

诚如上述，列举并对比书籍与雕版藏品是研究的开端。故宫保管的书版研究价值极高，只有将藏品的信息与学界共享，才能促进保管有类似藏品的同仁关注，进一步拓展研究领域，达到互补研究、互证研究、补证研究等。故宫保管的书版既是故宫的藏品，也是祖先留给全人类的文化遗产，共享藏品信息，可以让文明相互借鉴，让馆藏相互借鉴。笔者期以此文作为引玉之砖，带动更多博物馆参与到雕版藏品的研究中来。

参考文献

[1] 故宫博物院编：《故宫博物院藏品大系·善本特藏编18·内府雕版（上）》，2014年，第153页。

[2] 周莎：《清宫旧藏儒家书籍雕版初探——以"四书五经"、"十三经注疏"书版为例》，《孔庙和国子监论丛》（2022年），北京燕山出版社，2023年。

吉林省博物院藏日本发行以"大东亚战争"为题公债研究

刘　派

（吉林省博物院）

　　近代以来，日本帝国主义侵略中国蓄谋已久，但由于资源匮乏，仅靠战前储备很难满足其对外发动侵略战争的需要。19世纪末，中日甲午战争与朝鲜甲午农民战争期间，日本极力主张战时经济，并通过立法与实践初步建立了较为完备的战时军费筹集体系[1]。至20世纪30年代，日本发动了大规模的侵华战争，为保障日益膨胀的军费开支，发行公债成为最主要且有效的手段。吉林省博物院藏有多张全面侵华战争时期日本政府在其国内发行的以"大东亚战争"为题的公债，这些债券为日本政府在本国发行，后又在中国的沦陷区进行强制推销，是日本帝国主义对华发动侵略战争的重要见证物。通过对这些公债的票样形式及内容的解读和分析，以期使读者对抗日战争时期日本采用的侵华手段形成更为全面的认知。

一、院藏全面侵华战争时期日本公债概说

　　公债，亦称国债，是国家为筹集财政资金，按照规定的方式和程序所举借的各项债务的统称[2]。从中日甲午战争到日本发动全面侵华战争期间，日本的公共财政以军费支出为重心，尤其是太平洋战争后，军费开支愈加膨胀，财政赤字愈发严重。为保证庞大的军费开支需要，发行公债成为最主要的手段。在太平洋战争期间（1941—1945年），日本政府为充实军费而新发行了多种战时公债，其中以"大东亚战争"为题的公债主要包括"大东亚战争"国库债券、"大东亚战争"割引国库债券及"大东亚战争"特别国库债券，其中多数公债种类可在吉林省博物院院藏中寻其踪迹，现分别对其进行介绍和分析。

　　1. 1942年"大东亚战争"割引国库债券十圆

　　债券为横版，票幅长25.7厘米，宽18.3厘米（图1）。纸质，保存完好，未经修补。债券正面有红色长方形花纹边框环绕一周，边框右上为"邮便局卖出"椭圆形红色印鉴，字上为日本国旗。边框正中为日本天皇家徽十六瓣八

重表菊纹，左右边框为良苕叶，边框左右上角印有债券面值"拾圆"，下边框中央为"内阁印刷局制造"。框内正上方印有"大日本帝国政府 大东亚战争割引国库债券"，其右印有"第一回"字样，其左为券号"0025142"。债券右左两侧分别印有藤原镰足肖像及供奉藤原镰足的奈良谈山神社。中间则为3条债券发行说明，包括"此债券的本金到达偿还日期后，经债券持有人的请求，可由日本银行总行、支行、代理行或者邮局支付""债券时效为十年""债券的交易、注册以及其他相关业务，在日本银行总行、支行或者代理行进行"。发行说明落款为"大藏大臣"签名及红色圆形印鉴。发行说明下方为发行日期1942年2月21日、发行价格7元及偿还日期1952年4月7日。债券背面有红色花纹图样，其内印有债券面值"10"字样。

2. 1942年"大东亚战争"割引国库债券三十圆

债券为横版，票幅长18.1厘米，宽12.8厘米（图2）。纸质，保存完好，未经修补。债券正面为青黑色长方形花纹边，其纹样亦为良苕叶，但具体形制与上面提到的十圆债券不同，边框右上印鉴一致。边框左右上角各印有债券面值数字"30"，左右下角则为"叁拾"，下边框中央为"内阁印刷局制造"。框内正上方印有"大日本帝国政府 大东亚战争割引国库债券"，其右印有"第五回"字样，其左为券号"0365431"。债券左右两侧分别印有飞机、船舰及坦克图案。中部债券发行说明及落款与上面提到的十圆债券相同。发行日期为1942年10月22日、发行价格21元及偿还日期1952年12月9日。债券背面为青黑色花纹图样，其内印有债券面值"30"字样。

3. 1944年"大东亚战争"特别国库债券壹千圆

债券为竖版，票幅长36.8厘米，宽26.3厘米（图3）。纸质，保存完好，右下角因一枚利息票已兑换而缺失。债券正面上半部花纹边框与1942年三十圆债券一致，边框左右上角印有债券面值"壹千圆"。框内正上方印有"大日本帝国政府 大东亚战争特别国库债券"，其

图1

1942年"大东亚战争"
割引国库债券十圆

图2

1942年"大东亚战争"
割引国库债券三十圆

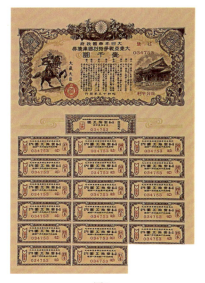

图3

1944年"大东亚战争"
特别国库债券壹千圆

右印有"编号""034753"。债券左右两侧分别印有日本武神楠木正成肖像及供奉楠木正成的大阪观心寺。中间为8条债券发行说明,包括"债券本金的偿还日期""债券利率为三分五厘""每年六月一日计息一次""债券的本金和利息由日本银行总行、支行、代理行以及日本邮局代为支付"等。发行说明落款为"大藏大臣"签名及红色圆形印鉴。发行说明右侧印有红字"三分半利",正下为"昭和十九年发行"。

债券正面下半部为19期的三分半利息分票,票面写明利息金额三十五圆,包括1期特别利息票与18期利息分票,其中右下角一张利息分票已被撕掉使用,仅剩17期。债券背面印有本金1000及利息35元,黑、蓝、红色有色印刷。

二、以"大东亚战争"为题的公债所掩饰下的罪恶

1.债券名称"大东亚战争"

明治维新后,日本在"脱亚入欧论"[3]等思想指导下,在处理与亚洲国家的关系时,仿效欧美国家弱肉强食的殖民主义,把侵略、扩张的矛头对准了中国、朝鲜等周边国家。1931年,日本发动九一八事变,试图谋求远东太平洋地区的主导权,构建所谓"大东亚新秩序"[4]。同时,日本也以东亚解放者自居,批判欧美国家的殖民掠夺,不断鼓吹"东亚联盟""东亚协同体"和"大东亚共荣圈"等理论,为日本的军事扩张提供理论依据。

在"大东亚战争"这一称谓被正式确定之前,日本对外战争一直使用的是"对美英荷战争"等"对××战争"这样的称谓[5]。而此前在九一八事变与七七事变发生后,日本把对中国的侵略战争都称作"事变"而非"战争",以掩盖其发动侵略战争的本质。1941年12月10日,太平洋战争开战后的第三天,日本大本营政府联络会议通过了《关于今次战争之称谓以及平、战分界时期之决定案》,决定"今次对英美战争及今后随形势推移而可能发生的战争,包括'支那事变'在内统称为'大东亚战争'",并在12日的内阁会议上正式通过[6]。同日,内阁情报局声明"之所以称为大东亚战争,仅因作战目的在于建设大东亚新秩序"[7],妄图通过改变战争名称对其侵略战争性质加以美化和肯定。

无论是"东亚协同体""大东亚共荣圈",还是"大东亚战争",都是以"协同""共荣"为借口,试图为日本帝国主义的野蛮侵略战争打上"文明"的标签。吉林省博物院藏以"大东亚战争"为题的公债,正是在其发动侵略战争期间,以"建设大东亚新秩序"为掩盖所发行的债券。

2.债券图案

1942年发行的十圆面值"大东亚战争"割引国库债券右左两侧分别印有藤原镰足肖像及供奉藤原镰足的奈良谈山神社,此种债券图案是从日本早年间国债图案继承而来,如1926年日本国内发行的"三分半利国库债券"上就印有相同的图案。图上人物藤原镰足是日本飞鸟时代的政治家,大化改新的中心人物,而大化改新的核心内容就是废除大贵族垄断政权的体制,向中国唐朝的政治和经济体制学习[8]。而同年发行的三十圆面值"大东亚战争"割引国库债券虽与十圆面值为同年同名债券,其上却印有航行中的飞机、海上行驶的军舰及陆上行

进中的坦克等种种象征征服意味的图案，而1944年发行的"大东亚战争"特别国库债券壹千圆则印有日本武神楠木正成肖像及供奉楠木正成的大阪观心寺。这些图案无不带有强烈的军国主义色彩，显示着此阶段日本帝国主义对武力的炫耀和迷信。这些图案也无不传递着，此阶段以"大东亚战争"为题债券的发行目的就是直接用于战争和军费开支。

吉林省博物院藏以"大东亚战争"为题的公债券面图案也见证了日本帝国主义近代治国理念的变化。从大化改新到明治维新，前者通过学习唐朝，使日本从奴隶社会走向封建社会，后者则使日本迅速崛起，通过学习西方，力求"脱亚入欧"，走上对外侵略的道路。

3.债券发行

从中日甲午战争到日本侵华战争期间，日本的公共财政几乎是以战争的军费开支为中心，而这些军费又几乎完全依赖于公债。1937年，日本政府新发行的公债总金额为2230（百万日元），到1945年，总金额则达到42474（百万日元），为1937年发行总金额的19倍[9]。1942年1月8日以后，为筹集临时军事费而发行的公债被冠以"大东亚战争"之名，其中就包括吉林省博物院藏"大东亚战争"割引国库债券和"大东亚战争"特别国库债券。

公债发行数量暴增的同时亦伴随着公债利率的降低，1936年以前，日本政府在国内发行的公债大部分利率为4%～5%，而1936年后发行的，如以"支那事变"和"大东亚战争"为题的公债，其利率皆为3.5%（见下表）。

4."邮便局卖出"

吉林省博物院藏以"大东亚战争"为题的部分债券上，可见有"邮便局卖出"字样。"邮便局"，即日语的"邮局"。在邮局出售国债是日本政府从1937年11月为促进个人对国债消费而开始在邮局出售国债的新手段[11]。在1937年内阁情报局发行的第56号《周报》中，大藏省财政局面向日本公众发出呼吁："可以毫不夸张地说，摧毁敌军防线的每一枚炸弹或炮弹都是一笔国债的产物……现在第二次世界大战的部分债券将从邮局出售……那些不在前线的人至少应该购买这些债券……拥有枪支和债券同样符合国家利益。"[12]极力鼓励、煽动日本平民为其发动的侵略战争付费。

20世纪以来日本国内发行部分公债情况[10]

公债名称	利率（%）	发行年度（年）	发行金额（亿元）	偿还期限（年）
5分利国库债券	5	1916	49	1～25
4分半利国库债券	4.5	1932—1933	7.2	11～13
4分利国库债券	4	1933—1936	31	20～27
3分半利公债	3.5	1936—1945	17	5～34
"支那事变"国库债券	3.5	1938—1941	166	17
"支那事变"割引国库债券	3.5	1939—1941	3.7	10
"大东亚战争"国库债券	3.5	1941—1945	631	17
"大东亚战争"割引国库债券	3.5	1941—1945	9.2	10
"大东亚战争"特别国库债券	3.5	1943—1945	13	17

三、结　语

1905 年，日俄战争后日本就已经在中国东北发行公债[13]。九一八事变后，日本将其国内的公债政策推行到被占领地，且变本加厉，愈加疯狂。七七事变后，日本曾在华北地区大量推销发行以"支那事变"为题的公债[14]，以带有侮辱性名称的公债劫掠中国人民财富以挹注其巨额的侵略战争费用，达到"以战养战"的目的，其心恶劣至极。此外，日本政府不仅在中国推销日本国债，还利用伪满政权成为其公债发行主体，逐年增加公债发行额度。还有日本的一些机构或民间组织、企业在国内大发各种名目的债券，据不完全统计，日本及伪政权在华发行的日伪公债最少也在 2487 亿元[15]，而大部分公债的偿还期限极长，至少十年。也就是说日本政府 1937 年发行的公债，至少要到 1947 年才能取回本利。而随着日本在太平洋战争后期的节节败退，战争后期发行的众多债券，如吉林省博物院藏以"大东亚战争"为题的公债，在中国几乎并未得到清偿，而是随着战争结束变成了废纸。战争结束后，日本政府对其在本国发行的以"支那事变"和"大东亚战争"为题的公债于 1966 年 11 月 30 日完成了全部清偿[16]。国民政府曾对日本在中国发行的债券进行登记、汇总，欲向日本索赔，奈何日方百般抵赖，最终只能不了了之。

综上，吉林省博物院藏日本发行的以"大东亚战争"为题的公债充分暴露了日本帝国主义侵略战争的罪恶本质，是日本帝国主义对华发动侵略战争的重要见证物。日本在发动侵华战争期间，试图通过所谓"东亚协同体""大东亚共荣圈"等"大东亚"理论，来证明日本在东亚扩张的合理性，掩盖其侵略战争的本质。日本在中国占领区最大限度地榨取了中国人民的财产，给中国人民造成了难以估计的经济损失。

参考文献

[1] 庞宝庆：《侵略战争视角下的日本战时军费政策（1931—1945）》，《浙江学刊》2022 年第 5 期；孙涛、庞宝庆：《甲午战争时期日本战时军费体系初探》，《赤峰学院学报（汉文哲学社会科学版）》2016 年第 8 期。

[2] 冯子标主编：《国民经济管理辞典》，经济科学出版社，1989 年，第 389 页。

[3] [日] 远山茂树著，翟新译：《福泽谕吉》，中国社会科学出版社，1990 年，第 228 页。

[4] 外务省编：《日本外交年表并主要文书》（下卷），（东京）东京原书房，1965 年，第 436 页。

[5] [日] 太田弘毅.《大東亜戦争呼称决定について》，《军事史学》1977 年第 13 期。

[6] 同注 [5]。

[7] 同注 [5]。

[8] 郭蕴静、周启乾：《中日经济关系史》（上册），昆仑出版社，2012 年，第 61～64 页。

[9] [日] 関野満夫：《日本の戦費調達と国债》，《经济学論纂》2019 年第 60 卷第 2 号。

[10] 表中数据出自釜江廣志：《戦前债券市场と引受シ团の变遷》，《東京经大学会誌（经济学）》2014 年第 2 期，转引自藤崎宪二《昭和财政史 国债》，东洋经济新报社，1954 年。

[11] 内阁情报局：《周报》第 56 号《国债的邮便局卖出》，内阁情报局编，1937 年。

[12] 同注 [11]。

[13] 杜恂诚：《日本在旧中国的投资》，上海社会科学院出版社，1986 年，第 89～95 页。

[14] 戴建兵：《金钱与战争——抗战时期的货币》，广西师范大学出版社，1995 年，第 88 页。

[15] 戴建兵、申玉山：《日本对华经济战中被忽视的一面——日本在华公债政策研究（1931—1945）》，《抗日战争研究》2009 年第 2 期。

[16] 数据出自日本银行官网，国债便览をご覧になるに当たって.

"集团部落"措施对杨靖宇领导的东北抗联第一路军的重要影响

——以伪满罪证"住民证"为例

庄　鹏[1]　庄泽澜[2]

（1.吉林杨靖宇干部学院　2.长春师范大学）

所谓"住民证"，是伪满时期实施"归屯"政策的产物。

多年来，笔者在工作之余收集到一批伪满"住民证"，包括伪满时期濛江县东兴村党氏家族四张住民证（图1～4）、辑安县四区上套屯刘王氏一张住民证（图5）、通化县三棵榆树村欢喜岭屯冯贵生一张住民证（图6），岫岩县周振英、周刘氏夫妻两张住民证等（图7），这些地方在张作

图1　长子党殿君，18岁，正面上、背面下　　　　图2　女儿党春英，14岁，正面上、背面下

图3　妈妈党吴氏，37岁，正面上、背面下　　　　　　　　图4　次子党殿臣，14岁，正面上、背面下

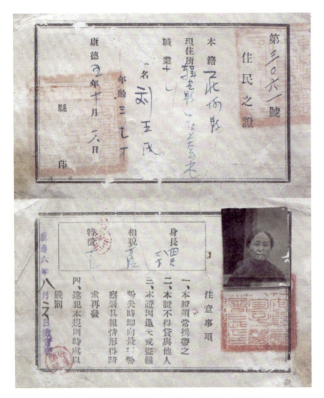
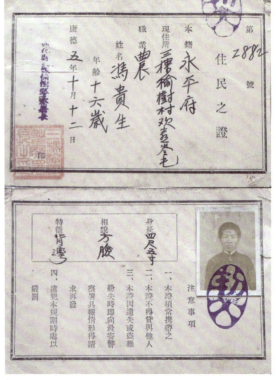

图5　辑安县刘王氏，37岁，正面上、背面下　　　　　　　图6　通化县三棵榆树冯贵生，16岁，正面上、背面下

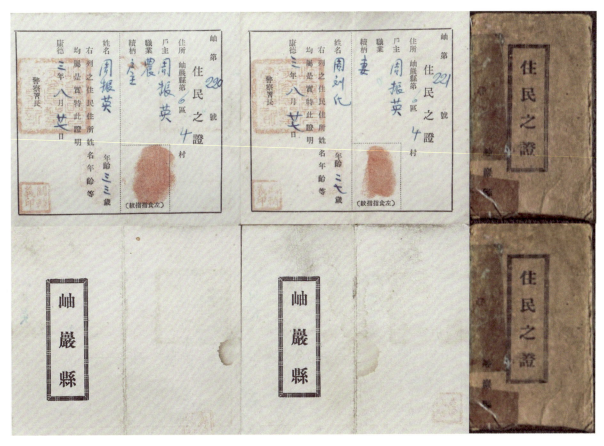

图7　岫岩县周振英33岁，周刘氏37岁，正面上、背面下

霖统治时期属奉天东边道，伪满时期则归属伪通化省（岫岩先属伪奉天省，后属伪安东省）。这些伪满"住民证"，真实地反映了日本帝国主义在东北推行"归屯并村"的政策，这里也正是杨靖宇将军领导的东北抗联第一路军不畏牺牲、百折不挠与日本帝国主义侵略者浴血奋战的地方。

一、"住民证"的出现

"住民证"是日伪当局为割裂抗日武装与人民群众的联系，对东北人民特别是各抗日根据地人民实施人身控制的一种体现。它是日本帝国主义疯狂侵略中国，对东北人民实行残酷殖民统治与压迫的铁证。

九一八事变后，日本帝国主义的侵略，激起了东北人民的反抗，继各地义勇军和东北军爱国官兵奋起抵抗之后，中国共产党领导东北人民组织抗日武装，坚决抗击日本侵略者，这些抗日武装得到人民群众的拥护与支持，在斗争中不断发展壮大，最终发展成为东北抗日联军，使日本侵略者遭受沉重打击。日本侵略者逐渐从失败中认识到，单纯靠武力不可能消灭抗日武装。此前虽有大规模军事行动，也取得了一定成绩，但效果仍非常有限，查其主要原因是反满抗日的力量已经发生了质的改变，因为中国共产党的领导，这些分散的抗日力量已投入到中国共产党的统一指挥下，各方汇聚而成的联合战线力量日趋强大。每当施加局部的武力镇压，抗日力量即潜伏地下，并伺机重新不断地反击，因此使伪"治安"工作出现时进时退的反复状态[1]，特别是东北抗日联军各军建立以后日伪政权非但无法进行长期的治安统治，更是难以维持当前现状。"在南北满，频繁地袭击了警察署、森林警察队、武器库等，抢夺武器弹药"[2]，"以共产党为中心的抗日联军尽管是少数势力，但其活动依然顽强地持续下去，这对治安当局来说是不小的威胁"[3]。因此，为了彻底消灭东北抗日联军，实现"治安好转全面持久化"，"过去一直实施的以'讨伐'为中心的治安工作，如今必须加以改变，即在'讨伐'的同时必须要有与之相适应的其他工作"[4]。为此，日伪当局采取清乡与归屯并户政策，一方面将抗日武装与人民群众隔离开来，使其得不到人民群众的支援，另一方面则便于统治并残害东北人民。

1933年12月，伪满《暂行保甲法》出台，根据该法，居民十户为一牌，设牌张；村或相当于村的区域为一甲，一个警察区域内的甲为一保，分别设正副甲长、正副保长。如果某牌出现了"扰乱治安"的"犯罪人"，各户负有连带责任，将被课以"连坐金"。保甲两级还负有组织自卫团的义务，除公务员和残疾人员外，18～40岁的男子均须充当团员，受日伪当局的驱使。同时，日伪当局还强迫群众修筑警备道路，建立监视哨、望远楼等设施来割断抗日军民之间的联系。但是，这一系列措施并未奏效。

接着，日伪当局从1934年开始全面实施并屯并户政策，强迫群众集中居住并加以控制，割断抗日军民之间的联系。这一年的12月，伪民政部发布《民政部关于建立集团部落训令》，开始兴建"集团部落"。此前一年，日伪当局已经在伪间岛省的和龙、珲春、延吉三县建立了8个所谓的"防卫性集团部落"，到1934年底，伪间岛省已建立集团部落36个。1935年，伪奉天、安东、吉林、滨江、三江各省也开始实行归屯并户，这一年集团部落总数达1172个，到1939年底则增加到13451个。这样，日伪当局将保甲制（1937年以后改用街村制）与"集团部落"相结合，用于控制民众的"住民证"也就应运而生。

二、"住民证"的形式与内容

现存的这批伪满"住民证"，样式与尺寸不尽相同，有横版，有竖版，有单页的，也有多页折叠的，推测是以县为单位自行印发，有的称为"住民证"，也有的称为"住民之证"。无论何种版本，内容都大同小异，印有发证机关及持证人照片、出生时间、姓名、籍贯、住所、证号、指纹等内容，有的还对持证人体貌特征作了具体描述。

以辑安县四区上套屯刘王氏住民证为例，该证为横版，背面右侧印有"住民之证"字样，编号为"第三〇六一号"，本籍"庄河县"，现住所"辑安县四区上套屯"，职业栏漫漶不清，疑为日文，名"刘王氏"，年龄"三七"，发证时间为"康德五年十月一六日"。正面贴有照片，并记录了身长、相貌、特征，其具体内容为身长"四尺三寸"，相貌方脸，特征与背面职业栏所填相同，疑为日文。正面下方印有注意事项："一、本证须常携带之；二、本证不得贷与他人；三、本证因遗失或盗难纷失时即向最近警察署具报情形得请求再发；四、违犯本规则时处以严罚。"照片下端盖有当地警察署红色印章，正面左侧还有"康德六年八月六日检查"蓝紫色印文（其中月日为手写），并盖有"徐□□"的篆文印章，估计"徐□□"是管理伪住民证的伪警察。可见在该证使用之初，日伪统治机构的日常检查极为严格，除日常检查外还有年检。

部分"住民证"上盖有椭圆形印鉴，无印文，仅有镂空的图案，似乎是一种防伪手段。

目前尚不清楚"住民证"最早出现的时间，就现存的这批"住民证"来看，年代最早的是岫岩县六区四村周振英、周刘氏夫妇的住民证，签发时间为伪满康德三年（1936年）八月廿七日；年代最晚的是喀喇沁右旗李景贵住民证，签发时间为伪满康德十一年（1944年）一月一日；大部分为伪满康德五年（1938年）前后。从签发时间来看，存在由山区向平原区域从早到晚印发使用的可能。

就伪满政权的存续时间来说，这批"住民证"的时间跨度相当大，目前留存下来的比较少，收集难度较大。

三、"住民证"的存在基础 ——"集团部落"

虽然日伪当局标榜建立"集团部落"是因为"长此以往，则占全国过半之农村，将永守其原始生活而无向上之术，非徒人民不能浴国家之惠泽，且国家治安亦难期其和全"（伪《民政部关于建立集团部落训令》），实际上是"为确立治安，分离匪民最为要紧，赋良民予自卫能力，使匪贼不能压迫并寄生其间"[5]。

从世界范围来看，归屯并户称得上是骇人听闻的反动政策。日伪当局以武力威胁，强迫散居或居住在小屯子的居民迁到指定的部落里，对原来的村庄一律实行"三光"政策将其摧毁，以切断抗日武装的后援。"集团部落"的规模和

设施各地不同，但通常都呈方形，筑有围墙、炮楼等防御设施，居民只能从指定的大门出入，其设计参考了日本陆军《野战筑城教范》，带有明显的军事色彩。通化地区集团部落的建筑大多都是100米的见方或矩形，在外围挖上土壕，土向内翻，累积形成土墙。土墙内部立有木栅，用直径四五寸（一寸约为3.33厘米）的原木建成，在战情紧张时期或者难以控制时期，还设有铁丝网。部落的四周设有炮楼。"集团部落"一般以方形为建设原则，炮楼是必备设施，相互间隔通常以100米为限，每个部落原则上只设有一个出入口，而且这个"大门"是双重门，用木料制成并覆上铁丝网，前者高度为十尺（一尺约为33.33厘米）以上，后者高度为八尺以上。后者的门插关，为防止被利用为蹬脚的地方，绝不使用横木[6]，就是为了防止抗日联军的袭击。据统计，到1939年底，"集团部落"数量已达13451个[7]。"集团部落"一般避开山区设置，尽量设在平地，且"①匪贼时常出没或者是物资供应地点等警备要线；②经济资源丰富的地点；③易于警戒及自卫的地点；④易于供水且比较干燥的地点"[8]。各个部落间的距离一般以徒步2个小时到达为限。每个部落可容纳居民30～50户，多者100余户。

由于这些"集团部落"都是在短时间内建成的，故基础设施简陋不堪，马架子和地窨子这类简易住房比比皆是。其修建时间，一般集中在4月上旬至6月上旬及9月中旬至11月中旬两个时间段，这段时间建成的房屋未及干透就住人，天气又冷，直接导致了伤寒病等疾病的大流行。连日伪文件也不得不承认"（东边道）地区居民的穷困状况，在衣食住各方面都令人目不忍睹。本地区所以发生斑疹伤寒、猩红热

等疾病，主要原因几乎都由于衣食极端粗劣和杂居在残破与尚未建成的不完备房屋所致"[9]。

根据当时伪满警察部门的调查，1936年传染病在"集团部落"内的蔓延情况如下："通化县的传染病患者数为1132人，其中死亡153人；金川县为1508人，死亡137人；柳河县为4385人，死亡305人。传染病的蔓延地区并不止于上述各县。"[10]

并屯并户政策是野蛮的侵略政策，遭到了东北人民的强烈抵制。于是，日伪当局以武力强迫百姓在极短的时间内离开各自住所，搬入所谓的"集团部落"，给东北人民造成了无穷的苦难。1934年12月3日，伪民政部发布的《集团部落建设》文告，全面推行归屯并户。1936年，随着日伪当局《治安肃正三年计划》的落地实施，"集团部落"开始加紧建立，共建成3261个。1937年又继续建成4922个[11]。1938年，共建成12565个。到1939年底，数量已至13451个。归屯并户的实行和"集团部落"的建设过程，就是日本帝国主义侵略者对中国广大人民大施淫威，制造惨无人道、骇人听闻的法西斯惨案事件的过程。归屯并户的过程也是制造无人区的过程，因为在抗日武装活跃的地区，农民几乎都被强制迁入集团部落，耕种不允许距离"集团部落"太远，大批耕地被迫撂荒，这样又人为地造成了饥荒，大批群众因病冻饿死亡。1934—1936年的归屯并户，仅通化县被烧毁破坏的民房就有1.4万间，废弃的耕地33万余亩，1.2万户的老百姓被强制赶入"集团部落"。伪汪清县罗子沟一带的"集团部落"，归屯并户前约有7500垧熟耕地，而归屯后，村庄和大片土地都变成了无人区，荒弃的耕地达到3800余垧，约占归屯前耕地面积的

51.7%。该地区平均每人占有耕地由9亩下降至4亩多地[12]。放眼无人区，不仅民房被烧毁破坏，就连寺庙也未能幸免。正如日本关东军分队长新井宗太郎所说："日军走过的地方，连草木都不能再生了！"随着这一政策的深入实施，各抗日根据地"除集团部落"之外已完全没有人烟[13]。

以辑安县青沟子区为例。1938年归屯前，先由伪警察通知农民，限期内必须搬到指定的地点。农民不得不抢收即将成熟的庄稼，但是不等割完和运完，限期一到，日本守备队和伪警察便一齐出动，从沟里分散的房子开始，往下挨家逐户地放火烧房，有很多人家的衣物、家具被烧毁在里面，农民拼死从火里抢救出一点东西，不仅遭到伪警察的毒打，同时抢出来的东西还会被警察再扔到火里付之一炬。仅梨树沟（今集安市清河镇矿山村）一地就有50多户居民房屋被烧。整个青沟子区有8个自然屯被消灭，还有分散在山沟里的6个分散居民点也不复存在。

归屯后，把老百姓集中在一个方形的围墙里，拉上层层的铁丝网，部落围墙的四角各设一个炮楼，一般每个部落都设有伪警察分所和保甲所，监视百姓的一言一行。被赶进"集团部落"居住的群众没有房子可住，只好临时搭个马架子或挖个地窖子，里面阴暗潮湿，冬天穿着破棉袄睡觉，第二天早上棉袄都是湿的；夏天外面下雨，里面漏雨，雨过天晴屋里还照样滴水。要吃没吃，要穿没穿，晚上松明作灯盏，烟熏火燎，苦不堪言。生存在"集团部落"里的苦难群众，凡是男性青壮年都要被日军拉去做苦力活，而年轻的女子则随时面临被毫无人性的日军奸淫迫害的危险。人们在恶劣的环境中，不仅过着饥寒交迫的生活，还要整日提心吊胆，不知何时祸从天

降。在归屯的第二年，瘟疫到处蔓延，死亡人数急剧上升，一个村屯里每天都有几起出殡的。青沟子村冯希和一家，归屯后不到两年的时间，全家11口就都死于瘟疫。甚至有的全家二十几口人，最后只剩下一个人的[14]。

但是，为了维持统治，日伪当局不可能将居民彻底关闭在"集团部落"里。为了控制户口和居民活动，日伪当局制发了"住民证"（也称"住民票"），作为居民的身份证明，如由日伪完全控制的"白区"进入"半匪区"或"准半匪区"，或者在"半匪区"和"准半匪区"内部通行，则须另行开具通行证。

四、伪满"住民证"制度对民众的控制与掠夺

大规模的归屯并户出现在1938年前后。

1938年3月11日，伪通化省长吕□□在接受《大同报》记者采访时称："通化省地处边陲，从前治安不靖，对于治理上，颇感困难"，"自建国以来，匪祸天灾，民不聊生"，"省内山脉绵延，村落分散于山野之间，治理不易，遂决心办理并村工作，一则易于施行政令，一则便利治安工作，然此种工作举办艰难前有安东道尹王顺存，曾于该处办理清乡，鉴于匪祸作祟，并会有并村之议，但未举而罢。此次一大决心，于最善努力，减轻人民之损失下从事并村，设立集团部落。"[15]

除南满各地陆续印发"住民证"外，北满各地从1938年开始印发"居民身份证明书"，简称"证明书"。其性质与"住民证"类似，当时老百姓称其为"证命书"，认为没有它，就没有命了。日本侵略者规定：只要年龄满12岁，不论男女，都要接受警察署签发的贴有1寸免冠照片的"身份证"。"身份证"是由一张硬的白纸片在外面套上硬的玻璃纸皮构成，不仅能够起到防雨防潮的作用，还能够随身携带。出入部落的大门时，必须向日军出示"身份证"，在岗哨检查之后，方准放行。……谁家来了客人，得持该人证明书去屯公所"挂条"，登记什么关系，来干什么，住几天，离去时间等事项。如果没有"挂条"，晚间查夜时被检查出来后，是要被训斥和处罚的，甚至需要坐牢。所以不论是外出办事还是串亲戚都必须提前到屯公所登记报备，经批准后方能出去。延期回归者，除有去地证明外，都要受到审讯或给予一定处罚[16]。

日本帝国主义为掠夺东北的财富，制定了一个《满洲产业开发五年计划》，这个计划于1936年由伪满政府起草、决定，1937年2月经日本政府批准，自同年3月起施行。到1941年，又制定了第二个五年计划。其经济政策的目标主要放在满足日本战时紧急需要的物资上。日伪当局除了不断掠夺东北的各种资源外，还不断压榨民众，如加强农产品"出荷"等。对民众的生活物资，则实行配给制[17]。

随着归屯并户陆续完成，日伪当局对民众的人身控制程度大幅提高。各种形式的掠夺政策纷纷出台，原本穷困不堪的民众生活变得更为悲惨。农产品完成"出荷"后，所剩无几；大量生活必需品实行专卖政策，民众必须花高价才能买到；通过征"国兵"、抽调"勤劳奉仕队"、出劳工等形式，大力榨取人力资源。

在"集团部落"内部，通常都设有警察分所和自卫团等组织，用以监视民众言行，使民众坐立不安，时刻担心祸从天降。日常生活中，

如有五人以上在一起唠嗑谈家常，或低声说话，一旦被伪警察发现，就以国事犯、嫌疑犯罪名逮捕。即使不随便说话，还有个"预防拘禁"和"保护监察法"难以提防，日伪军警可以以此随便抓人，甚至可以开枪杀人。1939年的阴历十一月，辑安县黄柏村民姜殿魁上街，因其患有疝气病，走路需捂肚子，恰好此时遇上了一队路过的伪满军，伪满军当即令其举起双手，姜还没来得及举手时，伪满军已经开枪，姜殿魁当场死于非命[18]。

在这种情况下，说"住民证"是"证命书"一点也不夸张。但是，即使持有这张证件，也未必能够摆脱丧命的悲惨结局，因为日本帝国主义者可以任意捏造罪名，残酷欺压东北人民。

五、"住民证"制度对杨靖宇领导的东北抗联第一路军的影响

如前所述，日伪当局大搞归屯并户的目的是对抗日武装力量实行经济封锁。日伪军警在进行东边道第三次大的军事行动时，曾经采取这样的措施：对抗日武装力量比较活跃的所谓"匪区"，必须禁止所有居民在此居住，全部赶到其他的"集团部落"去。如果没有村长、区长及警察团长联合署名的通行证明，禁止在这片区域的一切通行和居住，违者逮捕。也不许向"半匪区"或"准半匪区"内运入任何物资，违者逮捕。在所谓"半匪区"，驻有伪警察队，不许有自卫团；许可人民居住，但对户口和居民活动严格控制，并发给印有指纹的"住民证"，无证者一旦发现即予逮捕，另外知情不举者也予逮捕。在所谓的"准半匪区"，对居民也发住民证，如欲去"半匪区"办事者，必须领

发本区警察署长的通行证明书。如欲去"半匪区"运输物资，须得到警察署长的许可，并受到种种限制。这样的地区有自卫团组织。在所谓"白区"居民无需"住民证"，人民群众可以居住和运输物资，但从本区向"准半匪区"运输物资时，须得到警察署长或自卫团的许可。

显而易见，日本帝国主义把东北抗联活动的地区变成了彻底的无人区，禁止向那里运输任何物资。对进入该区打柴、种植人参等药材的人，虽然也发通行证，但在路卡上严格检查盘问。即使是"匪区"之外的"集团部落"，其农耕地也限制在距离"集团部落"4公里之内，并禁止种植直接可供食用的土豆、苞米和豆类。对食盐的控制更严，严密监视流通经路。至于各种御寒物资、胶鞋等，也竭力防止流入抗日武装力量的手中。此外，为了彻底围困抗日武装力量，如认为某个山寨可能是抗日部队储备物资的地方，将立即全部放火烧毁[19]。

在大规模实施归屯并户政策以前，日伪当局对民众的控制手段有限，加上部分伪官吏尚存有未泯灭的爱国心，抗联人员寻求掩护身份，抗日部队可以在群众中间较为自由地活动，征集兵员和物资很容易。以辑安县为例，抗联在东岔一带活动时，通过做伪警察分驻所所长刘邦林和伪甲长王绍先的工作，争取他们参加抗日活动，以合法身份帮助抗联秘密采购物资、征集粮食，甚至在动员群众参军的时候，以派人探察抗联情报的名义（这是当时日伪当局强迫民众搜集情况的通行手段）送青年参军，这样可以有借口保留他们的户口[20]。

由于归屯并户，抗联失去了民众的支援和掩护，兵员、粮食、食盐、药品补给极为困难，生存成了抗日武装的第一要务。敌人对经济、物

资等严密的封锁，割断了抗联军队的药品和给养来源，战士们需要经常遭受饥饿和药物紧缺带来的磨难，十几天也吃不到一次粮食，仅仅依靠树皮、野菜，甚至棉花充饥，这样的情况已经成为战士们抗战期间的常态了，而且就算是吃这些，也不是随时随地都有的，战士们的艰难困苦是我们难以想象的。"从1938年到1939年春，东北抗日联军各部人员大量减少，其原因不是完全由于战斗的损失，而是由于粮食受敌人封锁，农村征发来源断绝，军队常陷入饥饿疲乏状态。常因给养缺乏造成军事行动上的损失，大部战斗员由于饥饿而叛逃……"[21]到了1939年，抗联生存环境极度恶化，部队被迫化整为零，集中行动几乎完全为了攻打"集团部落"搞给养，搞一次给养，往往要牺牲好多人。但是，在日伪当局推行的"三光政策"下和连甲坐制度下，抗联接近群众会招致日伪军对群众的报复。后来抗联部队在春、夏、秋三季主要吃野菜生存，秋天去抢收日本开拓团种的高粱，去抢他们的牛，宰杀后将肉削成片，留着冬天吃。最困难时，有的领导干部没有衣裳穿、没有鞋穿，腰上只好围块麻袋片，脚上包块麻袋片。这都是归屯并户政策带来的结果[22]。条件虽说艰苦，但抗联一路军在杨靖宇将军的带领下奋勇杀敌，取得了一系列的战斗成果。

1940年2月23日，杨靖宇将军的壮烈牺牲是中国共产党的重大损失，是东北抗战史中的重大事件，给东北抗日联军带来了沉重的打击。而在日军眼中，这却成为日军侵略中华史中的一件重大"功绩"。抗联一路军总指挥杨靖宇将军牺牲后，残暴的敌人解剖了他的遗体，发现他的胃里竟连一粒粮食都没有，只有草根、树皮和棉絮！就连敌人都惊呆了[23]。抗日联军

的高级将领尚且如此，那抗联军队其他战士的给养该是何等的匮乏！尤其是东北地区的冬天，零下四十几度的天气，物资匮乏和粮食被毁导致的缺衣少食；营地被烧和冰天雪地导致的饥寒交迫，时时刻刻威胁着战士们的生命。因此，减员状况非常严重。仅1939年春至1940年春的一年间，抗联各路军队的人数都在锐减，抗日联军第三路军就只剩下500人左右。截止到1939年的下半年，抗联军队人数已经由40000人锐减至2000人左右。

其中杨靖宇、侯国忠、陈翰章、汪雅臣、魏拯民等一些重要抗联将领的牺牲，让东北抗日联军遭受到了前所未有的毁灭性打击，抗日斗争的形势愈发残酷。根据北部邦雄（时任关东军参谋）的记述，对间岛、吉林及通化地区的军事行动，已经成为"关东军所进行的最后的肃正，其灵活地运用了此前的经验，通过特别的机构确立了军队、官员、民众协作一致的体制，取得了划时期性的成果"[24]。

到1940年春，东北地区各路军队的游击区和抗日根据地基本全部遭到破坏，而在这时，中国共产党直接领导的东北抗日联军主力已经不足1000人。此后，只有少数干部愿意留下来继续坚持与日寇开展游击战争，党领导的主力部队也只能勉强编成两个营，且为长久之计，转移到苏联境内。东北的抗日战争也就此转入低潮。

六、结　语

伪满"集团部落"措施的施行，直接造成了数以百万计的百姓伤亡，成千上万的幸福家庭被毁灭。日本犯下如此滔天罪恶，却始终拒不承认，中国的广大学者四处奔走去搜集罪证，

但很多能够直接证明日本在中国施行"集团部落"、制造无人区的罪证多已被损毁，难以找到了。侥幸留存的这组伪满通化省"归屯身份证"，是日军残酷制造无人区的铁证，成为弥足珍贵的实物证据。"住民证"是伪满时期日本在东北地区推行殖民统治的特殊"证件"，是日伪政权对东北人民进行殖民统治的历史见证。日伪统治者把"住民证"作为在东北地区建立的"集团部落"内居民的身份识别，带有一定程度的"强制性""歧视性"与"压迫性"。从伪满时期东北地区的"集团部落"建设情况来看，"住民证"完全是日伪进行管控统治的产物。"集团部落"内居民的一言一行、一举一动都在日伪当局的监视与限制内，言论的受限与行为的受阻令"部落居民"如在火上炙烤。日本通过残忍的强制性手段推行"集团部落"，制造无人区，极大地破坏了东北抗联第一路军与东北民众的直接联系，物资的匮乏及斗争形势的越发残酷，致使东北抗日游击战争转入了低潮。

参考文献

［1］［日］满洲国史编纂刊行会编，东北沦陷十四年史吉林编写组译，赵连奉校译：《"满洲国"史（分论）》（上），东北师范大学校办印刷厂印刷，1990年。

［2］吉林省公安厅公安史研究室、东北沦陷十四年史吉林编写组编译：《"满洲国"警察史》，长春市人民印刷厂，1990年。

［3］［日］浅田乔二、小林英夫编，东北沦陷十四年史吉林编写组译：《日本帝国主义对中国东北的统治——以十五年战争时期为中心》，长春市朝阳彩印厂，1994年。

［4］同注［3］。

［5］《关东军第二独立守备队关于"集团部落"资料》，1937年。

［6］中央档案馆、中国第二历史档案馆、吉林省社会科学院合编：《东北大讨伐》，中华书局，1991年。

［7］同注［2］。

［8］关于"集团部落"设置（1936年7月1日），东北抗日联军史料编写组编：《东北抗日联军史料》（下册），中共党史资料出版社，1987年。

［9］伪治安部：《各地治安工作调查报告集》第一章，1942年。

［10］伪满治安部思想战研究部治安问题天空班编纂之各地调查报告书《治安工作委员会宣抚监察第二班报告》，1942年。

［11］解学诗：《伪满洲国史新编》，人民出版社，1995年。

［12］赵聆实：《日军暴行录·吉林分卷》，中国大百科全书出版社，1995年。

［13］袁秋白、杨瑰珍编译：《新中国对日本战犯的历史审判——罪恶的自供状》，解放军出版社，2001年。

［14］迟明发：《日伪时期的残酷统治，百姓陷入了苦难深渊》，集安市政协文史资料委员会编《文史资料选》第八辑，1993年。

［15］大同报《东边民众复苏 复兴政绩显著治安业已确保 吕通化省长对记者谈》1938年3月12日。

［16］石丕城：《伪满集团部落——宝清县归屯前后》；孙邦主编：《伪满社会》，吉林人民出版社，1993年。

［17］古海忠：《关于伪满经济统制与掠夺》；孙邦主编：《伪满经济》，吉林人民出版社，1993年。

［18］迟明发：《日伪时期的残酷统治百姓陷入了苦难深渊》，集安市政协文史资料委员会编《文史资料选》第八辑，1993年。

［19］姜念东、伊文成等：《伪满洲国史》，吉林人民出版社，1980年。

［20］刘邦林：《我任伪警察分所长的时候》，集安市政协文史资料委员会编《文史资料选》第一辑，1981年。

［21］周保中：《关于东北抗日救国运动的新提纲草案节录》（1940年3月19日），东北抗日联军史料编写组编：《东北抗日联军史料》（上），中共党史资料出版社，1987年。

［22］董崇彬：《抗联生涯追忆录》，集安市政协文史资料委员会编《文史资料选》第四辑，1984年。

［23］刘贤：《永远的杨靖宇》，2006年。

［24］［日］桔吉林、間島《通化三省治安肃正的大要》昭和14年10月—昭和16年3月，日本陆军省资料，1951年。

东北亚丝绸之路焕发新活力
奏响交流互鉴时代乐章

韩　洋

（吉林省文物局　吉林省文物考古研究所）

吉林地处亚欧大陆的东北亚地区，是欧亚草原丝路的东端，通过草原丝路进入吉林是当时的主要通道，但草原丝路因各种原因时断时续[1]。汉唐时期是传统丝绸之路形成并兴盛的时期，这时期吉林的古代文明已经纳入中华文明的范畴，曾是中原封国的地方少数民族政权的核心区。来自中原的先进文化增加了辽东、辽西两条路径进入吉林，又以此为枢纽，向俄罗斯东部地区、朝鲜半岛和日本列岛传播，通过朝贡与贸易延长了传统的丝绸之路。千百年来，銮铃响彻、驿马驰骋、旌旗飘舞、百舸争流、使团互访、官民络绎、兵丁往返、商贾穿行、水陆两忙。东北亚丝绸之路促进了东北亚地区各国人民和各民族之间的交流，加速了中华民族对外开放的节奏与进程。

旧石器时代是渔猎文化形成时期，吉林地区古人类活动比较频繁，其黑曜石文化和砾石文化都与邻近的俄罗斯东部地区、朝鲜半岛以及日本列岛有密切联系，该区域是东北亚地区

旧石器时代晚期环日本海文化圈的有机组成部分，也是中原地区古人类向东北、远东至美洲迁徙的重要通道。这个时期可以视为东北亚丝绸之路的萌芽期。

新石器时代和青铜时代是农耕文化发展时期，吉林地区是华夏文明起源的重要组成因素，在研究东北地区民族形成、融合及社会发展进程等方面，具有独特的地位。商朝名臣箕子东逃至朝鲜半岛，建立起朝鲜侯国。战国末期，辽西郡、辽东郡的设立，以及四平市二龙湖古城确认为最北的战国城址，见证了中原地区与朝鲜半岛的交流。这个时期可以视为东北亚丝绸之路的雏形期。

汉唐时期，吉林地区在中原文明的影响下，开始迈进文明的大门，孕育和造就了吉林三大区域文明，成为东北亚地区异彩纷呈的历史舞台上最闪亮的明星，是中原地区与俄罗斯东部地区、朝鲜半岛以及日本列岛交流最活跃的阶段。这个时期可以视为东北亚丝绸之路的高峰期。

辽金元时期是草原文化的壮大时期，辽金时期通过强有力的军事手段，对北方进行控制，保持了草原丝路的通畅。元代是中国历史上直接与西亚、南欧发生联系的时期，成吉思汗在传统丝路与草原丝路上开通的驿路维系这种联系。这个时期可以视为东北亚丝绸之路的巅峰期。

明清时期，吉林地区是江上文化崛起时期，明清政府对黑龙江流域的经略，创造出了庞大的新驿路系统，开始向黑龙江中下游地区输送先进文化并行使管辖权，而当时称为"船厂"和"吉林乌拉"的吉林城就是这条新驿路的起点。这个时期可以视为东北亚丝绸之路的最后一次波峰期。

本文仅对东北亚丝绸之路影响比较大的具备国际性的高峰、巅峰、波峰进行探讨，其他时期的东北亚丝绸之路未做展开论述。

一、东北亚丝绸之路是丝绸之路的重要组成部分

丝绸之路西行东渐与汉王朝开疆拓土并行。汉武帝时期，开疆拓土，确立了广阔的疆域。与此同时行政管理、攻防兼备、商旅贸易的长城和丝绸之路应运而生，其核心是将相关地区纳入汉王朝版图管理。汉朝河西四郡（武威郡、张掖郡、酒泉郡、敦煌郡）的设立和河西长城的修筑及河西走廊的建立，贯通了与中亚和西亚的联系，汉四郡（乐浪郡、玄菟郡、真番郡、临屯郡）和辽东长城的修筑及东北亚丝绸之路的建立，打通了与东北亚的联系。通化县长城和赤柏松古城是汉王朝经略东北亚的见证。《三国志·魏志·夫余传》所载："在国衣尚白，白布大袂，袍、裤，履革鞜。出国则

尚缯、绣、锦、罽。"汉夫余国与中原存在商业贸易，吉林市帽儿山墓地出土的帛画，就是丝绸进入吉林地区最好的实证，也是真正意义上的东北亚丝绸之路发端。我们可以清晰地勾勒出以长安（今陕西省西安市）为中心，向西的"长安—天山廊道的路网"，向东北的东北亚丝绸之路，他们共同构成了完整的贯穿欧亚大陆的丝绸之路的规模。

从唐长安到达"海东盛国"主要通过"营州道"和"朝贡道"。《新唐书·渤海传》载："长岭，营州道也。"《新唐书·地理志》记："入四夷之路，与关戍、走集最要者"，"曰营州入安东道。"营州道，即由上京龙泉府（今黑龙江省宁安市）经长岭府（今吉林省桦甸市），通向营州（今辽宁省朝阳市），由营州入燕，转行河套，往行长安的交通道。本文重点介绍"海东盛国""朝贡道"，是东北亚丝绸之路的高峰。《新唐书·渤海传》载："鸭渌，朝贡道也。"《新唐书·地理志》载："曰登州海行入高丽、渤海道。"即由唐长安陆行至登州（今山东省烟台市蓬莱区），经鸭绿江至西京鸭绿府（今吉林省临江市），陆行至中京显德府（今吉林省和龙市），再行至上京龙泉府（今黑龙江省宁安市）。到达"海东盛国"之后分别通过"黑水道""新罗道"和"日本道"直通东北亚地区。《新唐书·黑水靺鞨传》所载，即沿忽汗水（牡丹江）、粟末水（松花江）、黑水（黑龙江）行至黑水靺鞨，即通过"黑水道"建立与远东地区的联系。《新唐书·渤海传》载："南海，新罗道也。"即由上京龙泉府（今黑龙江省宁安市），南行经由东京龙原府（今吉林省珲春市），至南京南海府，即通过"新罗道"建立了与朝鲜半岛的联系。《新唐书·渤海传》所载："龙原，

东南濒海，日本道也。"即由上京龙泉府，经由东京龙原府，转行至盐州，海行，抵日本西海岸本州能登、加贺和北九州筑紫等地，即通过"日本道"建立了与日本列岛的联系。以"海东盛国""朝贡道"为核心的东北亚丝绸之路是朝贡之路、册封之路、赏赐之路、贸易之路、文化之路、仿唐之路、传播之路、交流之路……深刻地影响东北亚各国的政治、经济和文化。

辽代以"五京"为中心的交通干道，形成了包括整个东北及大部分东北亚邻国之间纵横四至的新的交通网络。独具特色的"四时捺钵"制度，是契丹贵族占统治地位的草原帝国将逐牧游猎和横帐行宫化于一体的特殊交通载体。辽代重视草原和内陆的交通发展，对海外经略较弱，尤其与高丽、日本诸国采取相对封闭的政策。金初立国时就设有驿站，从上京（今黑龙江省阿城区）到燕京（今北京市）每五十里设驿站，驿道长达二千里，成为金代东北陆路的干线。元代北方交通主要是通向岭北行省的北方草原地区和东北方向的辽阳行省，而通向东北亚腹地的白山、黑水和朝鲜半岛的交通城站，也是当时东北亚核心区域的主要干线。据记载，元代在北方地区共设立239处驿站。元代驿站连接边腹要镇，主要服务于军事。辽金元时期发达的驿路和城址拱卫了草原丝路，使吉林地区成为东北亚丝绸之路的中心集聚地、草原丝路的最东端，东北亚丝绸之路进入了巅峰期。

明代亦失哈巡视北海是东北亚丝绸之路的最后一次波峰。《明实录》载："遣中官亦失哈等往使奴儿干等处，令都指挥刘清领军松花江，造船运粮。"从永乐年开始，明王朝宦官亦失哈数次带领船队由松花江阿什（今吉林省吉林市）沿江北上，一直到达黑龙江入海口，招抚东北边疆女真等少数民族部落，设置努儿干都司治所，修建永宁寺并立永宁寺碑宣示主权，开创了与郑和一样的历史壮举。永宁寺碑是明王朝统治黑龙江流域的见证，碑文宣告了明朝对此地无可争议的主权，奠定了中国历史版图。

综上，东北亚丝绸之路对话亚欧大陆，传播中华文明，成为丝绸之路必不可少的重要组成部分。

二、吉林省是丝路文化遗产保护不可或缺的力量

吉林省地处东北亚核心地带，沟通东北亚各国，丝路遗产丰富，是重要的文化中转站。从汉开始，东北亚丝绸之路日渐活跃，丝路遗产丰富。通化县汉长城、赤柏松古城保障丝路交通安全。集安壁画墓中的乐舞对朝鲜半岛的细腰鼓和日本雅乐都有影响。八连城（东京龙原府）、中京显德府遗址、苏密城、六顶山古墓群、龙头山墓群、长白灵光塔、古城村寺庙遗址是唐文化通过丝绸之路传播的实证，再现了"海东盛国"的风情，特别是"海东盛国"东北亚丝绸之路沿线为代表的遗存是7—10世纪东北亚地区人类文明发展进程的重要体现，其所创造的辉煌文明是多种文化交融的结晶，中京显德府遗址、八连城借鉴了中原唐朝都城的模式，完整展现了"海东盛国"都城营建理念的形成过程，代表着"海东盛国"文明城市建设的最高成就。贞孝公主墓中绘制的浓郁唐文化写实风格的壁画，充分体现了中原汉文化对"海东盛国"上层社会的影响。作为现今地面上唯一留存的"海东盛国"时期的佛教建筑

长白灵光塔和最新发掘的古城村寺庙遗址，其建筑风格明显是受了唐文化的影响，同时也直接表明当地人接受了佛教的宗教信仰[2]。唐文化经"海东盛国"传播到朝鲜半岛和日本列岛，对其政治、经济、文化、生产生活、都城营建、丧葬习俗、宗教信仰产生了深远影响，很多文化遗产至今都保留着唐文化的影子。城四家子城址、塔虎城、春捺钵遗址、农安古城是草原丝路的重要节点，见证了民族融合和历史更替。阿什哈达摩崖石刻是明代通过丝绸之路经略边疆的重要遗存。吉林省面向日本海，俯瞰东北亚，文化中转站作用日趋明显，吉林省将以更加开放包容的理念，在"一带一路"倡议的指引下，深化东北亚丝绸之路历史文化研究，开展长白山地、松辽平原、松花江、鸭绿江、图们江、伊通河流域考古调查工作。继续加大对朝贡道遗存、元代驿站、明清驿路等方面的专题考古研究，持续研究吉林东部地区古人类遗存的时空分布与区域多样性，重建古人类生存环境背景并研究古人类行为与适应策略，摸清东北亚地区黑曜石流通网络。整合现有夫余遗存，通过区域性系统调查掌握夫余文化的分布地域，细化文化内涵，探讨东团山遗址与帽儿山墓地的关系，建立分期序列。确立汉唐文化历史研究方向和文化谱系，占领国际学术高地。增强对东夏国遗存的学术认识，填补中国该领域研究空白。深入挖掘吉林西部辽金文物资源，丰富辽金捺钵遗址群文化内涵，结合吉林西部查干湖、嫩江湾等渔猎、草原主题特色旅游景区建设，打造以春捺钵遗址群为代表的吉林西部草原文化特色展示园区，促进文旅融合发展，展现西部辽金遗址的文化魅力。进一步凝练东北亚丝绸之路关联文物的文化价值，构建东北

亚丝绸之路文化标识体系，为全新视角"冰雪丝路"的提出提供学术支撑。加大与俄罗斯、朝鲜、韩国和日本的合作，保护好全人类共同的文化遗产。

三、"冰雪丝路"引领东北亚丝绸之路文物保护利用新实践

吉林省通过东北亚丝绸之路与周边的俄罗斯东部地区、朝鲜半岛和日本列岛有着紧密联系。为充分发挥东北亚丝绸之路和吉林冰雪经济的综合叠加效应，促进与东北亚各国经贸交流，吉林省站在时间的中轴线上深刻总结东北亚丝绸之路的历史价值和当代价值，借古喻今，创造性地推出"冰雪丝路"新平台。"冰雪丝路"是"一带一路"倡议在东北的再挖掘、再实践，是承载沿线国家和地区合作共赢愿景的重要载体[3]。"冰雪丝路"既是经济社会发展的大通道，也是亚洲冰雪产业发展的黄金线，在这条崭新的"冰雪丝路"上，加快推动"白雪换白银"，着力打造东北亚区域经济合作桥头堡。"冰雪丝路"既是东北亚丝绸之路的再利用，也是东北亚丝绸之路的再升华，以及吉林省文物保护的再实践，全面提升世界文化遗产魅力，辐射带动"海东盛国"考古遗址公园建设，争取长春市伪满警示遗产文物保护利用示范区建设，推进革命文物保护利用传承融合发展。激活东北亚丝绸之路上历史文化遗产活力，把吉林省文物资源转换为经济发展的新引擎，将"冰雪丝路"打造成为鉴往知来的"会客厅"，将"海东盛国"王城、王陵打造成为一眼千年的"迎客厅"，将伪满罪证旧址打造成为多难兴邦的"警示厅"，将抗联文物打造成为浴血鏖战的"激励厅"，将"一汽"等工业遗产打

造成为砥砺奋进的"摇篮厅"。从东北亚丝绸之
路文化中汲取复兴力量，点亮多元的吉林文化符
号，彰显海纳百川交流互鉴的宽广胸怀，全力打
造中国向北开放的重要窗口和东北亚地区合作的
中心枢纽，为推动吉林省经济社会全面振兴、全
方位振兴贡献力量。

参考文献

［1］郭晔旻：《通往长安的朝贡之路》，《国家人文历史》2019
年第12期。

［2］吉林省文物局：《吉林省渤海遗迹项目规划（2013—
2020）》，内部资料，2012年。

［3］杨安娣：《共建冰雪丝路 推动"一带一路"新实践》，
内部资料，2021年。

对"五顶山事件"中的几个史实的考证

张 贺

（吉林省博物院）

1943年5月2日，日本关东军派驻伪满洲国高级军事顾问楠本实隆在黑龙江富锦五顶山地区视察防务时，被伪满洲国军士兵常隆基开枪刺杀，即"五顶山事件"。一直以来，我国史学界一致认为常隆基对楠本实隆的刺杀成功了。并且把楠本实隆列为在华被我抗日军民击毙的日军高级将领之一。然而，随着各方面历史资料的不断公开，这一事件的某些史实值得我们重新考证。

一、楠木实隆还是楠本实隆

根据国内大多数资料记载，"五顶山事件"中遇刺的是关东军派驻伪满洲国高级军事顾问楠木实隆。但随着日方史料的逐渐公开，在日军的高级军官名单及相关文献上并没有任何楠木实隆的记载。但却有另一个日本军官的名字和履历与"五顶山事件"当事人相近，那就是楠本实隆。

根据日方资料，楠本实隆，1890年出生在日本九州岛最南端的鹿儿岛县，其父为楠本右之助。1912年12月，楠本实隆从日本陆军士官学校第24期步兵专业毕业，授少尉军衔并进入第3师团步兵第33联队任职，1925年12月，晋升中尉，后随部队转隶第16师团。1921年11月，日本陆军大学校第33期毕业，次年晋升大尉。后又陆续在参谋本部，近卫第2师团第2旅团步兵第3联队、上海派遣军司令部特务部总务班、中国方面军司令部、中国派遣军特务部、兴亚院华中联络部等处任职。1928年3月，晋升少佐，1932年8月，晋升中佐，1936年8月，晋升大佐，1939年3月，晋升少将。1940年4月10日至1941年10月15日在第5师团第9旅团任职，历任42联队副联队长、第9旅团长。1941年10月，晋升中将，担任第57师团长[1]。1943年3月，被任命为满洲国军事部最高顾问[2]。楠本实隆仅用20多年的时间便从少尉成为中将，在日本军界中可谓升迁迅速。

日本资料记载的这些履历与"五顶山事件"当事人职位、军衔均相符，名字只差一笔。根据溥仪的妹夫，曾任伪满洲国陆军高等军事学校教官的万嘉熙及时任靖安军司令部一等军需官的李野光分别回忆，1943 年在五顶山遇刺的伪满最高军事顾问名叫"楠本"。万嘉熙曾留学日本精通日语，所以他应该能分辨出日本姓氏"楠本"与"楠木"的区别[3]。李野光于"五顶山事件"发生的当天在靖安军司令部曾见过楠本自我介绍时在黑板上写下自己的姓氏楠本[4]。在 1991 年出版的由中央档案馆与中国第二历史档案馆、吉林省社会科学院共同编辑的《日本帝国主义侵华档案资料选编·东北大讨伐卷》附录《伪满军的建立和变迁》一文中记载，1943 年，"伪满军事大臣邢士廉与最高顾问楠本中将视察同江县阵地时，受到伪国兵的狙击"[5]。根据日方资料记载，"五顶山事件"发生之时楠本实隆已被任命月余，应该已经上任，且日本关东军同一时间派遣两个名字只差一笔的中将军官为伪满的最高军事顾问的可能性微乎其微，所以基本可以判断并无楠本和楠木两位中将顾问同时存在的可能。随后，笔者在查阅日本亚洲资料中心检索系统时使用楠木实隆的名字只检索出一条信息。日本国立中文书馆馆藏的一份历史档案《野村直邦外五十名外国勋章记章受领及佩用の件》所配文件说明上写的是名单中有"楠木实隆"，但文件原件上写的名字却是"楠本实隆"，连日本人都容易错认"木"字和"本"字，更何况外国人了[6]。可以肯定"木"字就是国内对"本"字的误传，国内资料上的所谓楠木实隆就是日本资料中的楠本实隆。

二、楠本实隆遇刺时的准确职务

楠本实隆虽是军人，但长期就职于对华参谋情报领域，且 1930 年 3 月至 1931 年 3 月他曾作为兵科教授在中国北京陆军大学任教官[7]，

是日军高级军官中难得的"中国通"。1943 年 3 月 11 日其正式卸任第 57 师团师团长一职[8]，遂被派往日本关东军驻伪满的军事顾问团担任最高军事顾问，但其并未退出现役，而是同时受领了关东军司令部附的头衔。日本关东军军事顾问部是关东军向伪满军队派驻的军事顾问，是为了对伪满整个军事系统进行全面监视和有效控制而组建的派出机构。虽名为顾问，但这些顾问不仅参与指导伪满军队的日常训练和战备，还常常在战斗中直接指挥伪满军，战斗进行中还起着督战队的作用，是伪满军队事实上的指挥者。

在国内及日方文献中，均认为楠本遇刺时职务为伪满洲国军政部最高军事顾问，但实际情况并不是这样。1937 年 6 月，为加强统治，伪满政府将原属民政部的警察系统并入军政部，同时将军政部改名为治安部。1942 年 10 月，伪满国国务院又将治安部进一步改组为军事部。军政部一词在楠本上任前就成为历史了。所以楠本的正式身份应该是日本陆军现役中将，关东军派驻伪满军事部最高军事顾问。可以说是一个怀揣"两国"将印的大人物。也正是楠本实隆显赫的地位让伪满军事大臣、伪满上将邢士廉都对其恭敬有加。正所谓树大招风，"五顶山事件"发生之时楠本上任仅月余，常隆基并不认识他，但伪满方面特意为楠本安排了最好的马匹和马夫的举动使常隆基认定楠本的身份显赫，将其选为第一刺杀目标。

三、常隆基的刺杀是否成功

对于常隆基刺杀楠本实隆的经过，官方的调查资料目前尚未发现，只能以留存的相关人

员的回忆为依据。根据当年与常隆基一地当兵且关系很好的原伪满士兵黄凤祥与贺万葵回忆，事发时他们就在五顶山，事件发生前一天黄凤祥还帮常隆基保管过从连长家里偷来的手枪，常隆基也告诉了黄凤祥行刺的计划。当时楠本实隆与邢士廉等人骑着由马夫牵着的马上山查看，走到叫小河子的地方下马。楠本实隆骑的正是由常隆基所牵的马，当他下马的时候，常隆基掏出藏在马粪兜里的手枪，啪！啪！两枪（还有一说是三枪）当场就把楠本实隆打死了。随后，楠本实隆尸体运回了富锦上街基，从上街基又运回长春[9]。根据黄凤祥和贺万葵的陈述，楠本实隆身中两枪，当场死亡。但根据溥仪的妹夫万嘉熙回忆，楠本实隆并没有死，常隆基虽然开了两枪，但只有一枪击中楠本，且由于使用的是俗称"三号撸子"的7.65毫米小型手枪，其威力有限，子弹击中了楠本左上衣口袋中的金笔和笔记本，随后弹头威力全无，落在了口袋里，楠本捡回一条命[10]。李野光回忆的整个行刺过程是他从靖安军几个军医那里听到的，总体上也与万嘉熙的描述相同，楠本实隆并未被打死，而是乘坐伪满江上军的大同号炮艇提前回长春了。

事实上，楠本实隆是否当场死亡，无论是伪满军士兵黄凤祥、贺万葵与伪满军军官万嘉熙、李野光都不曾亲眼看到。黄凤祥与贺万葵虽然在场，但也只是先听到枪声后看到楠本实隆倒地，随后他们便被集体看押起来，他们不能断定楠本实隆是否还活着，而万嘉熙与李野光当时并未在场，鉴于其伪满洲国"额驸"身份，万嘉熙的消息来自伪满军界高层内部，其了解的消息真实性应该比较高。李的消息是事发当天晚上几个在场的军医官无意间透露的，

也基本算是"一手"消息。而比较权威的《日本帝国主义侵华档案资料选编·东北大讨伐卷》并未记载楠本是否死亡，以至于楠本当时是否被打死，一直以来都存在争议，此后国内并无楠本确实死亡或生还的新证据出现，但日本方面又发现了新的资料。

根据日本学者秦郁彦2005年出版的《日本陆海军总合事典》记载，"五顶山事件"后楠本实隆调至北支方面军司令部任职，同时兼任日本驻北京全权公使。笔者在查阅史料过程中也发现，日本国立公文书馆所藏文件《昭和19年外国勋章章受领及佩用允许四》中的一段内容。1944年，陆军大将梅津美治郎与陆军中将楠本实隆等数人一起接受了汪伪国民政府颁发的"中华民国同光勋章"。同年6月在提交给日本内阁的《勋章受领和配用申请及授勋事由书》上均有申请人楠本实隆本人的签名印鉴（日本人向来很注重印鉴的使用，印鉴地位等同于亲笔签名）。1944年8月，日本政府为楠本实隆颁发了外勋字第143号授勋证明书[11]。此外，从1944年期间日本驻北京使馆文件和调查报告书中均可看到"在北京大日本帝国大使馆事务所长特命全权公使楠本实隆"的署名和印鉴，可见《日本陆海军总合事典》记载属实，楠本实隆没有死，而是干起了情报的老本行，直到日本战败被俘，1946年返回日本，1979年10月11日离世[12]。

四、为什么国内学界长期认为楠本已死

楠本实隆没有死，他逃过了五顶山的那次刺杀。至于长期以来对其死亡的认定，笔者分析可能有以下几个原因。

1.楠本当时丧失了行动能力

"五顶山事件"发生时即便楠本没死，但还是被击中了，惊吓再加上可能存在的内伤使楠本昏厥或不能自行行走，只能被众人抬走。这也解释了两个目击者认为其已死亡及目睹"运尸"的过程。

2.日本方面故意封锁消息

刺杀发生后，日军必定判断可能是抗日组织进行刺杀，而不是个人复仇行为，为了让楠本安全返回长春，对其还活着的消息保密，以免遭到二次刺杀。据李野光回忆，事发后视察团人员连靖安军给准备的茶水都不敢喝一口。另一方面，表面上看起来是一起日本人习以为常的下克上事件，但当事双方的地位差距过大，且同样事件已经发生过一次（1937年，伪靖安军班长李玉峰击毙了伪靖安军司令、热河支队长藤井重郎），再次发生同样的事件有损日本军队声誉。于是日本方面故意对外封锁消息，只有参与后续事件的人员才能了解实情。事后，楠本实隆便被调离伪满洲国回到他熟悉的北京，以中将的身份做起了"全权大使"，继续他熟悉的老本行。一颗冉冉升起的将星，就被一个小兵活生生给拉下来了，这也解释了为什么底层士兵没有任何消息，只有万嘉熙和李野光可以了解事件细节。

3.对该事件的研究方向错误

长期以来，对于"五顶山事件"的描述主要依据的是当事人回忆，其中尤以铁岭文史资料、富锦文史资料、长春文史资料里的几篇对常隆基回忆文章为主，而万嘉熙的回忆文章并不以五顶山或常隆基的回忆为标题，只是略述了事件经过，李野光的回忆文章在20世纪90年代末才公开，但二者对事件的描述重合率很高。

《日本帝国主义侵华档案资料选编·东北大讨伐卷》也是90年代才出版，该书以东北大讨伐相关史料为主，对楠本也只是一笔带过。虽然这些资料已公开二三十年，但知之者仍甚少。

直至目前，关于"五顶山事件"的文章几乎都以黄凤祥、贺万葵的回忆为准。主要关注常隆基行动的背景、过程及其所体现的深层次意义。对于事件的叙述越发文学化，以致流传中几乎全部将楠本实隆误写，有写作楠本笹隆、楠木实隆、南木实隆，甚至楠木隆实。加之过去信息检索手段落后，无法检索查阅国内相关资料和日方的历史文献，即便有机会查阅也因错误的信息而找不到要找的人，于是常隆基击毙楠本实隆的故事便缪传开来。

以上是根据中、日各方史料所得出的一个阶段性结论，有可能在未来有新的资料出现，欢迎批评指正。

参考文献

［1］JACAR，亚洲历史资料中心。National Archives, Japan. Ref. A04018538900，公文杂纂·昭和十五年·第八卷·内阁·各厅高等官赏与一（国立公文书馆）；JACAR，亚洲历史资料中心。National Archives, Japan.Ref. C01004996400，昭和17年8月第57师团（防卫省防卫研究所）。

［2］［日］秦郁彦编：《日本陆海军总合事典》，东京大学出版会，2005年。

［3］万嘉熙：《伪满军的内幕》，《吉林文史资料》编辑部《吉林文史资料》第26辑，1988年，第31页。

［4］李野光：《五顶山事件》，长春市政协文史资料委员会《长春文史资料》第56辑，1999年，第96页。

［5］中央档案馆、中国第二历史档案馆、吉林省社会科学院合编：《日本帝国主义侵华档案资料选编：东北"大讨伐"》，中华书局，1991年，798页。

［6］JACAR，亚洲历史资料中心。National Archives, Japan. Ref. A10113505100、昭和19年叙勋裁可书·昭和十九年·叙勋卷十四·外国勋章记章受领及佩用允许四（国立公文书馆）。

［7］JACAR，亚洲历史资料中心。National Archives, Japan.

Ref. B02130075700 中華民国傭聘外国人人名録 昭和5年12月末現在/亜細亜局調書 第三輯ノ六（外務省外交史料館）

［8］JACAR，亚洲历史资料中心。National Archives ,Japan.Ref. A04018538900，公文雑纂・昭和十五年・第八巻・内閣・各庁高等官賞与一（国立公文書館）；JACAR，亚洲历史资料中心。National Archives, Japan.Ref.C01004996400、昭和17年8月 第57师团（防衛省防衛研究所）。

［9］贺万葵：《松花江畔忆忠魂——记爱国志士常隆基》，铁岭政协文史资料委员会《铁岭文史资料》第五辑，1989年，第8页；黄凤祥：《常隆基击毙日本中将楠木实隆》，铁岭政协文史资料委员会《铁岭文史资料》第九辑（纪念抗日战争胜利50周年专辑），1995年，第237、238页。

［10］万嘉熙：《伪满军的内幕》，吉林省政协文史资料委员会《吉林文史资料》第26辑，1988年。

［11］JACAR，亚洲历史资料中心。National Archives, Japan. Ref. A10113505100、昭和19年 叙勲裁可書・昭和十九年・叙勲巻十四・外国勲章記章受領及佩用允許四（国立公文書館）。

［12］［日］秦郁彦编：《日本陆海军总合事典》，东京大学出版会，2005年，第60页。

从日本外交政策看《中日修好条规》

郑　朋

（吉林省博物院）

《中日修好条规》是1871年9月13日由清政府全权代表兼直隶总督李鸿章与日本全权代表伊达宗诚签订的。关于这份条约，绝大多数中外学者都持肯定的态度，认为这是一份平等的"修好"条约，如日本著名的历史学家信夫清三郎在其所著的《日本外交史》中说："这是深受与欧美各国缔结不平等条约之苦的日清两国，首次自主缔结的平等条约。"[1]然而，如果不限于条约本身，而是纵观日本明治维新之后的整个外交政策，我们会发现，这个《中日修好条规》只是日本扩张论者"远图经略"的一个步骤而已，无论是从签订的动机还是从条约签订以后的实施效果来看，都是不能予以肯定的。下面本文从《中日修好条规》的酝酿、产生及签订的过程来分析此条约，试图揭示日本政府外交政策的性质及目的。

一、日本外交政策的剖析

日本明治维新之后，其政府很快以积极的姿态展开外交。1871年前后，日本外交面临三大难题：其一，解决朝鲜问题。幕府时期与朝鲜保持的关系现在已经断绝，新政府想尽快修复与朝鲜的邦交，进而开展贸易，但是却一再被朝鲜拒绝；其二，日本政府急欲修改与西方各国签订的不平等条约，改善其国际地位；其三，与俄国关于库页岛的争夺。这三大外交难题中，日本政府首要处理的就是与朝鲜的建交问题，而朝鲜却坚决拒绝与日本接触，鉴于朝鲜严格恪守与清王朝的事大宗藩关系，所以，日本外务省把对朝鲜外交和对清王朝的外交联系起来，成为日本当时外交的一大焦点。

1970年，日本外务省制定的对朝三原则，其第三条称："先与清政府订约，日清平等后，朝鲜自然退居下位，从中国回来，路过朝鲜王城，再签订日朝条约。利用所谓的远交近攻之策，使清朝无法援助朝鲜。"[2]所以日本对朝鲜外交的焦点转到对清建立邦交之上，日本开始迅速与清接触。1870年7月，即派外务权大丞柳原前光和外务权少丞花房义质等人前往中国。

从日本准备签订条约的最初目的来看，所谓的"修好条规"，其实只是日本海外扩张论者"远图经略"的第一个步骤，"平等条约"也只是对此条约的表面认识而已。"自由平等"的

《中日修好条规》只是日本在迈向现代"大东亚共荣圈"之前，在近代历史上跨出的第一步。

二、柳原前光来华订约

日本政府把对朝外交政策和对中国的外交政策联系起来之后，马上着手派使节柳原前光来华求订条约。纵观从日使柳原前光来华求约，到最后中日订约，日本外交政策一直贯彻其策略上日朝外交、日清先行的政策。因此，条约的商定、谈判与最后签订，处处体现日本政府对华外交政策的深刻用意，处处暴露出日本"远交近攻"的政策本色。

日使柳原前光初次来天津寻求订约，虽然只停留了一个多月中国方面便同意订约，但过程其实是日使再三恳求且历尽艰难才取得清政府同意的。清政府主张不与日本订立条约，认为"大信不约"，而柳原前光却态度极为坚决，"其意甚坚，其词极婉"。清政府之所以同意缔约，除了日使的坚持之外，主要还在于"戒于列强介入之说"，即此次不允准日本立约，他日日本援西方小国之例，请英美等大国同往，那时清政府将迫于压力而不得不订约了。李鸿章所持论见则为"欲联日制西"，其目的一则为牵制日本，以消弭后患；二则为李鸿章窥悉日本已经仿效西方列强制器练兵以自强，中国距之最近，必为日后之大患，中国"联之则为友，拒之则为仇"[3]。

中日同意订约之后，日方使者提出一份以《中德条约》为蓝本的草案作为基础，要求与欧美各国平等的特权。而中国坚持此次订约与其他国家订立的条约不同，坚决反对加入日方要求的"一体均沾""最惠国待遇""内地通商权"等明显不平等意义的条款，而且，中方坚持加入一项条款作为备稿的第二条，即"两国所属邦土，嗣后均宜笃念前好，以礼相待，不可稍有侵越，俾获安全"。其中国负责审查条约的天津海关道陈钦注曰："查该国逼近高丽，考其明史纪事本末，其强弱情形，已可概见。近闻该国复时存觊觎之心，尚狡为思逞，欲行兼并，则我关外三省，殊失屏藩之固，似亦不可不预为之计。拟乘其款关求好，纵不能保其永久相安，或亦稍存顾忌耳。然又未便明指高丽，故泛言所属邦土，似较为概括。"[4] 由此可见，中日条约签订之前，清政府中部分有识之士已开始意识到日本对朝鲜的觊觎和威胁，而想用此条约来牵制日本，殊不知，日本的扩张野心又岂是一条简单的条约所能加以限制的。而即使是这种对日本侵略野心的片面认识，清朝官吏们也知之甚少。如清朝最为有名的封疆大吏曾国藩就认为日本"一意修好""其意无他"，这便可以看出清政府上层官员的闭目塞听、腐朽落后。

《中日修好条规》的签订，确立了日清对等的关系，这就实现了日本对清交涉的最初目的，即确定日清两国地位平等。可见，日本政府无论与清政府缔结的条约是否"修好""平等"，都达到了其外交策略目的的第一步——取得日清地位平等的名分，而使朝鲜处于不利地位，从而打开了其与朝鲜建交的方便之门。

三、柳原前光来华修约

《中日修好条规》签订以后，双方各自带回本国政府请求批准换文，日本政府内部却产生了异议，拒绝批准条约，"追究全权代表责任之声甚嚣尘上"，究其产生异议的原因有以下几方面：

1.《中日修好条规》第二条规定："两国既经通好，自必互相关切。若他国偶有不公，及轻蔑之事，一经知照，必须彼此相助，或从中善为调处，以敦友谊。"这一条款极大地刺激了唯恐日清订立攻守同盟条约的欧美诸国，为此，日本外务省不得不多次公开辟谣，强调日本"绝无此意"。而日本政府既然没有与中国缔结攻守同盟之意，闻此自然"至为震惊"，进而有了要求修约的借口。

2.《中日修好条规》内容中，中日双方互相承认了领事裁判权，而"承认领事裁判权，与日本要求修改对欧美条约中收回法权的主张相矛盾，有妨碍修改条约之虞"。日本政府派出岩仓使节团，出访欧美各国，要求修改不平等条约，其中重要的一条就是要求废除外国在日本享有的领事裁判权，而日本却与中国签订了含有领事裁判权的条约，这显然会给欧美国家借口拒绝修约，置日本政府于两难的境地，妨碍修改条约的进展。

3.《中日修好条规》中，在中国的坚决反对下，日本不得不放弃了最惠国待遇和内地贸易权，日本政府认为这会极大地妨碍将来向中国的经济扩张。显然，这个条约远远没达到日本预想的利益，所以，日本政府以及各界人士纷纷反对批准条约。

于是，日本政府再次派出柳原前光来华修约，但是，在清政府的抵制下，柳原前光虽多方努力，最后仍然以失败告终，狼狈回国。日本政府的这种复杂而谨慎的态度，让人不禁深思。日本既要与中国修好，又要不使西方各国怀疑中日的关系，既要平等，却又不断地要求

"仿照西例"订立条约，反之，一旦发现要求没有达到，利益占有不多时，便立即寻找借口要求修约，这些就已经暴露了其"修好"的真意了。

四、副岛种臣来华换约

日本没有达成想要修约的目的，只好另辟蹊径，寻找有利时机。恰在此时，发生了琉球漂流民事件，日本政府觉得机不可失，于是1873年3月6日，特命外务大臣副岛种臣亲自来华换约，并祝贺清朝同治帝亲政。

副岛种臣出发之际，天皇谕副岛曰："朕闻台湾岛生番，数次屠杀我人民，若弃而不问，后患何已。今委尔种臣为全权，往申其理，以保朕民之意。"同日，别敕曰："辛未冬，我琉球藩民，漂到台湾岛东部，五十四人，遭生番横杀事件，命尔种臣，遣往清政府，谈判其处置。"[5]

可见，副岛种臣此次来华表面上是以换约为名，实质上是刺探清政府对琉球的态度，《中日修好条规》刚刚签订，清政府还沉浸在中日修好的"蜜月期"中，日本已开始在谋取鲸吞了。另外，副岛种臣此次来华，率领了一个庞大的使节团，非仅为换约，实欲借此机会派出各种情报人员，来侦察中国之虚实，且向清政府质询琉球事件，以为侵华作准备。

中日换约后，柳原前光到总理衙门质询琉球事件。总理衙门大臣董洵、毛昶熙等人答道："二岛具属我土，属土之人相杀，裁决固在于我。我恤琉人，自有措施，何预贵国事而烦为过问？"言及"杀人者皆属生番，故且置之化外，未便穷治……"柳原又询及中国与朝鲜的关系，董洵、毛昶熙答曰："只要遵守册封贡献例行礼

节，此外更与国政无关。"[6] 这些仅仅限于口头答复，并未形成文件，竟被日本抓住其中的只言片语而大做文章，作为以后侵略的根据。

五、结　语

《中日修好条规》签订换约还不到一年，日本就制造借口发兵台湾，并且成功地使用外交欺诈手段，迫使清政府与之签订中日《北京专条》和《互换凭单》，不但取得了外交上的胜利，而且还勒索了五十万两白银，并为以后正式占领琉球作好了准备。这些也可以证实，日本只是把"日清外交"作为一块敲门砖以保证其"远图经略"实施的连续性和有效性，充分暴露了日本遣使来华修好的欺骗性和虚伪性。

综上所述，1871年中日签订的《中日修好条规》绝不是"自主缔结的平等条约"。从历史学的角度来看，评价一个条约的性质或历史地位，不能单纯从其内容去分析，而要结合此条约签定时的历史环境、双方的外交政策及意图来思索。《中日修好条规》是日本在这个历史时期所采取的外交政策的一个产物，无法脱离历史环境而单独存在。所以，《中日修好条规》无论看起来如何"平等"，无论它和以前的中外条约比如何进步，都不能抹杀它作为日本扩张论者"远图经略"的首要步骤的本来面目。

参考文献

［1］［日］信夫清三郎编，天津社会科学院日本问题研究所译：《日本外交史》（上），商务印书馆，1992年，第137页。
［2］戚其章：《国际法视角下的甲午战争》，人民出版社，2001年，第89页。
［3］王玺：《李鸿章与中日订约（1871年）》，台北"中央研究院"近代史研究所，1981年，第41页。
［4］王玺：《李鸿章与中日订约（1871年）》，台北"中央研究院"近代史研究所，1981年，第51页。
［5］王玺：《李鸿章与中日订约（1871年）》，台北"中央研究院"近代史研究所，1981年，第178页。
［6］戚其章：《国际法视角下的甲午战争》，人民出版社，2001年，第103页。

文物保护视角下的馆校合作研究

杜树志

（中国航海博物馆）

　　博物馆教育与学校教育是国家推行全民终身教育非常重要的两个环节，二者紧密相连，相辅相成。《国务院办公厅关于印发全民科学素质行动计划纲要实施方案（2016—2020）的通知》中明确提出，拓展校外青少年科技教育渠道，鼓励中小学校利用科技馆、青少年宫、科技博物馆、妇女儿童活动中心等各类科技场馆及科普教育基地资源，开展科技学习和实践活动。这些学习和实践活动，即我们通常所说的馆校合作。馆校合作实质上就是将场馆与学校的资源实现最大化利用的一种新的教育方式[1]。

　　相较学校来说，博物馆有着丰富的文物展品，通过工作人员讲解和文物近距离接触，学生能够获得最直观的感受，从而更好地激发他们学习的兴趣。同学们来到博物馆，除了欣赏很多在校园里见不到的文物，还可以选择参加一些感兴趣的实践活动，从而变得越来越喜欢博物馆。有学者指出，馆校合作课程资源开发的价值体现在拓展校外课程资源、创新学习方法和学习空间、沟通校内外教育等方面[2]。对学校和博物馆而言，这本该是一件两全其美的

好事。但因意外、好奇心或者恶作剧，少数学生在参观博物馆时，也会给文物安全带来各种安全隐患，相关案例常见于媒体的新闻报道：

　　案例1：2006年，尼克·弗林（Nick Flynn）在参观剑桥大学的菲茨威廉博物馆时，被自己的鞋带绊倒，打碎了3只价值约17.5万欧元的17世纪花瓶。博物馆没有就打碎3个珍贵的花瓶向尼克提出任何索赔，事后仅仅向他发了一封邮件："在近期内请勿再踏足我馆。"（雅昌艺术）

　　案例2：2015年8月，在中国台湾地区"真相达·芬奇天才之作特展"画展上，一名12岁的男童看展时跌倒，不慎损毁价值超过5000万新台币（约合1000万元人民币）的保罗·波尔波拉真迹油彩画《花》。（澎湃新闻）

　　在博物馆参观群体中，不仅是学生，一些成年人同样会给文物带来安全隐患：

　　案例3：2018年年初，中国兵马俑文物在美国费城富兰克林学会博物馆展出时，被游客破坏并盗走手指的事件，引发了全球范围的关注。案犯是一名24岁的成年男子，他在回特拉华州的车上，就开始炫耀自己的"战利品"，

甚至在第二天，他还拍了一张手指的照片，在Snapchat（"阅后即焚"照片分享应用）上与他人进行了分享。更为夸张的是，兵马俑手指被盗整整18天后，博物馆管理人员通过监控视频才发现问题。当事人任性夸张的行为与博物馆在管理上严重的失职，让人们感到无比痛心和强烈的不满。（中国央视新闻）

近几年，"熊孩子"对展出文物造成破坏的新闻，更是屡见报端：

案例4：2019年，"澎湃新闻·艺术评论"曾刊出报道《价值百万的任伯年画作预展遭幼童撕毁，误毁画作知多少》。当时，香港佳士得春拍正在进行。预展期间，一幅估价150万～250万港元的任伯年《花鸟四屏》画作遭到一名幼童意外撕毁。无奈之下，佳士得香港只能先撤拍该画作，并通知委托方。

案例5：2020年5月30日，一件被我馆收为永久馆藏的艺术品"玻璃城堡"，因两名小观众翻越展区围栏，并在追逐玩闹的过程中撞到展柜，玻璃城堡随即发生塔尖倒塌、破碎的情况，其余部件也出现了不同程度的错位、破损。目前，馆方已向创作这一作品的两位美国艺术家说明了情况，但由于疫情关系，两位艺术家无法到沪修复，"玻璃城堡"暂时只能以"不完美"的面貌示人。（上海玻璃博物馆官网）

文物频频出现人为损毁，究其根本原因，主要有以下三个方面。

第一，学校教育的缺失，使得观众对文物少了一种敬畏之心。这也是前述多个案例的共同点，它与人的年龄，甚至文化程度关系不大。提高学生综合素质，我国教育行业已提倡和推进多年，但受制当前资源不均衡以及升学选拔体制不健全等多种弊端束缚，实际效果仍不尽如人意。大多数中小学校为应对升学考试，仍以"分数"论"英雄"。在这种背景下，必定会压缩其他知识的学习时间，弱化对学生的人文教育。具体来说，学校里的课程设置，对于如何学习和传承历史文化，无论语文、数学、外语三门主课，还是历史、政治等副课，整体内容已较为全面，教学手段更是多种多样，但如何教育学生去更好地保护文化遗产，这方面除少数设有文博专业的学校外，在当前绝大多数学校教材中基本还处于"空白"状态。另外，教师在日常教学中对学生纪律培养也不够严格。俗话说，"不以规矩，不成方圆"。从小学到中学、大学均有对应的学生守则张贴在教室里，甚至要求学生们能够熟练地背诵出来。可一旦置身校园外的公共场合，总有少数学生不遵守秩序，或者说缺乏自我约束力。还有，当前博物馆与学校开展的馆校合作中，课程内容设计主要以社会教育或运营开发部门为主，在没有文物保护修复部门参与的情况下，活动过程往往都是围绕文物故事讲解，或穿插一些博物馆主题元素的文体活动。稍微留意就不难发现，大多数讲解人员的口述内容，尚偏重文物本身及相关历史知识传播，鲜有文物保护方面的宣传。对运营部门而言，馆校活动的目标主要是以完成博物馆年度客流量为主。当然，我们也不能苛责其他部门工作人员，毕竟职能分工和工作目标有所区别，另外也受人员专业技术水平和认知限制。

第二，我国相关法律与文物保护实际需求相比，尚不够健全。《中华人民共和国刑法》第三百二十四条规定：故意损毁国家保护的珍贵文物或者被确定为全国重点文物保护单位、省级文物保护单位的文物的，处三年以下有期徒刑或者拘役，并处或者单处罚金；情节严重的，处三年以上十年以下有期徒刑，并处罚金。从该条款可以看出，文物犯罪的行为人在主观上必须具有故意或过失，而意外事件的行为人在主观上不存在罪过，因此不负刑事责任[3]。首先说法条中提到的"故意"二字，对少数未成年人来说，究竟是出于不可控因素，还是受好奇心驱使，在司法实践中，即使是法律专业人士，一般也难以界定。这也往往是"熊孩子"损坏了文物，而博物馆最终却没有进行索赔的根本原因。

文物是人类在社会活动中遗留下来的具有历史、艺术、科学价值的遗物和遗迹，它是人类宝贵的历史文化遗产。一件文物，其蕴含或反映出来的历史、艺术、科学价值信息越多，也就越珍贵。文物与其他类型实物比有一个显著的特征，即很难用具体货币价格来衡量，换言之，文物可以说是"无价"之宝。还有，即使同一件文物，对于不同受众对象而言，由于关注点不同，传递出来的信息就会千差万别。衡量文物的价值，业界常用"珍贵文物"和"一般文物"加以区分。所谓珍贵文物，一般指经博物馆组织或认可的文物鉴定委员会，通过严格法定程序鉴定，并到文物行政管理部门备案的国家一级文物、二级文物与三级文物。刑法中仅仅提到损毁国家保护的"珍贵文物"，那么如果损毁对象是"一般文物"，又当如何处理？还有"被确定为全国重点文物保护单位、省级文物保护单位的文物"，简单来说，"国保"和"省保"文物受损，对当事人处罚已有法可依，但那些未被定为"国保"或"省保"单位的文物受损，处罚起来，显然缺少法律支撑，相关问题有待权威部门进一步给出释法和明确界定。《中华人民共和国文物保护法》第七

章第六十四条规定：违反本法规定，有下列行为之一，构成犯罪的，依法追究刑事责任。本条第二款对当事人不同行为作了细化，进一步规定：故意或者过失损毁国家保护的珍贵文物的。本法第六十五条规定：违反本法规定，造成文物灭失、损毁的，依法承担民事责任。对比上述两条与文物损毁有关法律责任的条文，六十四条侧重于当事人的"行为"，六十五条强调的是"结果"，而两者的"结局"却有共同点，也就是文物的"损毁"，但由此受到的惩罚却差别较大，前者面临的是"刑"罚，后者承担的却只有"民事"责任。

第三，针对学生带来的安全隐患，应急预案有待进一步完善。无论是博物馆，还是拍卖行，将文物近距离展示给学生，其初衷无疑是值得肯定的。因为离文物越近，越容易观察和获取一些有用信息，尤其是那些祖先创造出来的艺术品，无形中可以拉近观众与古人的距离，让两者跨越时空，实现心灵对话，甚至产生情感共鸣。因此，很多博物馆会采用裸展的方式将文物近距离呈现给观众。当文物在某一方面激发起学生兴趣时，他们有时就会情不自禁地产生触碰的冲动。但从文物保护角度来说，观众又不能靠文物太近，两者需要保持一个合适的距离，因为所有博物馆的共性就是"引导学生体味这种不可触摸的氛围"[4]。博物馆最常见的做法就是在文物附近醒目的位置张贴提示语，或者用一米线做个简单的物理隔离，抑或安排一名内保人员站在附近，提醒观众，尤其是学生，注意人身与文物安全。不可否认，上述做法在一定程度上确实会起到警醒作用，但要想杜绝突发状况，还存在一定的不足。

针对上述情况，建议馆校通力合作，将文

物保护理念融入相关教学实践，从根本上解决此类问题，那么，我们应该着重做好以下三个方面的工作。

首先，课程内容设计上，文物保护与宣传教育实现有机结合。除讲好每一件文物背后的故事外，与之相关的制作工艺、科技、流转过程，甚至保护修复经历都可以深度挖掘，针对不同年龄的学生群体加以阐释。相对来说，小学生好奇心强、自制力偏弱、主要以感性思维处事，针对这些特点，可以设计情景体验课来满足他们的参与感和"游戏"需求。在活动中，将学校里的学生守则与博物馆参观秩序统一起来，重点培养学生良好的习惯。进博物馆参观前，建议博物馆工作人员先对学生开展一次互动交流，启发他们对后续参观礼仪与注意事项进行总结，比如穿防滑鞋、系好鞋带、进了展厅不能随便脱离队伍、禁止大声喧哗、不在展厅内饮食、参观过程不要将手放在玻璃展柜上、禁止直接触碰文物，等等。对中学生而言，随着知识积累和身体成长，他们已具备一定程度抽象思维的能力，因此在馆校课程中引导学生理论联系实际，鼓励他们将课堂知识运用于实践。比如，结合老师教授的物理、化学知识，利用道具让学生多参与一些保护修复手工活动。在这个过程中，将古人智慧循循善诱地传达给学生，让他们能够领悟到文物也是有"生命"的，一旦受损，其本体一些物理参数，诸如颜色、强度、表面张力等就会发生较大变化，后期哪怕用再高超的技艺，都无法使他们回到最初状态，就像化学中"不可逆反应"一样，从而让他们真正意识到文物安全的重要性。家长或教师作为学生监护人，还应及时规范中学生日常行为，让孩子们懂得尊重他人劳动成

果，在公共场所更要遵守纪律，尤其是到博物馆参观时，带队教师应以身作则，约束好学生的各种不文明行为。相较之下，大学生群体已初步建立自己的世界观、人生观和价值观，通过馆校合作平台，博物馆可以选拔和吸收更多大学生前来开展文物保护修复毕业设计，完成联合培养、志愿服务、科普传播、实验创新等双向合作。这方面国内示范较好的如河南博物院、广东海上丝绸之路博物馆等，前者侧重于文物修复传统技艺的展示，后者从考古发掘一直到保护修复，几乎做到了全方位的展示。

其次，馆校形成合力，通过文保活动增强学生法律意识。为更好地实现文物保护，将光辉灿烂的古代文化有序传承下去，博物馆应坚持从实际出发，调动和鼓励馆内一线工作人员及志愿者，发现问题要及时总结，对少数人故意破坏文物，或间接带来隐患等不文明行为，敢于说"不"。在馆校合作中，建议博物馆将一些文物损毁的实际案例，与学校思想政治课结合起来，对学生加强文物保护法制的宣传。在授课过程中，单纯说教往往比不上切身体会让人记忆深刻。以上海中国航海博物馆为例，由社会教育部针对中学生开发出一项陶瓷修复体验活动，其中有这样一个模拟情景：某同学在博物馆参观过程中不小心碰碎了一件陶瓷"文物"，接着修复师出场，带领同学们进行抢救性修复。尽管身边有专业老师指导，但这件摔成碎片的瓷器，同学们费了九牛二虎之力，仍无法将其"严丝合缝"地拼接在一起。于是文物修复师结合物理知识给同学们解释，这主要是因为陶瓷在完成烧制后，由于胎体和釉膨胀系数不一致会产生内应力。瓷器摔碎后，内应力瞬间得到了释放，因此很难再回到原来状

态。若想从外观上恢复原来的样子，需经过拼接、补配、打磨、上色、烧制等多个环节。修复师又继续启发同学，是不是这些经过修复的瓷器就和摔碎前没有什么区别了呢？答案是否定的。陶瓷保护修复后，肉眼观察几乎完美无瑕，但放在高倍显微镜下让同学们观察，眼前会出现明显的修复痕迹。在同学们惊讶的目光中，老师进一步解释，从物理角度来看，它已经区别于摔碎前的状态；从艺术角度分析，打碎后的瓷器，哪怕修好了，它给观众带来的信息也是碎片化的，或者说是不连贯的。因此，陶瓷文物一旦碎裂，哪怕重新修好，也已不再是一个完整的器物，艺术价值必将大打折扣。至此，引出《中华人民共和国文物保护法》：对于故意或者过失损毁国家保护的珍贵文物的，构成犯罪的，要依法承担刑事责任。即使不构成犯罪，但造成文物灭失、损毁的，也要依法承担民事责任。同学们听后恍然大悟，纷纷表示今后到博物馆参观时不仅自己要遵守秩序、用心去呵护每一件珍贵文物，还要带动其他同学做遵纪守法的好学生。

最后，馆校合作内容要体现创新性，确保可持续性。创新已成为社会发展的代名词。学生创新能力的培养，事关学习生活方方面面，其关键在于实践。实践创新主要是学生在日常生活、问题解决、适应挑战等方面形成的实践能力、创新意识和行为表现[5]。近年来，随着文旅融合和文博事业高质量发展，无论是相关课题研究、人才培养，还是文物预防性保护方面，博物馆与学校合作将会越来越多。以高校为例，相对博物馆来说，它存在两大优势，其一，丰富的人力资源。作为年青一代，大学生思维比较活跃，易于接受新鲜事物；研究团队年龄层次优势明显、人才储备源源不断。其二，高校专项研究资金充足，仪器设备配置全面。因此，馆校战略合作背景下，博物馆应充分利用高校资源，在文物保护修复、微环境调控手段开发、文物老化机理研究及温湿度环境参数监测分析中，可借助学生毕业设计，充分利用高校人力和设备资源深入开展。对一些系统的文物保护工程或大型课题研究，每届学生即使只完成其中一小部分，后续还会有学生源源不断地加入进来，能确保目标任务完成的连续性。

习近平总书记指出："一个博物院就是一所大学校。要把凝结着中华民族传统文化的文物保护好、管理好，同时加强研究和利用，让历史说话，让文物说话，在传承祖先的成就和光荣、增强民族自尊和自信的同时，谨记历史的挫折和教训，以少走弯路、更好前进。"[6]随着国家对文物保护的日渐重视，博物馆在馆校合作中对学生加强文物安全教育、在课程设计中持续融入文保宣传，相信我国在文物保护和利用方面，必将迈上一个新台阶！

参考文献

[1] 刘晓霞：《基于核心素养的小学馆校合作课程资源开发策略研究》，陕西师范大学硕士学位论文，2019年。

[2] 王牧华、付积：《论基于馆校合作的场馆课程资源开发策略》，《全球教育展望》2018年第4期。

[3] 刘志、段兵：《文物犯罪中的界定》，《宁夏社会科学》2005年第2期。

[4] 丁卫泽：《教育技术博物馆建设与场馆学习》，科学出版社，2016年。

[5] 林崇德：《中国学生核心素养研究》，《心理与行为研究》2017年第2期。

[6] 二〇一五年春节前夕赴陕西看望慰问广大干部群众时的讲话（2015年2月13日—16日），《人民日报》2015年2月17日。

浅议数字化技术在文物保护中的应用

王东蕊

（吉林省博物院）

现在社会随着科技的发展，数字化逐渐深入到生活的各个角落，可以说数字化正在逐步改变着人类的生活方式和节奏，那什么是数字化呢？现在的数字化并不单单指将物品的宏观信息变成数字信息储存进电脑里，而是可以将你正在进行的工作或者你想要进行的工作变成数字模式展现在人们的面前，同时也可以利用这些数字信息来完成你想达到却又做不到的目标。所以现在的人们都尽可能地将自己做事的方式或者结果数字化，不仅可以提高效率，还能将人为达不到的想法变成现实。

在这一方面博物馆也不例外，数字化深入到了博物馆体系当中，博物馆也拥有了一系列的数字化展出模式，而且这种模式越来越受到观众的好评，它不仅能够将不能展览的文物通过数字模拟的形式展示出来，而且还能够给观众提供更多的纸面无法提供的信息，让观众更好更透彻地了解文物的方方面面。然而，现在的博物馆引进的数字化也只是应用到了展览方面，是否能够应用到其他方面还有待探究。文物保护是近几年新兴的方向，它对于文物的安

全至关重要，那么是否能够将数字化引入到文物保护的过程当中呢？答案当然是肯定的，下面就从几个方面来论述一下。

一、保护修复方法数字化

文物保护最主要的过程就是将修复方法真正地应用到文物身上，那么安全有效的文物保护修复方法是非常重要的，目前的文物保护工作主要靠上一辈保护修复工作者的手艺，可以说文物保护修复工作的手艺是代代相传的，是有局限性的，那是否能将数字化引进来改善这种状况呢？答案是肯定的。

这里要介绍的是3D技术，3D这个名词相信大家都不会陌生，比如电影、模型、投影等。将3D技术应用到文物保护与修复中是非常合适的，它可以通过3D技术将文物形状和颜色进行扫描，同时还可以通过扫描成像将不容易拍到的病害部位进行清晰的展示。在保护修复过程之前还可以通过3D成像技术对保护修复过程进行预演，在预演过程当中观察可能出现的问题，

这样就可以针对问题改进修复方法，同时也可以预演保护修复方法的可逆过程，能够使文物修复更加安全，将危害减到最低。在保护修复过程之中还可以通过3D打印技术进行修复补配，这样能够使修复后的文物在外观上看起来更加完美，3D打印技术是很先进的成型技术，可以通过数字模型进行立体打印[1]，现在医疗领域已经应用3D打印技术进行骨质的补配和衔接了，所以将3D打印技术应用在文物的补配上是具有一定的可行性的。

二、保护修复过程数字化

文物保护修复最关键的就是操作过程，因为这是对文物进行处理，形象地说就是医生为病人做手术，需要极其小心谨慎，这是关乎文物命运的重要步骤。那么是否可以将保护修复过程数字化呢？答案是肯定的。

保护修复过程数字化并不单单是说将保护修复过程采取各种机械方式处理，而是将保护修复过程进行数字化记录，现今的数字化记录方式有很多，如录音、录像、电子文档等，那么把保护修复过程进行数字化记录会比传统的记录方式更加生动形象。例如，对于普通黏合剂粘接效果的记录，图片的记录形式要比传统的文字表述更加鲜明，哪种黏合剂粘接效果好使用图片对比一看便知；再有针对保护修复过程中某一步骤的记录采取动画方式或者flash的方式也会更加生动，针对清洗的过程记录可以将录像制作成动画或者flash，这种生动的表达方式会让人更容易接受；针对补配也可以采取将记录转换成模型演示，这样也更容易让人了解保护修复的全过程。

还有将保护修复过程中涉及的环境情况、方法步骤的操作情况进行智能的调节。保护修复过程中，环境因素是很重要的，保护修复的环境一定要适合才行，尤其对纸质等有机类文物，温湿度的影响是非常大的，所以在保护修复过程中要对环境有个智能的调节，要将环境数字化，同时也要将环境控制在一定的数字范围内。

将保护修复的过程数字化不仅能够给文物的保护修复档案留下非常珍贵的资料，而且还能够将此次保护修复过程的优缺点进行充分的总结，最好能够同时建立文物保护修复使用方法数据库，将保护修复过程中各个方面统一起来，这样以后不论是进行方案的制订，还是具体保护修复方法的选择上都有了实例的参照。不但能够提供文物保护修复方法改进提升的空间，还会给各个省市的文保工作者提供交流的平台，丰富自身的保护修复技术，提供各种问题的解决方法和依据，这对于整体提高文保工作者的素质和技术具有极大的推进意义。

三、保护修复档案数字化

保护修复档案就像是文物的病例一样，经过保护修复的文物必须有相应的记录，这样能够给文物的后续保存以及再次保护修复提供相当宝贵的资料。以往的保护修复档案的制作大多依赖于纸张，纸张档案在展示一些复杂过程时会有很大的局限性，把保护修复档案数字化将是一种趋势[2]。保护修复档案数字化并不单单指将纸质档案变成电子文档，而是要让档案依附在文物身上，例如：可以制作跟随文物的一种特殊的二维码，这个二维码经过"扫一扫"

就会将文物经过几次保护修复，每次都做了哪些具体的工作以及每次修复的时候出现过什么问题，甚至连保护修复时的温湿度都可以提供给查阅者。

将保护修复档案数字化最主要的就是将档案加密，这对于现在的科技来讲并不是一件难事，而且也可以将提取保护修复档案的机器加入密钥，只有特定的人才能提取此件文物的档案，而且也只有真正动手修复的人才能查阅文物的保护修复档案，并同时更新文物的保护修复档案。将保护修复档案加密还可以分开级别，根据文物的不同级别进行分类，就能更加方便保护修复工作者查阅，这样不仅可以有效地利用所有文物的保护修复档案，同时还能够提高文物保护修复档案的私密性，大大提高了文物保护修复工作者的工作效率。

四、文物检测的智能数字化

现代的文物检测大多需要使用仪器，仪器的输出结果一般都是数字，但并不是变成了数字就实现了数字化，所以，在文物检测方面要加入的是"智能"两个字。那么如何在文物检测方面实现智能数字化呢？

由于现在所有文物的检测结果都是一系列的数字和谱图，那么我们就可以考虑能否在这些结果分析里面加入一些智能分析。人工智能顾名思义就是将人的意识、思维和信息进行数字化模拟[3]，同时编写到机器的运行程序里面，这样可以大大减少工作者对于检测结果的分析时间，也可以发现一些肉眼不容易发现的病害。例如：扫描电镜可以扫描到纸张里面含有的霉菌孢子，但是对于哪一种孢子并不能够

准确的提供，也不能够提供孢子的其他信息，那么如果将扫描电镜结果加入智能分析，可以通过自动对比来提供孢子的数量、形态、菌型等这类信息，将大大减少检测者的结果分析时间，提供的结果也会更加准确。再比如对立体文物进行探伤的时候采取3D扫描探伤的形式，不仅可以对文物的整体范围进行扫描，同时还可以将立体图形展现成平面并加入智能分析，通过这样的探伤不仅可以得到被测试文物的缺失、补配信息，还可以知道文物内部各个成分、残损的形成时间的差异等等，这不仅给下一步保护修复方法的形成提供可靠的科学依据，还能大幅度提高文物检测的效率。

将数字化应用到文物保护修复中目前只是在设想的阶段，但理论上讲是可行的。文物保护修复行业的从业人员还很少，这一行业还有很大的发展空间，一个行业的上升期对新技术具有很强的接受能力。传统的数字化文物保护修复只是调控环境，这已经远远不能满足文物保护的要求。新思维、新技术、新方法的引入会加快数字化的应用，也会帮助文物保护修复迈向一个新台阶。

文物保护修复是一个功在当代、利在千秋的行业，它可以提高文物的寿命，并且能够给子孙后代留下更多的财富，所以将新方法应用到文物保护修复当中时一定要慎之又慎。实现文物保护修复数字化是一个趋势，但真正应用到文物保护修复上时一定要以保证文物安全为前提。任何新的东西应用在文物上时一定要保证像传统方法一样安全，同时一定要保证可逆性，相信科技的飞速发展一定会带动文物保护修复行业的发展，数字化的发展一定会推动文物保护修复事业走向巅峰[4]。

参考文献

［1］王雪莹：《3D打印技术与产业的发展及前景分析》，《中国高新技术企业》2012年第26期。

［2］李学广：《档案数字化方案研究》，《中国档案》2007年第6期。

［3］王斌：《浅谈人工智能在电子信息技术中的应用》，《内燃机与配件》2017年第24期。

［4］《中华人民共和国文物保护法》。

陶器翻模复制工艺的探究

田　宇

（吉林省博物院）

文物是不可再生的资源，每一件文物都是独一无二的，记得一位老师曾经说过："你所见到的每一件文物都有可能是最后一件，也可能是最后一次见，所以一定要珍惜。"文物对于我们来说是历史文化的代表，是历史先进文明的象征，也是将历史传承至子孙后代的载体，所以我们一定要善待每一件文物，尊重每一件文物背后的意义。作为博物馆的工作者当然会倍加珍视这些文物，但在文物的展陈过程中难免会对文物造成一定的伤害，比如闪光灯、粉尘、空气中的水汽等，这些伤害可谓是随时存在避之不及，所以要对一些极为重要的文物进行复制，这样不仅能够更好地保存文物，同时还能够对文物展示的文明进行展现。

文物复制是目前保护文物的手段之一，由于文物的唯一性，同时也为了能让更多的观众一睹文物风采，针对文物的复制就变得比较重要了。文物的复制一定要遵从《文物复制暂行管理办法》，不能随便地复制，也不能只为了美观而不顾文物的安危，所以说文物的复制工作在文物保护工作中也是一项重要的工作。本文通过对一件唐代花纹砖的复制来探讨针对陶器的复制工艺，及如何选取更加合适的方法进行复制。

一、复制翻模方法

复制文物最主要的工艺就是翻模，翻模的好坏直接关系到文物复制的成败，但并不是所有的翻模方法都适合于文物，也不是所有的质地都适用于一种翻模方法，所以在文物复制的过程中还需要注意对方法的选择，下面介绍一下常用的翻模方法。

（一）石膏翻模

石膏翻模是一个很方便的翻模方法，使用不同的石膏可以达到不一样的翻模效果，齿科石膏或者美术石膏比较细腻一些，建筑石膏质感相对粗糙。石膏翻模也会有一定的限制，由于石膏干燥之后硬度变大，很容易伤害到样品，样品也很容易在脱模的过程中被损坏，所以石膏翻模应用在文物上还是要慎重的。在进行石膏翻模的时候一定要在翻模物品上擦一些润滑剂，不然石膏很容易粘到物质的表面，且形成的污渍很难清除。

（二）硅橡胶翻模

硅橡胶是一种链状高分子橡胶，硅橡胶的种类有很多，带有不同基团的硅橡胶有不同的特性，翻模使用的硅橡胶一般含有甲基或苯基[1]。硅橡胶翻模主要是将硅橡胶与固化剂、溶剂混合成一定浓度的硅橡胶乳液，倒入已经准备好的模具当中，采取真空方法吸出气泡，待干燥后脱模。翻模时一定要注意气泡的情况，还要注意留出气孔和注塑孔[2]。

（三）油泥翻模

使用油泥翻模，首先要将油泥进行软化，然后将软化的油泥直接涂抹到实物上，待干燥后直接脱模即可。这种方法也有一定的局限性，因为油泥固化后会产生回缩和开裂的现象，所以只适用于小件器物的翻模。

（四）石蜡翻模

石蜡翻模是利用石蜡高温易熔的特点，将石蜡加热后进行浇筑，待石蜡冷却后切开模板，在切开的时候注意不要伤害到实物，但是这种方法需要高温的条件，并不适用于对陶瓷类文物进行翻模。

还有一些翻模方法也是比较常用的，如石膏绷带翻模、藻酸盐翻模、吸塑翻模等，将这些方法应用到复制文物中还需要进一步的研究。每一种翻模方法都有一定的利弊，所以在工作中还是需要根据具体的实物找出最适合的方法。

二、陶器的复制工艺

陶器的复制工艺可以分为两种：第一种是模仿陶器生产工艺进行复制，在准备复制前需要先检测一下陶器的坯料、釉料的组成成分，同时还要检测出原料粒度，之后要考察陶器烧造时候的生产工具、成型方法、烧造温度以及使用的设备，为了能够复制出质量、纹饰、色泽、手感和陶器文物最接近的复制品，这些条件越接近原来的条件复制品的效果就越好。可以说这种方法是复制陶器的最好方式，但是这种复制陶器的方法对工作者和工作条件的要求都很高，所以实施起来也是有一定难度的。第二种复制陶器的方法是翻模复制，翻模复制最大的特点是简便易实施，这种方法只需做出陶器的模具，然后填充填料，等填料干透脱模即可。这种方法虽然简单，但是复制品的质量与文物的差别还是比较大的，同时填料与陶器本身的成分也是不一样的。大多数复制品都是以石膏作为填料，然后在复制品上进行全色。

这两种方法都各有优缺点，操作者可以根据不同的需要进行选择，但无论选择哪种方法都要保证文物的安全，在这个基础上才能实施下一步的工作。

三、陶器的翻模复制实例

此次复制翻模的陶器是一件唐代花纹砖，因花纹砖器形规整、表面纹饰清晰、背部平整，所以可以采用硅橡胶翻模的方法复制。硅橡胶填充性能好，又容易脱模不会影响文物本体，是复制陶器比较理想的选择。

首先，在复制之前要进行一些准备工作，因

花纹砖器形较大,厚度在5厘米左右,所以并没有合适的翻模容器,那我们就选择一块平整的木板作为垫板,并在砖的周围用橡皮泥垒出外范,橡皮泥和砖之间一定要留有2~4厘米的空隙,这样利于硅橡胶的流淌。这个过程中一定要保证橡皮泥和木板之间紧密接触,防止硅橡胶从缝隙当中流出。

其次,要调配硅橡胶翻模,硅橡胶和固化剂要以1:0.03的比例调配,混合一定要均匀。在倒入硅橡胶前要在花纹砖的表面多次涂抹脱模剂,然后慢慢倒入硅橡胶。由于花纹砖的面积较大,在倒入过程中要一边倾倒一边用刷子刷匀,硅橡胶覆盖厚度达到1厘米左右即可。硅橡胶完全固化的时间在60分钟左右,待硅橡胶完全固化之后倒入石膏制作外范,待石膏固化后脱模。

再次,将脱好的模翻过来放在木板上,并将周围的橡皮泥加热一下,使其更牢固地粘在木板上,同时调配好石膏进行复制品的制作,在调配石膏的时候一定要注意不要长时间地搅拌,因为石膏的固化速度还是比较快的,待石膏与水混合均匀倒入模具即可。

此次翻模使用的石膏是医用超硬石膏,它固化后的硬度和花纹砖的硬度最接近,只是颜色的差别比较大,可以通过添加颜料或后期的全色工艺来完成复制品的制作。值得注意的是,医用超硬石膏在搅拌的过程当中会放热,会加速石膏的固化速度,所以石膏粉与水最好采用6:4的比例进行调配,并加入一些矿物颜料搅拌均匀,搅拌时间不宜过长,一旦发现有硬化现象应将调配的石膏弃之,重新配置。

最后,在使用石膏制作的复制品上一定会残留一些气泡和砂眼,可以采用石膏粉进行修补,修补时要使用少量的水稀释,这样才能更接近一体成型的感觉。另外,在后期做旧的时候要注意颜色需接近文物原件,同时残损部分一定要打磨出粗糙感。

陶器在翻模复制之前还需要仔细观察器物表面的花纹情况,如果花纹较细、较复杂,就需要对硅橡胶翻模进行抽真空处理,彻底排除硅橡胶里面的气泡,这样才能更好地还原纹饰的原状。此次复制的陶器属于器形十分规整的长方体,如果是不规则的器形,那么在制作模范的时候就要注意分块进行翻模,这样可以避免出现翻模不到位的情况。

复制一定是一个从简单到复杂的过程,翻模的过程也需要慢慢地积累才能手艺纯熟。在文物保护修复工作中经验是十分重要的,石膏的调配也不是一次两次就能够摸清规律的,所以在实际工作中动手才是根本,只有多积累经验才能更好地完成修复工作。文物的流传对子孙后代的意义十分重大,身为文物医生也一定要尽职尽责。

参考文献

[1] 谢尊虎、曾凡伟等:《硅橡胶性能及其研究进展》,《特种橡胶制品》2011年第2期。

[2] 王海阔:《有机硅橡胶在文物复制上的应用》,《四川文物》1993年第5期。

博物馆藏品资源共享问题探究

兰 梅

（辽宁省博物馆）

博物馆是以教育、研究和欣赏为目的，收藏、保护并向公众展示人类活动和自然环境的见证物，是保护和传承人类文明的殿堂，博物馆收藏的文物资源有着较高的历史、艺术、科学及教育价值。近年来，我国文物工作得到极大的重视，博物馆事业蓬勃发展，各项工作取得了显著成绩。但随着人民群众精神文化需求的日益增长，传统博物馆的服务形式发生了较大改变，博物馆发展面临新的格局。博物馆之间通过藏品资源共享的方式来扩充自身的文物资源存储量，进而全面提升文物保护、研究利用和博物馆公共服务水平，正成为当代博物馆发展的必经之路。将有限的藏品资源进行开放共享，进行充分的研究和利用，让文物发挥出无限的精神文化价值和社会教育价值，促进博物馆行业均衡发展、高质量发展，让博物馆藏品资源造福社会、惠及更多民众，正成为广大博物馆未来努力的方向。

一、博物馆藏品资源共享的重要性

博物馆是体现民族和国家深厚文化底蕴的重要场所，博物馆的藏品资源是国家历史发展的重要见证，人民群众通过观赏博物馆内的文物展品，以及参加博物馆举办的各类文化活动，能够更加真实地了解藏品背后的历史文化，对经济和社会的发展有着不可替代的重要作用。但是，目前我国博物馆资源分布还不均衡，人民文化需求高与资源利用水平低形成一定反差，我国很多博物馆都存在着藏品资源未得到充分开放和研究利用的问题[1]，如何通过博物馆藏品资源共享来促进行业的共同发展，成为当代博物馆实现跨越式发展的瓶颈问题。博物馆之间加强合作交流，在保证藏品及信息安全的前提条件下，藏品资源共享可以有效提升藏品资源的开放和研究利用程度，利用先进的现代科学技术建立博物馆数据资源库，将博物馆内的实物资源转化为数字资源，构建博物馆藏品资源共享机制，将不同地区博物馆的藏品资源进行有效整合，博物馆之间根据自身发展定位及业务需求来进行相互协调，有效拓展博物馆的藏品资源收藏及信息化数据，实现行业共同发展是时代的需求，也是当前博物馆充分发挥藏品资源优势、满足人民群众日益增长的精神文化需求的必然选择。

二、博物馆藏品资源共享存在的问题

（一）藏品资源共享意识不强

目前，博物馆行业藏品资源共享的意识不强，各博物馆属于各自独立的藏品资源管理体系，对于博物馆藏品资源共享的重视度不够，必然会使博物馆发展受限，以及社会影响力受损，导致博物馆的办馆能力及文化产能持续低迷。当前博物馆行业缺乏协同发展的大局意识，博物馆各自为政，博物馆集群、博物馆联盟等新发展形势尚在起步阶段，博物馆实现藏品资源共享、将有限的藏品资源发挥出无限的价值与作用仍然任重而道远。

（二）馆际交流合作不够

目前，我国博物馆总体存在藏品资源分布不均衡、合作交流不够的问题，且藏品资源的开放度不够，研究利用水平也偏低。虽然博物馆之间通过联合举办陈列展览能够公开展示一部分藏品，但能公开展示的藏品数量占馆藏总量的比例仍然偏低，且藏品资源利用手段较为单一，并没有充分利用藏品资源蕴含的独特价值。总体来看，我国博物馆间的合作交流还不够紧密，不够广泛，不够顺畅，不够深入，不同层级的博物馆之间还存在着一定的合作壁垒。虽然部分博物馆已开始探索更多馆际合作交流的方式与渠道，但由于缺乏统一的博物馆藏品资源共享机制，各馆的藏品资源未能被有效地整合共享，馆际交流合作仍然不够深入。

（三）未建立起完备的藏品资源信息化共享平台

博物馆藏品资源共享需要先进的科技手段支撑，但现阶段我国博物馆藏品资源共享相关应用技术较为落后，尚未建立起完备的藏品资源信息化共享平台。目前文物保护技术与安保技术仍然存在不足之处，导致博物馆文物库房内的相当一部分藏品资源不能进行展览展示与研究利用，只能被封存起来进行保护，很大程度上影响到藏品资源作用的发挥。随着信息技术的发展，博物馆藏品资源数字化建设与共享是必然趋势，但由于缺乏统一的规划与建设标准，建立完备的藏品资源信息化共享平台，实现博物馆所有藏品资源的数字化开放共享仍存在很大困难，严重影响我国博物馆藏品资源共享工作的开展。

三、博物馆藏品资源共享的有效途径

（一）加强政策法规支持，提高藏品资源共享意识

十八大以来，党中央在领导党和人民推进治国理政的实践中，把文化建设摆在全局工作的重要位置，以习近平同志为核心的党中央高度重视博物馆事业的发展，先后出台了中共中央办公厅、国务院办公厅印发《关于加快构建现代公共文化服务体系的意见》（中办发〔2015〕2号）、《国务院关于进一步加强文物工作的指导意见》（国发〔2016〕17号）、中共中央办公厅、国务院办公厅印发《关于加强文物保护利用改革的若干意见》（2018年10月8日

印发）、国家文物局印发《关于促进文物合理利用的若干意见》（文物政发〔2016〕21号）[2]等一系列政策。2021年，国务院办公厅印发《"十四五"文物保护和科技创新规划》（国办发〔2021〕43号）提出"探索建立行业博物馆联合认证、共建共管机制""提升博物馆藏品管理能力""完善藏品数据库，加大基础信息开放力度"。文化和旅游部、发展改革委、财政部联合印发《关于推动公共文化服务高质量发展的意见》（文旅公共发〔2021〕21号）提出"推动公共图书馆、文化馆、博物馆、美术馆、非遗馆等建立联动机制，加强功能融合，提高综合效益"。中央宣传部、文化和旅游部、国家文物局等九部委联合印发《关于推进博物馆改革发展的指导意见》（文物博发〔2021〕16号），进一步阐明要"坚持开放共享。营造开放包容的发展环境，通过区域协同创新、社会参与、跨界合作、互联网传播等方式，促进资源要素有序流动"。在党中央各项政策的有力引导下，我国文博事业显现出空前繁荣的大好局面。

随着博物馆事业的不断发展，需要政府进一步加强顶层设计，加强政策法规支持，提高博物馆行业藏品资源共享意识。博物馆也需结合政府出台的相关政策来不断地加强内部制度和组织建设，充分发挥政策引导作用，推动博物馆藏品资源共享工作稳定有序的进行。以辽宁省博物馆为例，近年来，辽宁省博物馆认真学习和贯彻国家出台的相关政策法规，并结合自身发展实际制定了《辽宁省博物馆馆藏资源授权管理办法》《辽宁省博物馆文物保护工作管理办法》《辽宁省博物馆馆藏文物对外出借办法》等多项制度，积极与国内外多家博物馆、美术馆、非遗单位建立联动机制，整合馆藏资源，促进藏品等资源共享，实施"博物馆+"战略，加强馆校、馆企跨界融合，发挥博物馆"大学校""保护和传承人类文明的殿堂""连接过去、现在、未来的重要桥梁"作用，近五年来接待中外观众600余万人次，线上线下文化活动参与观众1000余万人次，接连获得国家级、省级多项大奖。2020年度在"全国博物馆海外综合影响力"和"综合类博物馆综合影响力"榜单中，辽宁省博物馆分列第七和第六。"又见大唐""又见红山"展览入选2019年度辽宁文化十大高频词；"又见大唐""又见红山""唐宋八大家主题文物展"被写入《辽宁省第十三次党代会报告》；"和合中国"展览被写入《2023年度辽宁省政府工作报告》。在国家政策法规的有力支撑下，在地方各级文物部门的统筹规划下，博物馆藏品资源共享意识定将不断提高。

（二）加强馆际交流合作，构建藏品共享机制

1.加强馆际交流合作

博物馆之间的合作交流是实现藏品资源共享的重要途径。单个博物馆藏品资源往往都是有限的，想要推动博物馆行业实现高质量发展，需要不断整合馆内资源，促进馆际交流合作更加广泛、紧密、深入，充分发挥大馆的龙头示范引领作用，科学利用互联网技术，积极探索博物馆集群、博物馆联盟、结对帮扶博物馆等合作形式，进一步提高藏品资源利用率，构建更多内涵丰富、持续更新的陈列展览体系，推进更深入的社会教育活动、学术研究及文创研发利用，共享博物馆优质藏品资源，共同促进文博事业持续发展，充分发挥博物馆以人民为中心、为人民服务的社会功能。

近年来，辽宁省博物馆持续加强馆际交流，在藏品资源方面与故宫博物院、中国国家博物馆及国内各省份博物馆、美术馆建立交流合作机制，接连举办了"又见大唐""又见红山""唐宋八大家主题文物展""三燕文化考古成果展""和合中国"等多个现象级大展，让更多的藏品资源走出库房、走上展线，让文物流转起来。其中，"和合中国"展览与南京博物院、陕西历史博物馆、新疆维吾尔自治区博物馆等22家文博机构合作借展，共展出400余件文物，是辽宁省博物馆史上规模最大的特展。全国各地的藏品资源汇聚辽宁省博物馆，共同讲述了中华文明天人合一的生态观、博大厚重的家国情怀、交流互鉴的丝路故事、古今合璧的奥运故事、一起向未来建功新时代的美好愿景等，精准诠释出"和合"文化所蕴含的宇宙观、天下观、社会观、道德观，充分展示了加强馆际交流合作、促进藏品资源开放共享所赋予一个成功展览的巨大能量。"和合中国"展览荣获第二十届（2022年度）全国博物馆十大陈列展览精品推介活动精品奖。辽宁省博物馆"构建展览叙事体系 用心用情用力讲好中国故事"项目入围国家文物局首届文物事业高质量发展案例遴选推介活动"文物事业高质量发展案例推介名单"，是辽宁省博物馆践行"创新、协调、绿色、开放、共享的新发展理念"在文物工作中的典型应用，辽宁省博物馆从藏品资源、展览策划理念等多个维度进行了共享与创新。辽宁省博物馆连续四年入围全国博物馆十大陈列展览精品推介活动终评会，"唐宋八大家主题文物展"荣获第十八届（2020年度）全国博物馆十大陈列展览精品推介活动精品奖，"又见大唐""三燕文化考古成果展"分别荣获第十七届（2019年

度）、第十九届（2021年度）全国博物馆十大陈列展览精品推介项目优胜奖。"唐宋八大家主题文物展""中华传统文化教育展""永恒的雷锋"等展览入选"弘扬中华优秀传统文化、培育社会主义核心价值观"主题展览推介项目。在加强馆际交流合作，促进藏品资源共享，让文物活起来等方面辽宁省博物馆进行了积极的探索，并取得了一定的成果。

2.构建博物馆藏品资源共享机制

全面的博物馆藏品资源共享机制可以对不同博物馆资源进行更加有效的管理、整合和利用。博物馆之间藏品资源的互通互联，需制定以藏品资源共享平台为核心、以协调管理机制为根本、以对博物馆藏品资源进行安全规范管控为重点的科学合理的博物馆藏品资源共享机制。应该在地区内针对所有的博物馆建立统一的共享协调管理工作小组，以该工作小组为中心策划区域性博物馆分工合作计划，根据不同博物馆的应用需求对所有的藏品资源进行合理分配利用，既要保证博物馆藏品资源的归属权益，又要尽可能地提高藏品资源的利用率，通过博物馆藏品资源共享机制来加强各个博物馆之间的联系，并明确各博物馆的职责、权利与义务，最大程度提升博物馆藏品资源的共享综合效能。

以长三角博物馆协同发展机制为例。《关于推进博物馆改革发展的指导意见》中提出要"统筹不同地域博物馆发展"，配合"长三角一体化发展"等国家重大战略，"加强博物馆资源整合与协同创新"。在国家长三角一体化的战略背景下，长三角博物馆协同发展机制应运而生，2019年长三角三省一市文物局共同签署了《长三角地区推动文物博物馆一体化发展战略合作框架协议》，陆续成立了"长三角文化和旅

游联盟""长三角博物馆教育联盟""长三角红色博物馆合作联盟"等多个协同发展联盟[3]，将博物馆的藏品等资源进行全方位、立体化统筹与共享，为促进区域文旅融合、带动经济发展作出了不容小觑的贡献。

国内其他地区博物馆也在藏品资源共享方面进行了有益的探索。2017年，由中国博物馆协会、中国丝绸博物馆等多家博物馆成立了丝绸之路国际博物馆联盟，积极推动丝绸之路沿线国家和地区之间的博物馆开展资源共享与交流合作。2018年，京津冀三地文物局与部分在京中央部属博物馆联合签订了京津冀博物馆协同发展合作协议，加强三地博物馆藏品资源的整合利用与开放共享。2019年，黄河流域九家博物馆联合成立"黄河流域博物馆联盟"，坚持合作共享，实现黄河流域博物馆的共同发展、共同繁荣。同年，中国文物交流中心以"让文物活起来、让博物馆连起来"为目标，牵头成立"文博文创馆线平台联合体"。近年来，辽宁省博物馆一直在积极推动与吉林、黑龙江、内蒙古三省一区博物馆联盟建设。2023年举办"东北三省一区博物馆高质量发展研讨会"，发布《东北三省一区博物馆联盟宣言》。2023年"东北三省一区科普场馆联盟""沈阳现代化都市圈博物馆联盟"成立，"沈阳现代化都市圈博物馆联盟"的31家博物馆、纪念馆共同推出首展"七星合耀——沈阳现代化都市圈历史华章展"。

（三）加快推进博物馆藏品资源信息化共享平台建设

随着计算机、人工智能等技术的不断革新，先进科技在博物馆领域中也有了广泛的应用。博物馆要加快推进信息化建设，应当由国家文物系统统一部署，由地方文物局牵头，建设博物馆藏品资源信息化共享平台，有效实现博物馆藏品资源的共享，促进文博行业的均衡快速发展。藏品资源信息化共享平台的构建，将有利于扩充单体博物馆馆藏资源、拓展服务领域、提升资源利用水平，有利于支持各馆陈列展览、学术科研、社会教育及文创产品研发工作的开展，提升藏品数字资源利用率[4]，在降低博物馆藏品管理成本的同时，又突破时空限制，为各博物馆及广大观众提供研究及参观的便利。在进行博物馆藏品资源数据库建设过程中，要注意遵循实用型、规范化、标准化的原则，各个博物馆共同建设标准统一的信息资源数据库，通过联合存储、联合编目、联机检索、共同开发等方法来不断完善文物藏品资源共享体系。通过信息资源数据库可以实现数字化藏品资源的存储、检索、查询、利用等，各个博物馆能够根据自身的权限和需求，对信息资源数据库中存储的数字化藏品资源进行提取与利用，进一步提升博物馆藏品资源的利用水平。

2001年，国家文物局开始实施"文物调查及数据库管理系统建设项目"，全面梳理全国馆藏文物资源，科学规划馆藏文物的保护与利用，不断提高馆藏文物管理水平[5]。2012年，由国务院统一领导开展第一次全国可移动文物普查，建立了全国可移动文物信息登录平台和数据库，以期实现全国文物信息资源的整合利用和动态管理。2019年，国家文物局印发了《博物馆馆藏资源著作权、商标权和品牌授权操作指引（试行）》（文物博发〔2019〕14号）条例[6]，旨在促进博物馆有序开放文物资源信息，促进社会各界合理利用文物资源，博物馆数字资源开放共享步入规范化阶段。

在各方的共同努力下，全国博物馆藏品资源信息化建设工作全面展开，近年来陆续建立了"北京市博物馆大数据平台""苏州市文物资源大数据平台""吉林省数字博物馆在线服务平台"[7]等多个博物馆藏品资源相关数据平台。以南京博物院为例，南京博物院将第一次可移动文物普查数据进行成果转化和实际应用，探索建立藏品信息网络共享平台：一是建立博物馆内部的藏品信息网络共享平台，促进藏品信息在陈列展览、社教活动及文创产品开发等重要职能中发挥积极作用。二是建立馆际交流的藏品信息网络共享平台，建立江苏省藏品信息网络共享平台，促进省内博物馆开展藏品资源开放共享。三是建立面向公众开放的藏品信息共享平台，最大限度发挥文物数据资源的社会效益，践行博物馆以人为本、为人民服务的终极目标[8]。南京博物院通过探索建立博物馆藏品信息网络共享平台，让藏品数据资源逐步走向共享和开放，实现高效利用，发挥了博物馆的社会效益。

四、结　语

博物馆连接历史与现实，面向大众、面向未来，是城市和国家的文化符号，承载了丰富的文化内涵。博物馆藏品资源共享是传承中华优秀传统文化的需要，是改革发展的需要，也是推动我国博物馆全面高质量发展的重要路径，藏品资源共享可以使藏品资源得到更加充分的利用，对精神文明建设和社会发展有着重要意义。通过加强政策引导、加强馆际合作交流、

建立博物馆藏品资源共享机制、加快博物馆藏品资源信息化共享平台建设几方面来实现藏品资源共享，建立长效联动合作机制，以期达到充实馆藏文物数量、弥补单个博物馆资源不足、优势互补、提升博物馆藏品资源利用率等效果，加强联合协作，实现互利共赢，不断满足人民群众的精神文化需求，推动博物馆实现合作共享和共同发展的远期目标。

展望未来，博物馆发展仍需顺应时代潮流，更好担负起新的文化使命，将博物馆事业主动融入城市与国家经济社会发展大局，充分利用互联网技术实现博物馆多元化共享局面，探索搭建博物馆云服务平台，构建博物馆智慧协同应用程序，将藏品资源、展览陈列、文物保护、教育活动、学术研究、文创开发等多方面资源进行整合共享。通过多种形式充分研究开发利用藏品资源，实现高效共享发展局面，为全社会提供更高质量、更多元化的文化服务，推动中华优秀传统文化创造性转化、创新性发展，更好地走向世界。

参考文献

［1］李姣：《我国博物馆藏品利用效率研究》，西北大学博士学位论文，2021年。
［2］国家文物局博物馆与社会文物司（科技司）：《博物馆工作手册》，科学出版社，2021年，第49～93页。
［3］郑奕：《长三角博物馆协同发展机制研究》，《东南文化》2022年第2期，第6～14，191，192页。
［4］刘爱琴、于贾燕等：《基于数字资源共享的三馆协作平台构建》，《图书馆学研究》2017年第8期。
［5］《文物调查及数据库管理系统建设项目取得重要成果》。
［6］《博物馆馆藏资源著作权、商标权和品牌授权操作指引（试行）》。
［7］李晨、耿坤：《关于博物馆数字文化资源开放机制建设的讨论》，《中国博物馆》2020年第2期。
［8］王茜：《博物馆藏品信息网络共享平台建设的探索与展望》，《中国港口》2018年S2期。

畅游"动物世界" 开发"多元智能"
——河北博物院"博物馆里的动物世界"项目的探索

刘卫华

（河北博物院）

博物馆，公众的文化乐园；儿童，蓓蕾初绽的花朵。在博物馆里，孩子们活泼的身影显示了生机与活力；对于孩子，幼儿时期在心灵间播撒的种子会在成年后并出璀璨的花。与博物馆的亲密接触，为孩子们打开了一扇通往美好世界的大门。因为有文化的浸染、艺术的享受和文明的熏陶，孩子们认知世界的方式、思考问题的角度会很不一样。

当前博物馆的绝大多数展览及其他服务项目都是针对学龄以上的受众开办的，但学龄前的孩子们也是重要的观众群体，他们的世界与成人是不同的，他们的知识水平、认知方式和参观博物馆的方式都独具特色。很多孩子喜欢在父母的带领下去博物馆，河北博物院也吸引了众多的小观众。但是，看着那些兴奋的孩子，我们是不是可以想一想，他们在博物馆度过的这段时间有什么收获？博物馆的展览、文物对他们小小的心灵有多少触动？

如何让高冷神秘的文物变得亲切可爱，如何让孩子们爱上博物馆，是博物馆面临的重要课题。尤其是对那些学龄前的儿童，博物馆如何架构与他们沟通的桥梁？这是一个简单而又难解的问题。从心理学的角度看，儿童阶段包括学龄前儿童和学龄儿童，二者的心理特点和认知水平很不相同。学龄前儿童对博物馆充满了好奇，但是因为年龄、思维水平、认识水平、语言水平等限制，他们认识博物馆、认识文物的角度是不同的，必须有专门的教育项目。近年我国博物馆针对青少年开发的教育项目非常丰富，但是结合学龄前儿童的规范性教育项目相对较少。

博物馆作为公众文化乐园，要能为各种类型的观众做好服务。尤其是要能主动适应孩子们的需求，结合儿童的认知特点开展具有实践探索意义的教育项目，以科学理论为指导，有计划、有系统、有步骤地设计和实施儿童教育项目，从最基础的环节做起，突出专业性和规范性。像学步的孩子，脚步很慢，但却独立行走、步步向前。

河北博物院新馆开放以来，在儿童教育项目的开发方面进行了不懈的努力，"博物馆里的动物世界"是针对学龄前儿童的一个具有代表性的项目。这个项目从2014年开始尝试，从不太成熟的蹒跚学步一路走来，经历了一个漫长的探索过程，也有了丰富的收获。

一、认识儿童心理特点，做好内容定位

"博物馆里的动物世界"项目，是针对3~6岁的儿童，基本是幼儿园阶段的小朋友。3~6岁的儿童智能发展刚刚跨过模仿阶段，开始掌握一定的初级符号，如句子、歌声、数字等，注意力不易长时间集中，非常容易被新奇的事物吸引。根据这一时期儿童的心理特点，结合博物馆现有的资源优势，决定开发"博物馆里的动物世界"项目。兴趣是影响儿童学习积极性的重要因素，幼儿都比较喜欢动物，河北博物院展出的文物中，有很多动物造型。尤其是"战国雄风——古中山国"和"大汉绝唱——满城汉墓"展览中，动物造型种类丰富、姿态各异、栩栩如生。

确定"博物馆里的动物世界"项目主题后，教育人员精心选择了铜羊尊灯、豹形铜镇器、错金银虎噬鹿铜屏风座、错金银四龙四凤铜方案座、熊足铜鼎、鹰柱铜盆、鹿形铜饰银首人俑铜灯等具有代表性的动物造型青铜器，并根据动物造型的特点分类确定教育主题，最终确定了4个主题单元："猛兽历险记""神兽幻想记""萌'物'总动员"和"人与动物'缘'"。

"猛兽历险记"突出老虎、雄鹰等造型的动物，让孩子们认识凶猛的动物；"神兽幻想记"让孩子们了解龙、凤、双翼神兽等具有神秘色彩的动物；"萌'物'总动员"让孩子们了解羊、鹿、小熊、小豹子等呆萌的动物；"人与动物'缘'"，通过文物中人与动物的关系，让孩子们了解人与动物如何和谐相处。项目内容结合动物造型文物，融合不同类型的主题单元，将参观、探索、思考、问答、交流、动手、音乐、美术等相结合，并以亲子活动的形式进行，丰富的内容有利于幼儿智能的多元化发展。

二、以科学理论为指导，完善课程设计

"博物馆里的动物世界"项目内容设计，借鉴了美国著名心理学家、教育学家霍华德·加德纳（Howard Gardner）提出的多元智能理论（Multiple Intelligence Theory）。他认为人的智能由语言-文字智能、逻辑-数理智能、视觉-空间智能、音乐-节奏智能、身体-运动智能、自我-自我认知（内省）智能、人际-人际交流智能、观察-自然观察智能和存在智能构成。人类的多种智能并不是孤立存在的，而是一个协调统一的整体，其中有强势智能，也有弱势智能，各种智能之间也会产生制约和影响，将人类的多种智能作为一个相互联动的整体，合理地使用和调动，才能发挥多元智能理论的真正价值。而且，智能的发展过程是不平衡的，有的智能在较早的时候不会表现出来，有的到了成年后或更晚些时候才会表现出来，因此在儿童时期，任何一种智能都是不能"抛弃"的。儿童的优势智能的充分发展有赖于环境和教育的影响，个体的优势智能潜力只有在有目的、有组织的教育活动的激发下，才能得到最大化、最优化的发展。

儿童智能多元化理念启发博物馆儿童教育项目要注重智能发展的多元性。教育活动不仅要以文物的外在造型、纹饰等来发展儿童的视觉-空间智能，或以讲解、交流来发展儿童的语言-文字智能，还要考虑以丰富的形式和方

浅论红色文物在陈列展览中的有效运用

王晓玲

（湖南省益阳市博物馆）

习近平总书记对革命文物工作作出重要指示，革命文物承载着党和人民英勇奋斗的光荣历史，记载着中国革命的伟大历程和感人事迹，是党和国家的宝贵财富，是弘扬革命传统和革命文化、加强社会主义精神文明建设、激发爱国热情、振奋民族精神的生动教材。习近平总书记强调，加强红色文物的保护利用，弘扬革命文化、传承红色基因，是全党全社会的共同责任。与此同时，新时代党和国家事业的发展，迫切需要加强红色文物资源整合、统筹规划和整体保护，迫切需要深入挖掘红色文物的价值以及阐释传播形式，从而服务大局、资政育人、推动社会和谐发展。而地市级博物馆作为红色文物的传承和守护者，如何运用其自身特点来更好地阐释红色文物的价值，是值得我们研究的问题。

一、红色文物现状

红色文物指中国共产党领导广大劳动人民群众在长期的革命斗争与建设实践中形成的新中国特有的文化表现形式，是无数革命先辈智慧与生命的凝结，是新中国发展的宝贵财富。就地市级综合博物馆而言，红色文物在其收藏品中一般比重偏低，以益阳市博物馆为例有各类文物2万余件，列入藏品17000余件，而红色文物仅有4233件，定级的红色文物135件，所占比重仅为21.16%。而地市级博物馆的常设展览定位更偏重历史文物、民俗文物、人物专题等方面，所以在综合类博物馆中这些红色文物通常就只能藏在库房而很少有机会展出。

二、红色文物在展陈中存在的问题

红色文物大都是革命斗争时期遗留下的宣传品、武器、生产生活用具、货币股票等珍贵文物，将馆藏的红色文物展示好、宣传好是博物馆的职责使命，但就现状而言此项工作还有很大的提升空间。

（一）红色文物的保护力度不够

一件红色文物，就是一座丰碑。而这些丰碑大多以陈旧受损的实物形态展现，以益阳市博物馆为例，馆藏的红色文物大多为纸质资料、书籍杂志、武器、生活用品、杂物等，在文物年代划分中属于近现代文物。由于文物保护工作受资金及观念的限制，这些红色文物自入馆以来就一直存放在库房中，没有开展过系统的修复，年深日久，必然会出现不可抗逆的损坏。如大革命时期长江协会用过的铁梭镖，为益阳市博物馆所藏的三级文物，反映了当时革命斗争的时代背景。然而因保存不当，出现了锈蚀残缺现象。此外，馆内的纸质类红色文物破损问题也普遍存在。

（二）红色文物展陈方式简单

革命历史类博物馆所办展览因政策支持大都质感精良引人入胜，这是文博界的重要财富资源。但地市级博物馆中的革命文物展因自身资金有限，大多以粗放式的临时展览呈现，多为图片加文字介绍，展览中穿插文物陈列，简单地向观众展示了当时的历史时代背景。如益阳市博物馆之前办过的"益阳人的抗战展览"就是围绕抗战胜利75周年，歌颂益阳人民伟大的抗战精神，并通过图文版面、军帽、武器等简单的几件红色文物支撑起整个展线，可这些文物的获取途径、制作方式及背后的故事等情况在展览中介绍甚微，观众不免看得有些云里雾里，更不可能引起观展后的心灵共鸣。

（三）展览感悟空间的断点

大家普遍认为，通过红色文物将某一段革命历史直接讲述出来，或者将革命者的艰辛与不易如实直观地反映出来，就是一个完整的展览。因此在展览内容设计上将革命者不畏生死、大义凛然的英勇事迹作为展陈的主要方向。这

种单一性的展陈思维，不能根据当今的时代特征作出调整，不能适应不同领域、不同年龄和不同文化层次观众的爱国教育需求，致使大众出现观展感悟上的断点，也造成了他们对历史和当下没有进一步的反思。现在的年轻人大多沐浴着共和国的阳光、在美好的歌声中成长，没有经历过贫穷与战争，面对革命斗争时期穷苦大众命运的颠沛流离，偶尔会感觉到有些遥远。即使在展览中增设了感悟空间，也大多以播放口述史、幸存者访谈和故事片剪辑、引入入党宣誓环节等，这些方法只是短暂引领参观者进入静默状态，观众对红色历史的观感也仅停留在表面，不能很好地将思想感悟融入展览中，从而实现不了思想教育升华的目的。

三、提升红色文物展陈效果的建议

展览的最终受众为观众，以人为本，确立体验的陈列设计理念，让观众了解和认知红色革命文化，直接参与并成为体验的主体，造就一种难忘的感觉，从中吸取自己所需的知识，亲身感受革命文物诞生的历史环境、人工环境，追思老一辈无产阶级革命家的革命精神与崇高品质。现对博物馆提升红色文物展陈效果提出如下建议。

第一，提升展览内容的准确性，坚持有址可寻、有物可看、有史可讲、有事可说，着力策划打造主题突出、导向鲜明、内涵丰富的革命文物精品陈列展览，做到见人见物见精神。因此地市级博物馆要建立展陈内容和解说词审查制度，按照意识形态工作责任制要求，让宣传、文物、党史文献等部门把好政治关和史实关，而博物馆在坚持展览内容真实性的同时，

还需注意增强展陈说明和讲解内容的准确性、完整性、权威性，反对历史虚无主义和文化虚无主义。例如，益阳市博物馆举办的"启航复兴路迈进新征程——益阳百年历史红色文物展"，从接到展览任务到展出只有一个半月时间，为保证历史的严谨性，经益阳党史办、宣传部等部门多次审核、校稿、改稿，才最终定下展览内容。时间虽紧迫，博物馆的策展人员依旧抱着疑史从无的原则，对于没有亲历者回忆文章或文献支持的史实，都没有收录进展览，整个展览做到了符合史实。

第二，以展览创新助推革命文物"活"化。如何提升革命文物的吸引力？如何打破革命文物展览沉闷的观感？如何让观众自愿走入博物馆参观红色文物展览？以上问题对于博物馆策展人而言一直是个技术性难题。在这里笔者想到的是在展览中运用虚拟现实技术与"沉浸式"游戏体验两者相结合，以展览创新助推革命文物"活"化。

虚拟现实技术（简称 VR 技术）是一项广泛应用于众多领域的高新技术，包括计算机、图像生成与显示、传感器、测控、通信、多媒体、人工智能技术和软件工程等，形成一个综合的系统技术群。通过 VR 技术可以突破展览空间与时间的限制，也更能突显展览的本质，即文物及历史展示功能。利用虚拟现实技术能让世界各地的人们直接观赏，不用必须到展览现场观看。历史年代的原因致使博物馆中有部分红色文物很难再修复好，借助虚拟现实技术可以再次呈现文物的全貌，也能更好地分享和保护这些文物。在"互联网＋"的新形势下，将虚拟现实技术运用于红色文物展览也是与时俱进、顺应潮流的体现。益阳市博物馆一

直开发有"益阳·印象数字博物馆"，其展示是采用历史与现代元素、视频与音频相结合，以图片为主、文字为辅，通过3维、2.5维和2维等技术手段，整体呈现印象风格的展览。当然，馆藏的革命文物也可以通过技术手段收入到数字博物馆的展览里，使观众看到的不再是单一的红色文物，而是文物藏品组合的相关故事，这也是展现益阳红色文化不同视角的最直观呈现。

但是，我们也必须承认虚拟现实技术是抽象的，是看得见摸不着的，虚拟展中的文物模型欠缺直观的真实性，使游客观展时缺失沉浸感，或存在在虚拟中过分追求高技术，而忽略了红色文物本身内涵的现象。这使我们在展览中又想到引入另一种新的展陈模式，即真人"沉浸式"游戏体验。这种游戏体验类似于现在流行的真人"密室逃脱"游戏。"密室逃脱"源自欧美，是一种益智类冒险真人体验游戏，一般由2～6个玩家一起进入某个空间，然后上锁。在规定的时间内，玩家们寻找线索，解开谜题，打通关卡，从密室逃出。例如扬州中国大运河博物馆推出的"大明都水监之运河迷踪"展览单元，设置角色扮演的互动游戏，借由可视化技术与沉浸式交互体验等媒介主导，以"寓教于乐"的方式提高青少年对大运河的认知，立体化、多方位地探索博物馆的展陈宣传功能。又如，益阳市博物馆新馆就专门设置了观众沉浸式游戏体验区，观众通过参与展出的"文物魔屏互动"、"三国群英绘"AR换脸和"文物考古小游戏"等多项沉浸式互动游戏，了解到文物的发掘过程、益阳的历史由来，也进一步扩充了展览内容。游戏一经推出就引起了不小的轰动，观众甘愿排着长队等待，只为体验一次博物馆游戏。当然，这样的展

览形式更容易让观众接受与记忆，游戏已被赋予了"教育"的意义。试想一下将这种游戏模式融入红色文物的展览中，如根据红色文物背后的故事设定一个特殊的游戏环节，背景可以是某个地下革命者遗留的重要信件或情报，游戏参与者需解谜通关把革命情报找到，再配合游戏过程中的音乐特效，让观众"身临其境"地感受到革命时期的战火纷飞，也会让参与者更加珍惜和平年代的来之不易。沉浸式游戏体验有着时间性、压力感、专注感的特性，正是这种特性能打破革命文物展览的沉闷感与距离感，更能增加展览的参与性与独特性，吸引了不愿花时间看展的年轻人主动走进博物馆。

第三，提炼红色文物的精神力量。红色文物反映的是一定历史时期的革命精神，与社会主义先进文化一脉相承。博物馆、纪念馆作为红色文物的传承与保护者更应以讲好红色故事、传承红色基因、打造文化高地为己任，不断提炼红色文物的精神力量。如全国爱国主义教育基地段德昌生平业绩陈列馆，以共和国一号烈士为主题，一代名将段德昌生平事迹为主线，依托红色文物与史料资源，创新展陈方式，集中展示了段德昌浴血奋战、顽强斗争的一生，也宣传了益阳早期共产党人为了挽救民族危亡和实现革命理想，虽洒尽碧血却不忘初心的一腔爱国情怀。

正值红色之风劲吹，以文物带动文旅，提炼红色文物的精神力量。益阳市着力打造"红色益阳"形象，推出了5条红色旅游精品路线，

文旅融合发展的格局加速形成。如德昌公园、厂窖惨案纪念馆、湖南最早的农村党支部金家堤红色教育培训展览和毛泽东青年游学的安化培英堂、马迹战役纪念馆、益阳丰堆仑革命旧址等场馆，都有着丰富的红色文物，通过红色旅游打造"红色名片"，增强了大众的自豪感与荣誉感，从而也激发了全民爱护文物、保护文物的热情与积极性。也让更多的人了解中国共产党和中国人民的革命历史和奋斗历程，重新认识革命历史文化遗产的价值，激发民众工作与生活的热情。

四、结束语

红色文物凝结着中国共产党的光荣历史，展现了中华民族英勇奋斗的壮丽篇章，博物馆人更是要做好红色文物的保护、宣传、利用工作，不断深化文物价值的挖掘、利用与创新，让红色文物在新时代焕发不一样的光彩，成为爱国主义教育和革命传统教育的源泉，让红色文物凝结的"红色基因"融入中华民族的精神血脉。

参考文献

[1] 况扬、陈明辉：《虚拟现实技术在红色文物保护方面的应用研究》，《科技广场》2016年第7期。
[2] 卢世主、朱昱：《革命文物保护利用研究的现状与进展》，《江西师范大学学报（哲学社会科学版）》2020年第6期。
[3] 王高：《提升红色文物展陈效果的再思考》，《遗产与保护研究》2018年第12期。

博物馆如何吸引网络社群的研究

戴维康

（上海博物馆）

社群和社区（community）的概念是博物馆和社会组织中较为流行和常用的定义。尽管有些专家认为这种概念应用在博物馆领域是"毫无意义的表达"[1]，而且非常模糊难以被人理解[2]。通常而言，博物馆的社区概念既有线上也有线下，同时包括一部分重叠的人群，既是线上也是线下。本研究主要针对博物馆的线上人群，需要解释复杂的线上社区人群组成，因为博物馆人群具有动态性和多样性的特点。近些年，博物馆的角色呈现多样化和多重身份性，需要积极促进公众和目标观众的互动。目前，在数字化和互联网技术的帮助下，互动的形式和效果得到了加强和提升。回顾技术的发展，更容易去理解社区人群的需求和变化。例如：应用数字化工具提供信息导向服务。在技术的帮助下，博物馆通过提供个性化定制服务给线上的群体，并且分享博物馆原本的权威性和话语权给线上群体。总的来说，博物馆在处理与线上社区的群体之间关系时，需要使用全新的视角去理解和互动。

一、博物馆线上群体有多重身份

理解线上群体的身份需要认知每一个个体。根据自我认知理论，自我认知是系统工作的产物[3]。这看似很矛盾，因为个体的独特性使群体的身份认同和认知成为一个复杂的过程。如博物馆线上群体不仅仅是浏览某个特定博物馆，而是有几个博物馆的选择余地，更多的是他们既浏览线上展览也参加博物馆线下的活动。所以可以归纳为，这样的群体既是线上的，也是线下的，同时两者存在皆有的属性。除此之外，博物馆的网站也并非唯一的平台提供这些线上群体互动和交流的地方，博物馆有许多其他空间和平台可供观众进行内容分享和交流，例如当下流行的社交媒体，既有文字输出型、图片分享型，还有短视频类型。总的来说，线上群体在线上博物馆可能比线下博物馆更具包容性，更多的博物馆相关文化信息在其上分享。当然这种状况也可能发生相互转换。

国际博物馆联盟ICOM定义博物馆是必须尊重和服务于社区群体，并且要尊重他们的权利和利益。线上群体应该是有能力找到他们共同的兴趣点和知识点从而在网上建立自己的社交。所以说，这样的群体是可以超越博物馆和机构的边界，即非指定或特定的博物馆观众群体。正因如此，博物馆群体是无法根据地域或者区域来定性和认定身份的，因为人们并不是仅仅关注同一个博物馆。在全球化脚步的推进下，人们在世界各地旅行和探索，身份的切换和回归是快速和寻常的。因此，将博物馆群体定义为某些具体的、固定的群体是不现实的。而且在数字化技术的快速发展、5G 技术的全面引入、智能化博物馆快速建设的文化大发展的背景下，人们完全不受地点甚至时间的限制，可以快速进入和链接入任何博物馆，所以人们会有更广阔的视野和角度。

更具体地说，互联网的确提供了线上群体拓展到全球范围的机会，而且成本低廉，形成了一个庞大的虚拟社区。这样的群体身份是复杂的，既有专业人士，也有业余观众，继而打破了专业与业余直接的交流隔阂。通常这些群体是匿名的，不同背景、性别、年龄和受教育程度。他们既有共同的喜好，也有分享知识和创造知识的权利与能力，这样的群体特征虽然有界限，但更是建立学术界和普通民众之间的桥梁，使他们有机会探索和塑造新的知识和信息。如：国外博物馆的例子，内容是将博物馆的网站作为教师和学生的学习工具，为学生和教学班级提供具体的教案和方法，学生可以轻松使用这些信息完成与老师之间的互动[4]。

二、理解博物馆线上群体的需求

引用一个英文词汇"cyberself"，这是源自自我差异理论[5]的一个概念。这个词汇的意思即是由其他人认定他或她在虚拟社区中拥有的个人属性。这种属性和身份是需要社区成员确认和认可的。他们的这种认同与线下博物馆参观的身份并不相同，线上可以获得更多互动、个性化和自动识别身份的能力。在网上他们有更多的需求，关注于互动性，信息多元化。此外，他们更可能需要网络的言论自由和相互交流的自由程度，便于分享知识和兴趣爱好。所以如果博物馆可以建立一个基于网站形式的交流平台，供大众与专家互相交流，那么将解决一些博物馆社区生态化的问题。

三、信息个性化与定制化

随着网络的普及，线上观众的数量骤增，最基本的问题是，这些观众如何知道自己可以访问哪些网站来获取自己想要的信息？可能需要如博物馆线上百科指南、搜索引擎等功能的帮助。但是也有不少博物馆爱好者并非精通搜索功能，他们可能需要更精准的、更科技的大数据帮助，筛选出精确的信息推送给他们，供他们观看和学习。所以博物馆应该有能力使用大数据功能为这些网络群体提供帮助。

比较有趣的现象是线上社交媒体，例如我国的新浪微博，以及国外的 Facebook（脸谱网）、Instagram（照片墙）和 Twitter（推特）等平台。各大博物馆相继在这些平台上开启了自己的官方账号，成为一个共享信息和个性化信息分享的平台，可以吸引许多感兴趣的受众群体，并适当提供定制性的消息推送等服务。这样的个性化功能是可以提高博物馆线上社群的应用价值，从而形成一个巨大的、有用户黏性的社群。社交媒体不仅是分享信息的平台，也是举办活动增强线上观众参与的通道，建立组织与群体之间的深度参与和合作。这种交流并不是单方向的发展和交流，它是一种多元的、富有创造力的一个空间，这种形式是线上博物馆社群的一种生态系统，可以实现自我刷新，可以共享知识，还可以积极创作在线博物馆环境的内容。

四、与大众分享知识与话语权

博物馆作为文化机构，不仅要保持文化与学术的专业性，还应该为自己的目标群体提供一个话语的空间。数字化技术的确是不错的选择，为观众和博物馆提供了安全和稳定的视觉与讨论空间，可以接受更多的不同意见，甚至冲突。罗斯提出，社交媒体的引入和快速发展，挑战了传统博物馆的理解，因为博物馆过去是拥有不可挑战的权威，但现在公众的参与可能改变了过去[6]。有个外国的案例是：普通大众与博物馆专业人士的合作推进了博物馆行业的发展[7]。观众在现在这个时代，似乎拥有了更多话语权，在线上可以讨论和批判博物馆的藏品，同时分享观点可能会影响到博物馆的名声。例如重庆大学博物馆事件[8]，博物馆藏品的真假问题被博物馆的线上群体发现并揭露，从而引起社会各界关注，最终证实了民众话语权的增加对博物馆的影响是极大的。这个现象表明，博物馆的权威的确受到了观众挑战，同时也是博物馆话语权与公众分享的一个实际案例。又例如，国外的维基百科，一个知识分享的平台，每个人都可以提供和修改他们的意见，所有在线参与者，既是内容创造者又是内容消费者，他们创造更多的新知识来吸引更多人加入这个社区。美国纽瓦克博物馆曾经在维基百科上进行特定展览，与这些线上群体相互合作，

为人们贡献了一种新的博物馆的形式，加深人们对博物馆的理解。

平台开发和自由话语权这样的结构的确可以改善博物馆与观众之间的沟通和关系。虽然博物馆可能面临线上的信任问题，但博物馆又必须创造一个完全值得信赖的空间，让观众可以相信并参与其中。这个问题看似简单，实际很复杂，观众的分享参与，可能使信息的真实性无法保证，结果会导致观众的信任度降低。因此，有些专家认为博物馆必须在所有公众面前实行完全的控制和领导力，被认为是与公众互动、增加公众话语权并意味着民主化的表现[9]。虽然这种交流与分享的模式比较成功和有效，但这种形式很可能会削弱博物馆的权威性。因此引入评估体制或者专人负责制可能会缓解这种情况。

五、差异化

博物馆的工作者清楚如何有效地促进观众交流，即应具有趣味性和吸引性。无论是线上或是线下的互动，如何满足观众的需求，使这些群体感受到关怀是值得关注的问题。线下博物馆不仅仅是提供导览和参观功能的空间，还是利用藏品、展陈和研究去吸引观众的机构，用以吸引不同类型的博物馆群体，正如上文谈及的博物馆线上群体和线下群体。国外研究表明，博物馆数字化技术的快速发展，吸引了更多的全球化博物馆群体的参与，并且并不比当地社群的人数少[10]。当然，这并不意味着让线上博物馆完全照抄线下博物馆的方式，线上博物馆也可以采取其他方法，或者使用不同的数字化手段去吸引不同的观众，如美国印第安波利斯博物馆就采取了针对不同服务对象选用不同的社交媒体平台的策略。使

用Facebook（脸谱网）去服务于当地人群，针对当地社区的文化背景而设置活动，然后使用Twitter（推特）对国际上的线上人群推动不同的活动[11]。

对于如何平衡线上和线下博物馆群体，印第安纳博物馆采取花更多精力在线上活动的策略，这些活动仅针对线上人群，这样反而吸引了更多的当地观众。在美国的安迪沃霍尔博物馆的案例中，一个线上的展览提供给观众更个人和深度的体验。事实上，该博物馆的实地现场空间非常有限，因此，这样的线上活动反而吸引了更多的非本地观众。并且经过统计，线上的参观人数大大高于线下的参观人数。从某种角度而言，数字化技术是更舒适、更理想和更方便的展览手段。在新技术的帮助下，虚拟博物馆也能为观众建立供他们互动和交流的平台。例如谷歌的文化博物馆项目"虚拟之旅"，观众可以获得极强的观展体验。从技术角度而言，目前的数字化技术已经达到让观众可以身临其境的水平，这些虚拟影像有着相当高的清晰度和真实感，因此这样的线上内容同样可以帮助博物馆教学和宣传。国内博物馆的数字化技术虽然刚起步，但推广非常快，例如上海博物馆、中国国家博物馆、故宫博物院等，都相继推出了"云观展"和数字化展馆的各项功能。数字化观展虽然不能代替线下展览，但它既可以复制线下展览的内容，也可以制作全新的内容服务于线上观众。

六、总　结

国内外博物馆线上人群的数量与日俱增。随着数字化技术和5G技术的快速发展与普及，大量的高质量数据是可以被应用于吸引观众去探索和参与其中的。就如国外的维基百科平台，个性化、差异化和博物馆分享话语权的形式已受到人们的重视，建立一个良性的生态循环平台，既可以吸引线上观众群体，又可以让这些兴趣爱好相同的潜在的博物馆爱好者们共同分享信息、知识，继而从中受益。文中提到的所有例子都是针对互联网技术、数字化技术的实用性为线上群体服务的，但博物馆线上和线下群体之间的差异性和需求的不同，可能会导致一些技术和伦理上的问题出现。另外，如何评估线上群体的参与度和反馈情况的问题需要受到重视，因为这与线下评估有很大的不同。

参考文献

[1] Davis, P. (1999) *Ecomuseums a Sense of Place*, London: Leicester University Press.

[2] Abercrombie, N. (2006) *The Penguin dictionary of sociology.* 5th ed. London; New York: Penguin.

[3] Onorato, R.S. and Turner, J. C. (2004) 'Fluidity in the self-concept: the shift from personal to social identity', *European Journal of Social Psychology*, 34(3), pp.257-278.

[4] Beler, A., Borda, A., Bowen, J. P. and Filippini-Fantoni, S. (2004) '*The Building of Online Communities: An approach for learning organizations*, with a particular focus on the museum sector', EVA 2004 London, 25-31 July 2004. pp.1-15.

[5] 庞爱莲：《自我差异理论——自我与情绪的心理模型》，《牡丹江师范学院学报（哲学社会科学版）》2003年第2期。

[6] Russo, A., J. Watkins, L. Kelly and S. Chan. (2008). "*Participatory Communication with Social Media*". Curator. 51. pp. 21-31.

[7] MacDonald, S. (ed) (2006) *Blackwell companion in museum studies*. London: Blackwell.

[8]《东方新闻》，《重庆大学博物馆展品真假之争》。

[9] Bautista, S.S. (2013) *Museums in the digital age: changing meanings of place, community, and culture. Lanham*, Maryland: AltaMira Press.

[10] 同注[9]。

[11] 同注[9]。

博物馆内部图书馆图情中心化的实践与探索
——以中国航海博物馆图书馆工作为例

康丹华

（中国航海博物馆）

随着社会的发展，博物馆的服务功能正不断深化和完善，从最开始的文物保管发展到现如今的"展览、社教、文创、娱乐、休闲"一体化的综合文化服务。所有这些显性成就离不开大量的信息资源作为基石，博物馆内部图书馆就是这些基石资源的管理者和提供者之一。本文通过研究中国航海博物馆内部图书馆的发展过程，对博物馆内部图书馆功能拓展、定位更新、发展路径进行初步分析，并且对博物馆内部图书馆的发展趋势进行探讨。

一、历年相关研究综述

由于博物馆内部图书馆的特殊性，其研究论文并不多见，以中国知网数据库收录的文章为例，自2000年起至今，专门研究博物馆内部图书馆的论文仅数十篇，且大部分以内部资料室作为主要题名，和每年动辄以"千"为计数单位的公共图书馆或高校图书馆的研究不可同日而语。

在具体的研究方向和成果方面主要集中如

下：首先是图书馆职能与管理的实现路径分析，如凌琳在《浅谈博物馆图书工作的职能和管理》中提出"从图书资料工作是博物馆业务工作的重要组成部分，可通过明确博物馆中图书资源管理部门的职能、加强博物馆中的图书资料部门的科学管理及完善图书资料部门的服务功能等方面加强博物馆图书馆工作"[1]；其次是提高服务质量路径探索，如郝娟在《博物馆中的"图书馆"——浅谈博物馆图书资料室的服务工作》一文中提到"博物馆内图书馆要通过建立科学的藏书体系、开展多种形式的图书情报服务及实施以人为本的高品质服务着手，提供与公共图书馆比肩的服务质量"[2]；再有博物馆内部图书馆具体服务于业务工作的实践，如上海世博会博物馆陶成发表的《关于博物馆内部图书馆辅助展览筹备的思考》，文章提出"博物馆的展览是一项动员多部门的团系项目，博物馆内部图书馆应该积极为项目提供参考咨询服务；分析各部门读者在项目中的显性、隐形信息需求，按需制定参考咨询服务计划和流程、高效提供文献资源、检索策略、分析统计、组织、建议中途数据的管理，结合自身特点、发挥自身优势，协助展览筹备"[3]。

总体来说，关于博物馆内部图书馆的研究氛围还不够浓厚，研究内容集中在功能分析、建设思路等方面，理论和实践的结合还不够紧密，对内部图书馆的发展方向、发展路径等方面的理论研究还有进一步拓展空间。

二、中国航海博物馆内部图书馆发展历程简介

中国航海博物馆内部图书馆（以下简称中海博图书馆）于2010年7月随中海博的正式对外开放而一起开馆，其最初定位为学术资源管理平台，负责各类学术书籍、期刊、网络数据库的购买、管理和员工借阅服务等基础工作。随着工作的推进，中海博图书馆不断开发新功能，以"服务内容知识化、服务方式集成化、服务手段智能化"等思路进行转型，与博物馆各项业务工作深度融合，逐渐呈现博物馆图情中心的轮廓。

（一）实践中不断夯实基础功能

首先是纸质文献资料库建设。对于图书馆来说，书籍是基础。开馆以来，中海博图书馆每年购置近千册纸质书籍，内容及主题涉及博物馆、考古、历史、文化、艺术、航海、海洋、语言、文学、哲学、经济、科技、军事、地理等各专业领域，形式包括普及读物、学术专著、图册、方志等，目前图书馆已有各类中文图书40000余册、中文期刊167种、报纸50余种、外文纸质图书2000余册、外文期刊10余种，形

成了较为完善的纸质书籍资源库。

其次是电子数据库建设。随着信息技术的不断进步，数字资源成为各个图书馆重要的资源组成。中海博图书馆每年购买知网、万方、人大复印及超星电子书等国内知名电子数据库及电子书籍资源来不断丰富和夯实中海博信息资源体系，供员工参阅学习。

再次是阅读空间建设。中海博图书馆面积约500平方米，分为服务区、阅读区、开架区及书库等四部分，阅读区配有6台电脑，可供30人同时学习使用。

（二）深度融合博物馆业务工作

"展览、教育、研究和保管"是博物馆的四大基本功能，是博物馆发展的重要基石，这四大功能的实现有着共同点，即对专业学术研究成果及资料有着大量需求。中海博图书馆以此为着力点，参与到博物馆的各项业务工作中去，如与展示部门合作，在特展策划、常规展览优化等工作前期就加入策展团队，提供图书馆馆藏整理策展所需参考书籍清单、历年论文清单等资料供团队参阅；与社会教育部合作，承担讲解词编写、巡展文本撰写、赛事题目编写等活动的顾问，把控基础环节的学术质量；作为基础资源平台之一，参与学术研究部的各级课题研究，提供参考书籍梳理、电子文献整合、学术书籍采购、专家资源落实等服务，最后发挥图书馆的最大功能之一，收藏所有课题的最终成果，提供资源保存服务的同时，进一步丰富图书馆馆藏；随着博物馆各项创新工作的开展，图书馆也不遗余力地提供协助，如近几年较为热门的博物馆文创产品开发项目中，图书馆负责协助提供文创点的学术解析。

（三）参与博物馆整体规划

中海博图书馆参与博物馆历年的年度工作计划及中海博"十二五"规划、"十三五"规划及"十四五"规划的编撰工作。整体规划是博物馆工作思想、思路、思维、思考的集大成者，针对重点工作、发展方向、前进路径进行全局性的策划，对博物馆的发展起着方向性的指导作用，这需要大量的信息支撑，要求对国内外行业现状及趋势、国家政策、科技形势等情况有一定的了解。图书馆作为信息平台，收集有大量的参考资源，如全国各大博物馆历年论文集、文博业内主题论坛文集、学术专著、国内外各类行业规章制度、发展展望等资源，在博物馆整体规划编撰中起到资源供给、数据分析、拓展思路的作用。图书馆将信息加工成情报，为博物馆整体规划的编撰提供更为精准有效的参考。

（四）创建图书馆图情品牌

专刊创建。2011年，中海博图书馆创刊《航海博物资讯》，负责内容收集、整理、编辑、排版及纸质刊物印制在内的全过程。创刊初期，本资讯属内部参考型的信息刊物，以图书馆现有报纸、期刊、图书、网络数据库等为资源入口，搜集国内外文博及航海文化领域的信息资讯，呈现业内发展动态和关注热点。

2014年，中国博物馆协会航海博物馆专业委员会成立，这是在中国博物馆协会领导下，由国内航海、水运、舟船、海丝、港口、海关、海事、航海军事、海洋城市、民俗文化等涉海元素鲜明的各类博物馆自愿组成的公益性行业团体。与此同时，《航海博物资讯》从中海博内部刊物升级为中国博物馆协会航海博物馆专业委员会会刊。升级后的《航海博物资讯》紧密围绕"航海文博"主题，涉及诸多面向，既包括广义层面的"文博"领域，如国内外博物馆的政策导向、前沿动态、发展新论、经典个案、考古（水下考古）的最新成果等，又包括与"航海"相关的维度，如经济角度的航运交通，科技角度的造船技术、海洋科考，学术角度的航海历史与文化研究等。《航海博物资讯》设有"本期关注""会员动态""ICMM信息""行业资讯""展览传真""深度观察"及"好书推荐"等板块，其中"ICMM信息"栏目作为连接中国航海文博团体与国际海事博物馆团体的纽带，为国内同行带来国际性资讯视野，加强中外航海类博物馆的对话交流，增进共识共享。《航海博物资讯》的立刊使图情工作更加具有专业性和针对性。

（五）中海博图书馆推广活动开发

"图书馆服务效率"由若干指标组成，其中显性指标有书籍借阅率、借阅人次等。提高服务效率的方法有很多，其中有着较大发展空间的是"阅读推广"，这也是图书馆激发读者阅读积极性的重要路径。鉴于此，图书馆开创"海博荐书""读书会"及"藏品故事"三大品牌项目，旨在以"成果展示"为导向，提高基础资源的曝光率，营造良好的阅读环境和氛围。其中"海博荐书"项目利用官微，结合博物馆特展、社会热点、博物馆研究成果等内容，邀请博物馆内研究专家定期介绍图书馆馆藏书籍，通过作者对书籍内容的简介、亮点描述以及感悟，进一步开拓读者与书籍资源之间的链接和匹配；"读书会"定期组织员工就阅读心得进行沟通交流，通过面对面的方式打造阅读氛围;"藏品故事"项目结合博物馆藏品保管,与保管员合作,定期在官微上推送藏品研究成果,丰富博物馆研究体系,充实中海博图书馆资源存储。

三、对于博物馆内部图书馆 建设的思考与探讨

(一)博物馆内部图书馆与公共图书馆的相似和区别

图书馆与博物馆同样历史悠久,公元前埃及亚历山大图书馆甚至被视为历史上第一座博物馆。在历史演进中,两者开始逐渐朝着不同的方向发展,逐渐确定各自的重点和范围。2007年国际博协将博物馆定义为:"博物馆是一个为社会及其发展服务的,向公众开放的非营利性常设机构,为教育、研究、欣赏的目的而征集、保护、研究、传播并展出人类及人类环境的物质及非物质遗产。"1927年成立的国际图书馆协会联合会虽然没有给过相对官方的定义,但目前公认的图书馆定义为:"图书馆是收集、整理、收藏图书资料供人阅读、参考的机构。"[4]从定义就可以看出两者的组织性质、组成基础及组织目标有所差异。除了公共图书馆外,许多单位、机构,如博物馆也设置了内部图书馆。尽管两者有共性,如馆藏资源都是以图书为主、基础功能都是书籍资源的管理、服务对象都是"人",但在工作内容与服务细节方面,两者则有较大的区别,研究其不同之处可以为博物馆内部图书馆的功能探索与智慧优化提供一定的思路和着力点。

首先,两者的服务对象有一定的区别。公共图书馆的服务对象是全体公民,具有全民性、公众性、公开性等特点,而博物馆内部图书馆的服务对象一般是内部员工为主,具有一定的针对性、确定性和稳定性,"博物馆将馆内图书馆应定位为'提供馆内人员科研、娱乐、休息场地,并负责收藏、管理、保存馆内图书,最终服务博物馆日常工作与科研的场所'"[5]。宏观来看,公共图书馆是公共文化体系中重要的组成部分,服务于社会的发展、文明的传承。而博物馆内部图书馆则服务于博物馆的发展。

其次,服务对象的不同导致两者藏书资源有着很大区别,公共图书馆为了适应全社会的需求,书籍主题范围较为广泛,不仅学术类书籍广博,通俗类读物也是种类齐全,而博物馆内部图书馆仅面向本馆人员,所收藏的书籍不仅种类、数量远少于公共图书馆,书籍内容更是集中在文博、考古、历史、文化等博物馆相关的主题上。再次,两者对外界的变化感应速度和变化程度、力度都有不同,如管理软件的开发、应用、更新等,公共图书馆对社会上新技术、新科技的应用有着较快的反应速度。

(二)博物馆内部图书馆功能的拓展与建设

正如阮纲纳赞所言,"图书馆是一个生长的有机体"。基于内外部因素的激励和刺激都会成为这个有机体生长的养分,其表征之一就是图书馆功能的拓展。

随着"以人为本"的理念不断深入人心,"沟通机制从单向传播转为双向沟通"已成为整个图书馆行业的共识。博物馆内部图书馆作为信息资源平台,其功能也不仅仅局限于基础的图书资料的保管和借阅,可以不断地拓展和优化。博物馆内部图书馆的功能拓展将"以人为

本"作为逻辑起点，从基础资源管理功能出发，打造多元化的功能体系，进一步加强博物馆内部图书馆存在的意义。

根据博物馆的业务特征，博物馆内部图书馆可以在资源整合、知识服务、宣传教育等方面进行重点拓展。以中海博为例，除每年采购图书、期刊、报纸、电子数据库等资源之外，博物馆本身会产生大量的信息，其井喷态势会增加使用者的时间成本及精力成本，导致效率下降，在这种情况下，资源整合能力的重要性便显而易见，通过资源整合，可以为使用者提供更为有效的信息和渠道，即"知识服务"，是目前图书馆行业的发展方向之一，"是一种以用户为中心的、提供专业化、个性化、特色化和集成化的知识应用，它是以信息知识的搜寻、组织、分析、重组的知识和能力为基础，根据用户的问题和环境，融入用户解决问题的过程之中，提供能够有效支持知识应用和知识创新的服务"[6]。

早在民国时期，蔡元培就提出"教育不专在学校，学校以外，还有许多的机关，第一是图书馆"[7]。虽然蔡先生提出此种观点主要针对的是公共图书馆，但博物馆内部图书馆同样需要重视及挖掘自身的教育功能。由于服务对象类型、数量、要求等因素的客观存在，博物馆内部图书馆的教育功能形式集中，具有针对性强、注重实操性、注重实用性、反应迅速等特点，除了与博物馆相关的书籍推荐、各类资源阐释等常规形式之外，对员工进行资源获取及管理技能的教育也是博物馆内图书馆相关功能拓展的着力点，如中海博图书馆会定期举办面向全馆的图书馆图情搜索能力培训。图书馆功能体系不断健全的同时，可间接地提高自身资源的利用率，从而加强博物馆内部图书馆的

价值所在。

总之，功能建设是评价一个博物馆内部图书馆好坏的标准之一，同时也是博物馆内部图书馆不断发展的重要推动力。

四、博物馆内部图书馆图情中心化的探究

从中海博内部图书馆的实践可以看出，博物馆内部图书馆具备了朝"图情中心"发展的条件。

（一）图书馆工作具有"情报工作"特征

图书馆资源通常以公开出版的信息为主，如纸质书籍、期刊、报纸或各类数据库信息。除此之外，一些半公开信息也是资源重要组成部分，博物馆本身会产生大量的可以持续开发和利用的信息资源，如展览文本、科研成果、教育课件、讲座视频甚至馆内行政管理文件等，以及与其他博物馆、单位、机构在交流时受赠的其他馆的内部资料等，这些资源对博物馆各项工作有着不可低估的情报价值，某种程度上来说，图书馆天然地有着情报工作的基础，即丰富持续的信息资源。

机构图书馆各项功能的拓展可以看作是对已有信息的再加工，这与情报工作的核心相吻合。"情报工作是有组织地对信息进行收集、整理、加工、存储、判读并将判读结果传递给情报用户，从而实现信息、情报应用的过程"[8]。博物馆内部图书馆通过增加对多种资源所蕴含价值的判断及预见能力，收集到最有情报价值的信息，提高行动的积极性、主动性和有效性，为图书馆工作增加"情报"底色，使得图书馆图情中心化的基础进一步加强。

（二）图书馆工作本质上是"信息资源管理"

图书馆图情管理工作可以从信息资源管理理论的角度进行探讨。"信息资源管理理论产生的缘由是出于企业信息资源和各类资料的数量过大，企业管理者对信息获取和信息处理的需求无法得到满足而产生的解决办法。信息资源管理具体可以分为对数据资源的管理和对信息处理的管理。对数据资源的管理主要是针对数据资源的控制，对信息处理的管理主要是针对信息管理者对信息的收集和处理方式"[9]。

"图情中心化"是一项系统工程，最终的目的是通过科学整合提高利用率，就如同企业的图情档一体化趋势一样。"企业信息管理者先将图书、情报、档案信息资源的关联与共性，再利用现代化电子技术将各类图书、情报、档案信息资源进行有效融合，形成一个有机的整体，存储到企业专属的信息资源数据库，并构建企业图情档一体化平台，对收集到的信息资源进行处理分析，同时挖掘这些信息源蕴含的潜在价值，提高信息的使用效率，降低人力成本"[10]。

博物馆内部图书馆"图情中心化"的过程中，面向使用者的信息整合是整体工作的逻辑起点，它是资源和服务的有机、动态的集合，与传统图书馆服务相比具有互动性、个性化等特点。"面向用户的信息资源整合要求以用户为核心，形成一种聚合信息资源、信息服务、信息利用活动动态机制，且最终目的是成为用户利用信息、提炼知识、解决问题和优化用户环境的支持平台，从而使用户在信息资源与个人需要的有机结合中，获得积极的体验"[11]。

（三）博物馆内部图书馆图情中心化的路径探究

"中心"二字意味着博物馆内部图书馆信息资源的集中性、广泛性、普适性、专业性和标准化。信息理论中有两个客体是不容忽视的，即信息资源与使用方。为两者打造合适的途径是博物馆内部图书馆需要考虑的重点之一，也是博物馆内部图书馆图情中心化的参考路径。图情中心的建设可以通过资源建设、渠道建设、标准建设等步骤来塑造一个学术型、知识型的现代信息知识交流中心和服务中心。

图情工作不是孤立存在的，它蕴含在博物馆的各项业务工作中，甚至需要不断补充博物馆外的各类资源。这就意味着图书馆需要了解各方面的知识并进行合理配置，即"面对有限的图情档信息资源，利用各种技术手段和相关理论相结合的方式，通过对信息资源进行合理的收集、入库、存储、上传、组合、开发、利用，其目标是在信息资源有限的情况下提高信息资源的使用效率，开发信息资源的使用价值，创造尽可能多的经济效益"[12]。通过资源建设避免重复及信息孤岛现象。

渠道建设方面需着重强化信息获取途径，简单地说，就是情报使用者能否快速、便捷、完整、准确地获取所需信息，这是评价一个图书馆或者说信息提供者工作是否到位的一个标准。"信息获取途径的建设重点在于加强传统方式的同时善于开发和利用现代数字技术，如以'互联网＋'为技术支撑的智慧化。'互联网＋'一词意味着'互联网＋传统行业'，但这并不代表是表面意义上的1+1=2，更是需要通过现有的新兴电子技术和网络数据资源，使联网平台与传统行业间进行有效结合。"[13] 通过设立普遍性与特殊性相结合的特色分类数据库、建立大数据专业分析模型、提升智慧化软硬件、创造智慧化的线上线下体验等具体措施不断完善渠道建设，并使得各环节形成正向、动态成效。

标准化建设是图情中心化过程中最不能忽视的一点。从图书馆自身发展和核心价值而言，标准化作为一种科学的方法，在促进发展、技术进步和高效管理方面均体现出卓越的价值，通过规范管理制度、统一技术指标和明确服务流程，可提高工作效率，优化图书馆服务质量，实现图书馆图情中心化的最佳秩序。

随着时代的发展，各行各业都面临着转型。博物馆从原来单纯的"文物保管场所"逐渐变成"集展览、研究、教育、娱乐、休闲于一体的文化综合体"，而对博物馆内部图书馆来说，转型既是挑战也是机会，要建立"一个不断发展的图书馆不仅仅在于拥有多少馆藏资源，而是利用馆藏资源提供了多少服务，产生了多少新资源"的思维方式，带动内部图书馆功能拓展与创新，让"资源增值"。

参考文献

［1］凌琳：《浅谈博物馆图书工作的职能和管理》，《北京博物馆学会第四届学术会议论文集》，北京燕山出版社，2004年。

［2］郝娟：《博物馆中的"图书馆"——浅谈博物馆图书资料室的服务工作》，郭宪曾主编，陕西省博物馆学会、陕西省文物局编《博物管理论与实践研讨会论文集》，三秦出版社，2007年。

［3］陶成：《关于博物馆内图书馆辅助展览筹备的思考》，《苏州文博论丛》第8辑，文物出版社，2017年。

［4］吴慰慈主编：《图书馆学基础》，高等教育出版社，2004年，第35页。

［5］陈丽萍：《博物馆图书资料工作探索》，《文物世界》2016年第6期，第58～60页。

［6］张晓林：《走向知识服务：寻找新世纪图书情报工作的生长点》，《中国图书馆学报》2000年第5期，第30～35页。

［7］王雷：《中国近代社会教育史》，人民教育出版社，2002年，第339、340页。

［8］吴晨生、张惠娜等：《追本溯源：情报3.0时代对情报定义的思考》，《情报学报》2017年第1期。

［9］黄秀雪：《"互联网＋"背景下企业图情档一体化管理研究》，湘潭大学硕士学位论文，2020年。

［10］罗晓玲：《基于网络背景下的图情档一体化管理研究》，《科学大众（科学教育）》2015年第4期，第147、37页。

［11］胡昌平、邓胜利：《基于用户体验的信息资源整合分析》，《情报学报》2006年第2期。

［12］黄秀雪：《"互联网＋"背景下企业图情档一体化管理研究》，湘潭大学硕士学位论文，2020年。

［13］郑博文：《"互联网＋"意味着什么——对"互联网＋"的深层认识》，《科技传播》2018年第3期，第136、137页。

加强高校博物馆信息化建设的几点思考

宁文晓

（东北师范大学　东北民族民俗博物馆）

"顺应时代的发展，从20世纪末开始，我国博物馆界广泛关注和重视博物馆信息化建设，将其视为影响未来博物馆发展和实现博物馆现代化的重要决策。"[1]近年来，数字博物馆一直是备受学界关注的课题。高校博物馆是博物馆的重要组成部分，由于其特殊性，高校博物馆的现代化、信息化也区别于社会博物馆。在社会博物馆不断外向化、数字化发展时，高校博物馆信息化建设仍处于起步阶段，依然存在信息意识还不够强，信息传播形式滞后、传播内容更新慢，甚至长时间不更新等诸多令人担忧的问题。但另一方面，高校博物馆的信息化发展有政策的鼓励支持、优质科研平台、庞大的人才储备和良好的文化氛围，在信息化发展上也具有良好的基础，总体处于局限与机遇并存的状态。鉴于此，如何更好更快加强高校博物馆信息化建设已成为高校及其博物馆亟须认真思考的问题。

一、强化信息意识：高校博物馆信息化建设的前提

目前，高校博物馆为服务观众积极并有目的地去获取信息的意识还有所欠缺，其主动利用信息改进工作效能的意识还较为薄弱。因此，高校博物馆加强信息化建设，首先要正确认识信息意识及其重要作用，增强对信息及信息技术应用的意识。何谓信息意识？国家制定的《2006—2020年国家信息化发展战略》将"信息"定义为："充分利用信息技术，开发利用信息资源，促进信息交流和知识共享，提高经济增长质量，推动经济社会发展转型的历史进程。"[2]意识是指"人的头脑对于客观物质世界的反应，是感觉、思维等各种心理过程的总和，其中的思维是人类特有的反映现实的高级形式。存在决定意识，意识又反作用于存在"[3]。可以把信息意识理解为，人们在信息活动中产生的认识、观念和需求的综合，也是人们在获取必需信息的内在动力，一般可表现为信息的敏感与价值意识、信息的获取与应用意识，信息的安全与保密意识。在信息全球化的环境下，计算机网络信息、手机信息等各种形式的信息无不时刻影响着人们的生活、工作、学习等方方面面，人们与信息之间的关系已经达到密不可分的程度。当信息融入人类的各个生产领域和社会公共活动中时，信息就如

同材料一样成为丰富多样的世界能源中的一种，信息的开发与利用就随之成为信息化建设体系中的核心内容，也将更好地实现信息的价值与用途。信息已然成为社会中一种必不可少的资源。对于高校博物馆而言，信息意识有助于其把握科技前沿、进行有效的信息判断，对信息化建设具有指导性作用。

（一）高校博物馆信息技术使用的重要作用

高校博物馆要强化信息意识，充分适应社会发展。网络技术发展至今，已经衍生出了物联网、云计算、5G、VR等新一代信息技术，高校博物馆可以充分发挥网络信息的优势，发展"云展览""云直播""云课堂"等为代表的线上业务，充分发挥自身爱国主义教育功能以及学校第二课堂等作用，把高校博物馆特有资源与青少年教育特点有机结合，设计研发形式多样的高校博物馆青少年网络远程教育课程，开展中华民族优秀传统文化教育专题、科学实验等线上活动，建设高校博物馆青少年网络教育资源和项目库，为青少年补充生动的课堂外教学内容创造载体与搭建平台，为青少年创造性完成学习任务、培养创新思维提供鲜活的素材和良好环境。

（二）信息意识有助于高校博物馆形成有效信息的判断能力

高校博物馆要使获取的信息科学准确、真实可靠，就需要抛开信息的表面现象，寻找信息的本质内容，对形形色色的信息作出正确的判别，这个过程必然就离不开信息意识。一方面，信息意识能积极帮助高校博物馆对信息形成急迫的需求感；另一方面，信息意识能积极培养高校博物馆形成较强的信息洞察力，使其善于在看来微不足道、毫无价值的信息中发现信息的意义和价值所在，在真假难辨的信息中作出有效判断。

（三）信息意识对高校博物馆信息化建设具有指导作用

由于信息是能够创造新价值的价值，推动了价值的形成和增长，所以信息可以被看作是一种具有特殊形式的价值。为此，信息意识就具有了指导高校博物馆对掌握了解的信息资源进行综合整理、归纳分类、判断分析、甄别利用的作用，准确捕捉、判断和获得有价值的信息，并在此基础上，结合高校博物馆自身特点，创造出针对性更强的信息。正是在这种信息意识的指导下，高校博物馆才能够在面对大量纷繁复杂的信息资源时，从容应对，有所适从，计划性引导观众有效使用高校博物馆特有资源，让高校博物馆的信息化建设良性开展。

信息意识是高校博物馆信息化建设的前提，信息意识的强弱直接影响信息利用的效果，对有价值信息的捕捉能力、挖掘能力与利用能力都起着至关重要的作用。高校博物馆如果重视信息意识，加强对信息意识的培养，就能够自觉地产生对信息的需求，可以在变幻莫测的事态中把握住稍纵即逝的机会，做到对信息的先知先觉，将信息创造性地为我所用，不断完善信息化建设。相反，高校博物馆如果对信息意识给予冷漠的态度，那么信息化建设就会发展迟缓，效果也不尽如人意。

二、重视文化传播：高校博物馆 信息化建设的基础

高校博物馆明晰自身定位，重视发挥文化传播功能，实现文化传播创新是高校博物馆加强信息化建设的基础。我国高校博物馆"是为了教育、研究、欣赏的目的，由高等学校利用所收藏的文物、标本、资料等文化财产设立并向公众开放，致力于服务高等教育发展和社会文化发展的社会公益性组织"[4]。其定位应结合高校博物馆的功能、办馆宗旨，高校的办学特色等因素进行综合考虑。一方面，高校博物馆具有博物馆的一般功能。在2015年2月9日国务院颁布的《博物馆条例》对博物馆的含义与功能进行了界定，"博物馆是指以教育、研究和欣赏为目的，收藏、保护并向公众展示人类活动和自然环境的见证物，经登记管理机关依法登记的非营利组织"[5]。可见，博物馆的功能包含了收藏、展示、研究、教育等基本功能。另一方面，高校博物馆隶属于学校，这就又增加了为高等教育发展建设服务的功能，具备了服务于"高校的人才培养、科学研究、社会服务、文化传承与创新的特殊功能"[6]。高校博物馆的办馆宗旨，是高校博物馆工作的"主要的目的和意图"[7]，不同类型的高校博物馆办馆宗旨各不相同。高校的办学特色，是指"在长期办学过程中积淀形成的本校特有的，优于其他学校的独特优质风貌。特色应当对优化人才培养过程，提高教学质量作用大，效果显著。特色有一定的稳定性并应在社会上有一定的影响，得到公认"[8]。具有独特性、优质性、稳定性等显著的特点。例如，东北师范大学的办学特色是"为基础教育服务"，由此，东北民族民俗博物馆在定位时，必然要以"为基础教育服务"为基准，也成了长春市中小学校外实践教育基地等。可以看出，高校博物馆的定位突显了高校博物馆是高校的文化名片以及特有的文化传承功能，也体现出"任何一个高校博物馆的工作人员都不希望自己只是文物和标本的守护者，都希望让自己管理的文化财富发挥促进社会发展的积极作用"[9]。高校也希望其博物馆正确把握新技术革命带来的机遇，创新高校博物馆文化传播方式，紧扣观众需求，突出高校博物馆文化价值，逐步实现信息化普遍服务，发挥高校博物馆在"提高国家文化软实力"中的应有作用。

（一）文化传播使高校博物馆成为人们学习知识的重要场所

现今，观众从高校博物馆获取文物信息的兴趣愈加浓厚，参观时不但会仔细观赏陈列展品，而且还希望尽可能多地了解每件展品背后蕴含的历史、社会、文化等信息，以增加知识储备和丰富精神文化世界。这样，观众会对高校博物馆的服务方式提出更高的要求，特别希望高校博物馆的展示方式更生动、更丰富和更多样。因此，高校博物馆应不断克服目前文化传播方式有限等问题，要利用自身积累的丰富藏品，在文物藏品信息化工作上多下功夫，通过结合新型信息技术的推广，提炼出高质量的公共文化信息资源，完善高校博物馆公共文化信息基础设施建设，实现文物藏品的信息化，达到利用网络媒介弘扬中国优秀文化。文物藏品的信息化工作是利用现代信息技术将文物藏品数字化，将博物馆中的实体藏品转变为文字、数据、图片、视频、音频等多种形式，并利用

信息技术进行管理与传播。信息化建设不仅能实现藏品的数字化管理，也能实现藏品的科学化、智能化管理，还能最大限度地发挥信息化在博物馆文物藏品收集保护、利用和传播等方面的优势，显著降低博物馆文物藏品在利用和传播中的潜在风险，更好实现高校博物馆文化传播的创新发展。

（二）文化传播使高校博物馆文物藏品信息化，其价值时时得以有效体现

藏品是每个博物馆发展的基础，体现了人类文明不同的发展阶段。人们透过藏品可以考证中华民族优秀文化的过去，了解中华民族优秀文化的现在，探究中华民族优秀文化的将来。进入到高校博物馆的藏品都是唯一的、独特的，能反映出各个历史时期不同地域、不同文化的人类文明坐标。一些高校博物馆中的珍贵文物藏品，除少量被用于陈列展示以及定期或预约对外观赏外，大多会被束之高阁，保存在库房之中，得不到合理利用，这既是文化资源的浪费，又造成高校博物馆与现实社会的疏离。全球计算机通信的发展，可以使高校博物馆打破时间和空间的限制，让其文化影响突破馆舍和展厅的局限，通过网络得到更广阔的传播。同时，通过计算机全面记录藏品的各种信息，实现藏品的数字化，为工作人员开展管理工作提供了极大的便利，观众也可以在任何时间、任何地点通过移动鼠标，点击进入高校博物馆的网站和相关多媒体平台，便可以对其藏品进行全方位的欣赏，这甚至比在现场参观还要清晰，极大地满足了观众的兴致。藏品的数字化还让博物馆之间建立了联系，打破了不可移动文物的弊端，提高了文物的共享度，实现了文物价值的扩大化，真正做到超越时空。例

如，"德国自2000年起开始实行博物馆数字资源的整合工作，对一个行政区内所有公立博物馆的藏品资源统一系统管理，并实现馆际的资源共享"[10]。

（三）文化传播使高校博物馆文物藏品信息化，其价值处处得以有效保护

由于许多文物藏品容易损坏碎裂或被污染，有的文物藏品对干湿度和光线明暗程度也有相应要求，因此，部分文物藏品对保管条件和展示环境的要求极为苛刻，致使其难以进入展厅，或不能长期展示。另外，高校博物馆由于展览场地不足的原因，也使得许多藏品不能经常在展厅展出。由此可见，文物藏品的环境条件和保护要求经常制约着高校博物馆文化传播功能的全面发挥，"博物馆系统在对文物资源的保护和利用方面更加需要信息化手段予以支撑和帮助，在博物馆文化信息推广传播过程中，采用信息化手段能够使文物藏品本身的价值在社会上实现扩大化、显性化、深入化，满足广大参观者的需求"[11]。为此，高校博物馆可以通过多媒体技术和数字化手段，监测影响文物藏品相关因素的变化，如空气的温湿度大小、光线明暗、有无有害动植物侵害以及空气污染等，适时调整文物藏品使用与保管之间存在的不适宜，让观众有更多的机会领略到高校博物馆展品的文化魅力，使得一些不能长期陈列的文物藏品能够通过博物馆网站走向世界各地，还可以通过提高人们对高校博物馆重要藏品的关注度，实现对类似文物和区域内文物的保护。特别是，世界各国博物馆发生的火灾、失窃等悲剧也不断为高校博物馆敲响了警钟，提醒高校博物馆对藏品的安全管理工作应予以足够重

视，要把现代化信息手段有效运用其中，让高校博物馆的藏品真正"活"起来，更好发挥其应有的文化传播功能。

三、做好观众调查：高校博物馆信息化建设的关键

对观众需求的了解是高校博物馆信息化建设的关键。高校博物馆信息化建设与观众需求之间的关系是十分密切的：以观众需求为前提的高校博物馆信息化建设，会更加具有科学性和实效性；反之，高校博物馆的信息化建设是实现观众所需的重要举措。在信息网络快速发展的影响下，当今社会生活呈现出多元化和个性化的特征，而人们的自我需求也出现了多元化的趋势，在数字化的时代得到充分彰显，年龄、性别、职业、生活经历、兴趣爱好等因素的不同导致了每个人关注的内容和希望获得的信息都各有不同，最终都可能成为他们对博物馆不同需求的出发点。为此，高校博物馆不可能再固守原有、孤芳自赏和自我封闭，而需要加强信息化建设，很好地关注服务对象，发挥更多的社会功能，担当更多的社会责任。

（一）观众是博物馆的动力

"观众是博物馆的核心，观众是博物馆的目的。"[12] 但在传统的博物馆语境中，博物馆和观众的关系是一种二元分离的"主客体"关系[13]。长期以来，高校博物馆给人们的印象多为"高""冷""远"，这大大削减了高校博物馆应有的功能发挥，极大影响了高校博物馆的社会地位与作用。为此，高校博物馆在信息化建设中，要以人为本，重视和研究观众的需求，将完成观众的各种需要作为高校博物馆全面工作的保障。具体地说，高校博物馆要坚持贴近观众，培养服务意识，强化责任意识、敬业精神，提高业务能力和服务水平，积极回应观众的需求，善于发现问题、分析问题、解决问题和预防问题的发生，为观众提供高品质服务，彰显高校博物馆在社会中存在的意义与价值。

（二）观众调查是高校博物馆的重要工作

高校博物馆了解观众需求的主要形式之一是开展观众调查。可以说，观众调查工作是高校博物馆不可缺少的工作，也是高校博物馆科学可持续发展的基础性工作。"20世纪30年代，博物馆界开始力图摆脱'古董收藏所'和被束之高阁的'书斋'的桎梏，希望将自己转变为一个社会教育场所。与之相伴随，博物馆开始了世界上最早的观众调查分析，大学心理学家和博物馆专业人士联手，将博物馆陈列的人体工程学设计与观众参观疲劳之间的关系纳入了研究领域。"[14] "从国际博物馆事业的发展来看，观众调查是20世纪30年代以来出现的新举措，标志着博物馆社会化进入一个新的阶段，赫德森称之为'市场调查时代的博物馆。'"[15] 我国高校博物馆进行观众调查可分为问卷调查、访谈调查、跟踪观察调查等方法。其中，问卷调查法使用较为广泛，是高校博物馆开展观众调查采用最多的一种方法。问卷调查法主要是研究者运用设问表达问题的表格进行度量，从而搜集可靠资料的一种方法，问卷的设计要求规范化并可计量。以往，问卷一般由机器打印出纸质版之后，采用邮局投递、人工分发到个人以及群体手中等方式，被调查者就可以按照

问卷的要求和问题进行填写。访谈调查法也常被用于公共关系问题的调查研究，它是通过调查者与被调查者之间的沟通，以有目的的访谈询问形式收集调查资料的一种方法。访谈前，调查人员要提前制订调查项目的大纲及做好各项准备工作；访谈中，调查人员要围绕调查议题、运用访谈技巧进行引导，逐步深入，使被调查者畅所欲言，获取广泛、丰富的调查信息。观察调查法主要是通过调查者观察观众在参观时的行为、态度和情感的一种方法。

客观地说，我国高校博物馆在观众调查方面还很薄弱，一些高校博物馆尚未组织过正式的观众调查，开展过的观众调查，大多采取的人工方式，有其优势，但也存在着明显的局限性。如：问卷调查方式具有成本低、花费少等优点，也能避免调查者与调查对象因沟通不畅等突发事件引起的不愉快等问题。但在传统的问卷调查中，一些调查者对接到的问卷不予以配合，导致问卷回收率低；往来的邮寄时间，加上填写时间，导致信息收集时间长，影响时效性；问卷资料的真实性也难以保证，非本人填写问卷等情况将降低问卷的可信度。而访谈调查中的直接访谈，是调查者与调查对象面对面的交谈，调查者当面直接听取调查对象的意见，回答率较高，可以提高调查结果的代表性和准确性。但也会遇到许多意想不到的困难，有些调查对象对访谈存在偏见，不能积极合作，不仅耗费时间长，工作投入量大，费用支出高，还使访谈难以深入，难以达到预期目标。在观察调查方法中，由于观察者和观察对象一般是进行直接接触的，状态自然放松且不需要其他中间环节，可以作长时段的反复观察和跟踪观察，对观察对象的行为动态演变可以进行分析，使获得的信息资料具有一定的客观

性、及时性和纵贯性。但如果观察对象知道自己被观察，其行为可能会有所不同，观察的结果也就不同，调查所获得的数据也会出现偏差。也就是说，虽然观察者本意不想影响被观察人的活动，但是通常情况下，观察者的参与在某种程度上往往影响被观察者的正常活动，只能观察到一些表面现象和行为，不能反映真实的行为；加之个人进行观察，难免会带有主观性和片面性，缺乏系统性。

（三）让高校博物馆观众调查科技化

以人工方式为主的观众调查存在的诸多问题，影响着高校博物馆对观众全面、系统的了解，使其付出的努力达不到预期目标。为了很好地解决这些问题，高校博物馆需要采用计算机网络、安全监控设施、手机视频等高科技信息手段，实施对观众的人数、性别、年龄、职业等基本信息和参观时长、路径、停驻点注记及停留时间等参观信息的记录，客观分析统计观众对高校博物馆的文物与展品、展览与陈列、讲解与服务、教育与活动、环境与设施等方方面面的评价，进而梳理弄清观众对参观高校博物馆的整体行为与情感感受，并不断解决人工方式进行观众调查的技术与方法不完善、数据有限、样本偏少、持续性不够等问题。除此之外，高校博物馆还可以设置线上观众服务解答台、观众留言簿和意见箱等，多角度对观众目前和潜在的预期与满意度进行了解，更好体现高校博物馆对观众意愿的尊重，从而为高校博物馆信息化建设获取针对性强、需求性强的信息提供重要依据，使高校博物馆信息化服务管理由静态转入动态，加快推动高校博物馆服务质量的不断改进。

四、结　语

信息化时代逐步改变了人们以往的工作习惯和生活方式，也为高校博物馆功能发挥提供了新的途径。在这种大环境下，高校博物馆既要继承传统博物馆的功能定位，又要与时俱进，为社会提供更多的优质服务，这就需要高校博物馆打破常规观念的束缚，拆除高校博物馆文化传播的壁垒，结合先进信息通信技术，借鉴成熟信息化应用经验，积极探索新的工作模式，以掌握未来发展主动权的战略高度，研究新兴媒体、认识新兴媒体、重视新兴媒体，创新服务方式，走适应新时代文化前进方向的高校博物馆发展之路。

信息化的过程中，高校博物馆主要通过网络、计算机、通信等现代信息技术，对博物馆信息资源进行深度挖掘和广泛利用，不断提升博物馆的管理水平和服务效能，大幅提高信息化对博物馆发展的贡献率。在信息化建设中，高校博物馆不仅要坚持信息的广泛性、现实性和互动性，紧跟时代潮流，深化信息技术应用，拓展信息资源，提升对社会的吸引力，也要坚持信息的知识性、专业性和前沿性，立足本馆特色，尊重观众、理解观众、关心观众，根据学习者不同的人生发展阶段，设计不同的信息化方案，适时加大信息资源建设的投入，有效加快信息化建设进程，更好地实现高校博物馆文化传播与创新的跨越式发展。

鉴于此，高校博物馆亟须利用包括传感技术、通信技术和计算机技术等一系列信息技术手段，将微信、微博、网站、视频等传播方式适时应用到信息化建设中，让信息资源整合起来，使信息资源一体化，全方位发挥出高校博物馆文化育人服务的应有作用，不断满足广大人民群众精神文化生活的需求，助力新时代中国特色社会主义文化建设。

注释

［1］单霁翔：《博物馆的文化传播》，天津大学出版社，2017年，第101页。

［2］单霁翔：《博物馆的文化传播》，天津大学出版社，2017年，第99、100页。

［3］中国社会科学院语言研究所词典编辑室编：《现代汉语词典》，商务印书馆，1978年，第1367页。

［4］北京市文物局、中国文物信息咨询中心主编：《可移动文物保护与利用工作手册》，学苑出版社，2017年，第126页。

［5］北京市文物局、中国文物信息咨询中心主编：《可移动文物保护与利用工作手册》，学苑出版社，2017年，第78页。

［6］宁文晓、程舒伟：《高校博物馆思政第二课堂实施路径探析》，《东北师大学报（哲学社会科学版）》2020年第4期。

［7］中国社会科学院语言研究所词典编辑室编：《现代汉语词典》，商务印书馆，1992年，第1539页。

［8］教育部办公厅印发《普通高等学校本科教学工作水平评估方案（试行）》。

［9］宋向光：《从大学文化视角解读高校博物馆的特点和发展》，《文化学刊》2007年第3期。

［10］刘芳：《博物馆藏品数字化标准发展及应用现状研究》，《博物院》2018年第1期。

［11］单霁翔：《博物馆的文化传播》，天津大学出版社，2017年，第100页。

［12］单霁翔：《博物馆的科学管理》，天津大学出版社，2017年，第216页。

［13］周丽英：《试论博物馆传播与观众认知关系的实质及其发展》，《博物院》2017年第3期。

［14］安来顺：《当代博物馆的人文情怀与文化角色》，《中国国际友谊（第七卷）》，文物出版社，2010年。

［15］单霁翔：《博物馆的科学管理》，天津大学出版社，2017年，第197页。

浅析博物馆数字化建设优势及发展建议

王东飞　吕久欣

（通化市博物馆）

博物馆数字化指利用网络、计算机等现代信息技术，对博物馆藏品、展览、宣传、行政的信息管理、深度开发与广泛利用。现今，博物馆数字化建设主要包括文物藏品数字化、文物展陈数字化、博物馆管理信息化等方面。

一、文物藏品数字化构建

藏品是博物馆开展业务活动的基础，也是博物馆定级的重要衡量标准。在博物馆数字化时代，工作人员应用技术手段对藏品信息进行数字化管理。

（一）文物藏品信息化建设

文物藏品信息化建设主要包括：藏品清理与整理、藏品静动态信息采集（文字信息录入和照片信息采集等）、藏品库房信息化搭建等。传统博物馆主要以老式纸本账进行藏品管理，此种方式入藏流程复杂，藏品安全难以保障，工作量较为繁重。藏品信息化建设可有效避免传统纸本账的弊端，提升工作效率，也有利于后续业务工作开展。如博物馆换展筹划、文创产品开发等皆可通过线上调取资料，掌握文物具体名称、尺寸、鉴定信息、库房方位等。

（二）文物环境监控数字化建设

博物馆在数字化建设中结合展厅、库房等客观因素，采用文物环境监测系统，对文物环境进行监测、评估、调控。客观环境与数字化技术结合，为藏品保护、展陈打造稳定环境。例如上海博物馆的文物保护环境监控系统，"博物馆展厅和文物库房建设专门的独立恒温恒湿系统，实现对展厅、库房全覆盖的环境温湿度、主要污染物和光照水平24小时实时监测，同时集成文物微环境调控设施网络监测与远程调控"[1]。文物环境监控数字化建设，不仅可防止藏品受自然力导致的破坏，亦可提升藏品的寿命。

（三）文物保护修复系统建设

文物自身随着时间变化及外界客观环境的影响，往往会遭受一定程度的损坏。如前文所述，通过文物藏品信息化建设，可对藏品现状进行掌握与保护。但对于博物馆业务长远发展而言，不可仅限于维持藏品现状。博物馆运用文物保护修复系统及现代科技与传统修复工艺相结合，对文物进行深度修复。此外，将文物修复详细、完整的记录传送至文物修复数据库，为后续文物修复提供借鉴经验，亦为学术研究提供丰富的档案资料。

二、文物展陈数字化发展优势

展览陈列是博物馆的基本职能。传统展陈方式是以文物展示为主体，辅以图片和文字介绍。数字化展陈在文物基础上运用声、光、电等多媒体信息技术辅助展现。相较于传统的展陈形式，新式展陈更具沉浸感增加观众兴趣。目前，博物馆展陈常用的数字化技术有：数字音频技术、虚拟现实技术（VR）、多点触控技术、幻影成像技术等。

（一）调动参观者积极性

传统展陈大多将文物放置于玻璃展示柜中静态展示，参观者只能"被动"地欣赏实体展品，过程稍显枯燥乏味，缺乏灵活性与互动感。文物展陈数字化采用多种展示装置，构建多维度场景，打造虚拟现实化、交互体验区。参观者在真实情景与虚拟情景、文物与数字化之间，视觉冲击力更大，观众的沉浸感更强[2]。例如甘肃博物馆在展览中依托多点触控技术，将珍贵文物通过三维动画进行深度还原，参观者不仅可以在现场欣赏实体文物，还可通过触摸屏点击浏览互动。展陈数字化的多样性、趣味性、调动参观者兴趣，加深参观者印象，有利于更好普及文化知识，实现信息的良性传递。

（二）延展参观者知识需求

传统展陈通过展板了解文物背后的故事，可展板篇幅有限，知识仅可单向输出，难以深度诠释文物深厚的文化底蕴。运用虚拟现实等数字化技术对文物进行深加工处理，展示相关视频、发掘信息、文献资料，使历史得以浮现。以山西博物院为例，采用投影仪＋异形投影桌面组合的演示终端，观众可以自由欣赏了解文物。展陈数字化使参观者获取知识从单向输出到主动探索，既延伸参观者的文物知识面，又产生沉浸感获得精神满足，例如数字博物馆资源通过虚拟展览的交互性功能，可以完成与学生之间的互动[3]。

（三）给予参观者全方位、细致化展现

传统博物馆藏品由于破损严重、无法移动、文物安全等因素，大量藏品长期处于"束之高阁"状态。此外，展出的文物观众只能观看文物的外部结构，无法观察内部细节。通过数字技术对文物进行扫描、建模，使参观者得以借助数字化展示细致"观看"文物风采。故宫博物院数字化建设走在全国前列，"数字故宫"呈现更加具象、细致的故宫风貌，塑造出古建筑独特形象，为公众打造了与众不同的数字化文物展示体验[4]。展陈数字化不但打破传统展览的空间格局和秩序、提升藏品利用率。同时，能够解决文物展示与文物保护之间的矛盾。

三、博物馆管理信息化建设

博物馆日常工作中，工作人员面临的是海

量的数据，处理起来十分烦琐复杂，引用管理信息化建设可极大改善当前现状。

（一）信息管理系统建设

传统博物馆处理观众流量、财务报表、流程审批等相关数据时，皆采用纸质文档形式，存在一定弊端。首先，单一数据处理易形成信息孤岛，缺少数据联动；其次，业务流程处理采用纸质文档，逐一向上级汇报，严重影响效率。信息管理系统的应用，给工作人员信息处理带来了技术革新，签批的过程可以实时监控，签批完成后的文件可以留痕追溯。信息管理系统建设，推动各部门间的信息交流，极大提升工作效率，完善业务工作的条理化、规范化。

（二）讲解、引导信息系统建设

讲解服务是博物馆提供公共文化服务的关键。博物馆陈展活动所展示的藏品数量、内容有限且多数为藏品介绍，无法直接表达藏品背后的文化内涵和历史底蕴。通过讲解服务可使参观者直观了解文物背后的故事。传统讲解导览方式为讲解员带领观众逐一讲解或采用电子讲解器。现可利用手机等无线移动设备辅助参观，参观者通过展柜所配备的二维码，自由选择感兴趣的内容进行深度学习。博物馆引导技术主要应用在以下四个方面：智能引导讲解、智能语音交互、智能迎宾接待、智能宣传推广。如苏州博物馆的"云观博 AR 智慧博物馆导览"系统、广东省博物馆的微信导览平台等。博物馆引导技术提供准确的参观路线，有助于降低引导的人力成本；掌握实时参观人流等信息，可分流、缓解博物馆人流高峰压力。

四、博物馆数字化建设问题及改进建议

我国博物馆数字化建设已取得一些成绩，尤其在守护文物资源方面成果颇丰，但是博物馆数字化建设中依然存在诸多问题，亟待解决。

（一）优化博物馆资源配置

博物馆数字化建设中存在项目单一、缺乏整体规划方案、过分追求互动感、盲目追求先进技术等问题。甚至部分博物馆为了数字化而数字化，不仅没有达到普及文化知识的目的，反而使展示装置成为"数字化装饰物"、供参观人员玩耍的娱乐设施。因此，须优化博物馆资源配置，科技与传统文化共同支撑创新博物馆内容形式[5]。首先，深入挖掘藏品历史文化内涵，开发更高质量的展示内容；其次，拓展文物关联性和延续性，深化宣传展示内容深度和广度；再次，宣传倾向独具特色的藏品，展现历史文化特色，让文物"活"起来。

（二）培养复合型专业人才

数字化博物馆的建设中技术装置的维修和保养需有专业人员参与才能达到效果。专业人才是博物馆事业的关键和保障。但是由于受各类因素影响，博物馆缺乏高科技人才、复合型人才，严重制约博物馆发展脚步。为改善人才缺少的现状，博物馆可根据自身的发展情况与高校联合，采用"产学研"一体化模式，为学生提供实习机会，又在无形中培养了人才。此外，合理引进技术人才、搭建人才激励机制，亦可提高博物馆整体的科研水平。

（三）加大经费投入，开发文创产品

数字化博物馆建设，是一项循序渐进的系统性工程，这个过程往往耗资巨大。虽然博物馆建设经费比以往有所增加，但是政府财政经费对博物馆建设、扶持力度仍然不足。资金短缺会使高精的应用技术和人才储备成为空想。博物馆建设应加大宣传力度，让文旅相关政府部门了解数字化建设的必要性，加大经费支持。博物馆自身可合理利用发展资金，立足本馆资源开发文创产品，既创新资金来源、增加收入，又实现公共利益，提升博物馆品牌影响力。

五、结 语

数字化技术的广泛普及，给博物馆发展带来机遇和技术支撑。博物馆通过数字化建设，有利于提升文物保护措施，增加展陈多样性，调动参观者兴趣，还可提高办公效率及服务水平。虽然数字化发展进程中存在种种欠缺，但随着人们不断探索、改进，诸多问题皆可逐步完善。此外，博物馆数字化建设中须秉持"实体文物不可替代"的观念，深入探寻文物内涵，展示出文物的独特魅力，推动博物馆高质量发展。

参考文献

［1］文物保护领域物联网建设技术创新联盟编著：《智慧博物馆案例（第一辑）》，文物出版社，2017年。

［2］马玉静：《试谈博物馆陈列展览中的数字媒体技术》，《中国博物馆》2015年第4期。

［3］徐士进、陈红京等：《数字博物馆概论》，上海科学技术出版社，2007年，第25页。

［4］张倩、谭前学：《多元·变革·开放——全球化与数字化时代的博物馆》，《中国博物馆》2019年第3期。

［5］李凤亮、古珍晶：《我国博物馆文化新业态的产业特征与发展趋势》，《山东大学学报（哲学社会科学版）》2022年第1期。

浅析上海博物馆陈列设计中的灯光照明应用

张 洁

（上海博物馆）

灯光设计是博物馆陈列设计中不可或缺的一部分。专用于博物馆的灯光照明与日常生活中的照明是完全不同的。两者最主要的区别在于博物馆的灯光照明是在文物保护的前提下，将文物最真实的一面展示给观众。换句话说，博物馆陈列中的灯光设计必须正确地突出这件文物本身的特点[1]。

博物馆陈列的对象包括书画、雕塑、青铜器、陶瓷器、工艺品等，种类繁多，并且每一类文物对灯光照明都有着不同要求，而设计者根据不同类型的文物，设计的灯光照明也不尽相同。一般博物馆业内都参照《建筑照明设计标准》（GB 50034-2013）、《博物馆照明设计规范》（GB/T 23863-2009）这两项标准执行。这些标准对博物馆专业的照度、色温等都有明确的要求，需要灯光设计师严格遵守。比如古代书画作品、古代织物等都对光照特别敏感，需要严格控制照度。

除了文物照明外，博物馆的灯光照明还包括整体展厅的环境灯光照明。优秀的环境灯光设计可以影响整个展示空间效果的氛围，更好地烘托展览主题，为展览的整体效果加分。

笔者试就上海博物馆近年来举办的几次特别展览和常设展厅改建举例分析灯光照明的应用。

一、遗我双鲤鱼：上海博物馆藏明代 吴门书画家手札精品展

这是一场主要展现中国明代书画作品的展览（图1）。不同于上海博物馆的书法馆和绘画馆，这次展览中并没有使用感应射灯的照明方式，而是全部使用了"漫反射"的照明。漫反射光源不同于射灯，它透过磨砂玻璃让光线均匀地

图1 遗我双鲤鱼：上海博物馆藏明代吴门
书画家手札精品展展厅（局部）

分布在整个展柜中，在保证文物安全的前提下，让展柜显得既柔和又明亮。而在进行整个展厅的环境灯光设计时，一方面考虑到特展展厅的面积并不是很大，从展厅入口处几乎就能看到整个展厅全貌，另一方面为了衬托展览主题，设计师特意为展厅地面铺设了地砖，因此设计师并没有使用射灯过分打亮整个展厅，避免过亮导致地砖反光而让参观者产生眩晕感，而是利用各个展柜明亮的光源将整个展厅串起来，整个展厅不但不会显得昏暗，反而张弛有度（图2）。

而对于古代书画作品，上海博物馆一贯使用最接近于太阳光的3000K色温的光源，在展出的3个月时间里，展柜内的光照强度始终保持在50lx以下，以保证光照强度的年累积量不超标[2]，否则会对书画类文物造成损伤。

二、巡回展览画派：俄罗斯国立特列恰科夫美术馆珍品展

这次展览展出的油画作品均来自俄罗斯。不同于中国传统书画，西方绘画作品通常都非常强调明与暗之间的关系，因此若按照中国传统书画的打光方式将灯光从作品正面打光，会把作品的暗部也同时照亮，这样就无法将作品的画面感表现出来。因此在这次展览中，对于此类作品，可以利用两盏不同方向的射灯同时打亮一幅画来解决这一问题。首先用一盏入射角为30度的射灯照亮整幅画面，当然这盏灯不能太亮，再用入射角为15度的射灯打在需要突出刻画的部位，比如人物的头面部（图3）。但不管打入几盏灯，光照强度叠加后的总照度必须在150lx以下，这样才能保证文物的安全。

此外，还有一种方法，就是遵循作品的光源方向将射灯光源打入，这样打光不容易使画面的暗部光照过亮，在突出明亮方面效果较好。

对于西方画家来说，他们一直追求的是在作品中对光的重现，因此若不注意灯光设计，很可能会将画家好不容易营造出来的"光"破坏掉，因此在设计灯光照明时需要将作品中的光、色温等因素都考虑进去。比如像这种对比度很强烈的作品（图4），明亮的天空和深色的大地，如果仅仅用一盏灯将作品打亮是不够的，需要设计师体会画家想要表达的意图后，利用合适的色温对每一幅作品进行打光，尽可能还原画家创作时想要表现的那种视觉感受。

不同于中国传统书画，绝大部分的西方作

图2　遗我双鲤鱼：上海博物馆藏明代吴门书画家手札精品展展厅（入口）

图3　暗部较多的画面

图4　光与暗对比强烈的画面

图5　德国德累斯顿古典大师画廊的明亮天顶

图6　巡回展览画派展厅的天顶较暗

品都配有画框，精美的画框有时候也是一件艺术品。西方国家的艺术机构都喜欢在拥有明亮天顶的室内陈列绘画作品（图5），这种光源类似于漫反射日光，能更好地反映画面的色彩。因为整体环境的明亮感，使得光线照在绘画作品上时，画框又不易产生阴影。而相对西方，国内的艺术机构在陈列的整体大环境上比较暗（图6），但却更有一种稳重感。不管怎么说不论何种陈列方式都有其独特的魅力，但国内的这种设计方式，当灯光打在作品上时，画框很容易在作品上产生阴影。此外，油画表面特殊的颜料，在灯光照射下可能也会有反光的问题产生。因此，为了解决这些问题，可以将光源从侧面打入，或依据作品想要刻画的重点调整光源的射入方向和距离，以此减少画框的阴影和油画表面的反光。

三、灼烁重现：十五世纪中期
景德镇瓷器大展

这是一个展示15世纪中期景德镇出土瓷器的展览。陶瓷器不是有机物，因此对照度没有太多限制，我们可以依照文物的总体氛围来设置灯光。但因为器形的关系，不论从哪个角度

打光，都会在器物上产生一定的阴影，这是陶瓷器、工艺品等门类的文物在灯光照明设计中经常遇到的问题。

在这次展览中，所有的中心柜外都安装了从顶部射入的射灯，但必须注意的是灯光不能太亮，因为过亮会在器腹产生很明显的阴影（图7）。当这盏射灯的照射导致器物的腹部变暗时，有几种方法可以弥补这一缺憾。第一种，若条件允许，可在展柜台面下方安装射灯，斜上射入光源，用聚焦的方式照亮器物腹部；第二种，在放置器物的台面下方安装漫反射光源，让整个台面

图7　"空白期"展中心柜

都明亮起来，借此增加器物底部及腹部的亮度。这次展览中使用的就是第二种方法。

四、沧海之虹：唐招提寺鉴真文物与东山魁夷隔扇画展

此次展览展示了唐招提寺珍藏的鉴真大师画像、描绘鉴真大师东渡故事的"东征传画卷"长卷以及日本近代艺术家东山魁夷的隔扇画等共计13组珍贵作品。

鉴真大师画像为纸本作品，创作于17世纪。对于此类挂轴类书画作品，首先需要用洗墙灯将整幅作品打亮，但仅用一盏灯将画面照亮显然是不够的，因为这样无法突出画面的层次感。所以，可以再用另一光源集中打在鉴真大师的面部，这样就能将大师的慈悲面容突显出来了（图8）。

《东征传绘卷》长卷是放置在壁柜里展示的（图9）。针对此类古代纸本类绘画作品，为了

能让观众看清作品，可以用漫反射光源将整个展柜打亮，但必须注意，不能让光源从展柜缝隙漏出来照到地上。此种情况，一般采用调整遮挡在光源面前的那块磨砂玻璃的方向，以调整到光源能够全部照射在展柜内为准。

因为预算有限，所以对于东山魁夷的隔扇画作品（图10），在此次展览中并没有安装防反光玻璃。那么，如何尽量避免玻璃的反光，就显得格外重要了。设计师事先采用1∶1实样，模拟作品放置在超白玻璃后的反光情况，再根据肉眼所见的反光情况调整射灯的入射角、光源和作品之间的距离。虽然操作不易，但这种方法呈现出的效果是最佳的。

为了能够突出东山魁夷作品的画面感，可以用几组光源同时打入画面，比如以"涛声"单元为例，隔扇画中描绘了一堵巨浪冲向礁石的场景。为了表现这种气势磅礴的感觉，可以先用大角度射灯照亮整幅隔扇画，再用加配了雕塑棱镜的射灯将巨浪打亮，最后再用第三盏

图8　鉴真大师画像

图9　《东征传绘卷》长卷

射灯将远方的礁石打亮，整体的感觉就能被营造出来。当然所有光源的光照度总和必须在纸本类文物安全规定数值以下。

展厅给人的整体感觉是静谧、祥和的（图11），环境灯光的设置发挥了很大作用。几乎每一幅作品上都运用了射灯照明，因此展厅局部都是比较明亮的，为了突出整个展厅的静谧感，设计师还在每个过道转角处装上了射灯，让灯光照在地板上，照亮参观行进的路线却又不显得突兀。

五、花满申城：上海博物馆中国少数民族工艺馆新陈列展

这次中国少数民族工艺馆重新开展，是在原有展厅的基础上增加了一些展品，并且调整了布局，使得展览内容更吸引观众（图12）。

值得一提的是，身穿少数民族服饰的假人

模型的灯光照明（图13）。假人模型所穿的都是古代或近代织物，对光照很敏感，它们所能接受的最高光照度为50lx。此次上海博物馆创新使用了上下两块导光板所产生的垂直灯光将假人模型整体照亮，再利用柜内顶部结构中隐藏的小角度射灯突出打亮假人模型的头饰、前襟等工艺特别精湛的部位。

对于少数民族热爱使用的银饰，由于其本身已经富有一定光泽，若灯光太亮反而容易产生反光或晕眩感，因此不能选择柜外的射灯，而是使用上文中提到的与"灼烁重现：十五世纪中期景德镇瓷器大展"类似的柜内台面下的漫反射光源，以此突出各类银饰，营造出让人眼前一亮的感觉。

文物展览中的灯光设计十分重要，它能够

图10　隔扇画之一的"涛声"单元

图11　"沧海之虹"展厅一角

图12　中国少数民族工艺馆展厅一角

图13　少数民族服饰的灯光照明

直接影响展览的氛围、整体感觉，可能给展陈设计加分，也可能给它减分[3]。希望通过对上海博物馆上述特展中灯光设计的粗浅分析，能够给文博人提供一些借鉴和参考。灯光设计是一门独立的学科，需要我们不断在学习探索中提高。

参考文献

［1］李蓉蓉：《宁静的辉煌：上海博物馆新馆陈列设计解析》，文物出版社，2005年，第14页。

［2］［日］藤原工：《学芸員のための展示照明ハンドブック》，講談社，2014年，第13页。

［3］［日］藤原工：《学芸員のための展示照明ハンドブック》，講談社，2014年，第3页。

国外音乐博物馆的展览和教育浅析

张婉盈

（星海音乐学院）

一、音乐博物馆的意义

长期以来，我国音乐博物馆的地位和意义并没有得到充分的重视，许多观众甚至是部分文博专业的学生都不知道音乐博物馆的存在，由于缺乏社会的关注和投入，音乐博物馆总是处于默默无闻的状态，在我国尚未能显示和发挥其应有的价值和作用。

实际上，音乐博物馆对于整个社会而言，它的积极意义是超乎想象的。美国凤凰城的乐器博物馆在其十周年期间发起了"音乐很重要"（Music Matters）运动，他们认为："音乐能够激发创造力，促进文化理解和社区和谐，人们能够被音乐所塑造。"在观察了欧美国家发展较为成熟的音乐博物馆的教育模式后，笔者发现，在某种程度上，它比其他一些类型的博物馆更能融入人们生活，能给观众带来更多的快乐和幸福，因为我们的生活本身就需要音乐，而音乐博物馆作为音乐文物的聚集地和音乐文化的载体，能使观众了解乐器发展历史、懂得乐理知识并感受乐声带来的愉悦，同时也促进人们

对音乐美的理解和向往，提升人们的精神境界。

在儿童教育上，音乐能培养全面发展的孩子，音乐博物馆就是很重要的教育场所。音乐教育学家周海宏认为，在国内的学校教育中，音乐、美术这些课程动辄停课、调课，孩子的美育得不到足够的保障，导致长大以后感性素质低下，审美能力差，感受幸福的能力薄弱等问题。而音乐博物馆却能弥补这些教育短板，促进孩子的全面发展[1]。另外，在特殊教育上，音乐博物馆也能弥补视障人士的遗憾，能给他们带来精彩的音乐之旅。

接下来，笔者将在国外音乐博物馆的展览和教育活动两方面选取若干值得借鉴的案例进行剖析，探索国外音乐博物馆教育的设计思路和理念，以供参考和学习。

二、国外音乐博物馆的展览分析

（一）展览选题

国外音乐博物馆展览的选题较为常见的是

关于一类乐器或者一种音乐文化的发展史。比如，意大利克雷莫纳小提琴博物馆（Museo del Violino）的常设展览，它从小提琴的起源开始讲起，以场景复原的方式呈现了提琴工匠的工作室情况，再讲述小提琴的传播，在两个展厅介绍了制作和学习提琴的相关学院和部分提琴珍品后，就到了讲述小提琴制作的衰退与重生，在后面部分主要介绍了现今活跃于世界的提琴制作比赛。该类展览策展思路清晰明了，从历史发展的角度来阐述提琴及其制作的发展史，也是众多音乐博物馆采用的策展思路。

上面这种叙事方式有其逻辑优势，符合观众的常规参观习惯，但是随着观众对博物馆要求的提高，博物馆需要有更多发散性思维，用新颖的方式去创造新的叙述。

其实音乐博物馆的选题角度非常丰富，不必过于拘泥和刻板，如位于加利福尼亚的音乐创作博物馆（Museum of Making Music）的临时展览选题就能很好地拓宽我们的思路（图1）。乐器除了其历史价值和音乐价值以外，还有很重要的美学价值，有的展览就是专门针对乐器的形制或者装饰的改进过程进行专题展览，比如"Guitar Mouvean"这个展览，展示的就

图1　加利福尼亚音乐创作博物馆（Museum of Making-Music）的展览列表

是与先锋艺术运动产生美学碰撞的一系列吉他，乐器上的图案装饰反映了绘画艺术对乐器制作发展的影响。

除了主流的乐器以外，音乐博物馆甚至可以展示一些在历史上曾经昙花一现或者是比较冷门的乐器，例如"Floating Strings：the Remarkable Story of the Harp Guitar"这个展览展示的是少人知晓的竖琴吉他，在科普这类乐器的同时，也提醒众人其实乐器发展长河中，乐器的多样性和革新性是非常丰富的，绝不仅仅局限于我们今天所知的几种。

另外，随着乐器的发展，现当代已经产生很多创新乐器，但是并不为人熟知，这些也可以作为一种专门主题来展示、展览。"Summer of Innovation"就展示了现今市面上的创新乐器，开阔观众的视野，展示这一专题也体现了博物馆对于音乐新潮流的关注。

除了展示"物"以外，可以展示与音乐相关的"人"的展览，比如关于调琴师的专题展览"Unseen Artist：Sight and Insight from the Piano Technicians Guild"、制琴师的专题展览"Luthier spotlight Jim Harvey"，乐器的发展离不开历史上工匠的汗水和灵感，讲述乐器背后这些人所担当的角色和发生的故事，能赋予这些乐器一丝灵气和生动，观众也更愿意倾听和观赏。

展览的展品并不一定局限于乐器，只要能跟音乐文化相关的作品都可以放在展厅中。比如专门拍摄音乐家的著名摄影师照片展"The music photography of Henry Diltz"，有不少作品是关于音乐现场或者一些音乐家的肖像。与音乐相关的还有服饰文化，巴黎爱乐乐团音乐博物馆（Museum of Music，Paris Philharmonic）的展览"Costumes En Fete–40 Years of Art Flo"

向公众展示了40件他们最好的歌剧作品中的戏装，展览在服装、艺术品和展出的乐器之间创造了诗意和令人惊讶的对话。

音乐博物馆的活力不仅仅来源于乐器和音乐自身的魅力，还需要博物馆人去发掘这些乐器及其音乐文化的独特之美，从其他角度来重新审视这些富有研究价值的藏品，积极寻找新方向。

音乐博物馆的展览选题不单单围绕乐器，还需要展示出它的文化背景和民族性。密歇根大学音乐博物馆的使命中就提到需要关注世界音乐文化的问题，它提到"当乐器用于深刻地表达，乐器和它们所发出的声音构成了我们所有人聆听文化、种族、社会、精神和个人对人性的渴望和理解的一种方式"。世界乐器的种类让人眼花缭乱，是因为众多地区各民族都有其各自对音乐和自然与社会环境的独特反应。美国凤凰城的乐器博物馆的地理展厅就收藏着世界各地的乐器，以乐器所属的各大洲来划分展厅，在展厅中用视频和音频的方式了解乐器产生的源头以及演奏方式、音色等，让人们认识到世界音乐文化的多元，促进对世界各民族的理解和认同。当然，这背后也是博物馆人到世界各地每个角落去搜集藏品和学术材料并进行阐释的努力成果。

（二）展览展示方式

音乐博物馆的藏品特质决定其独特的展示方式，音乐博物馆展览常见的问题是有音乐类展品但没有音乐体验，有的虽然有音乐体验，但未能完整揭示出藏品的历史内涵，有的博物馆做到了以上两点，但参观的观众却只能远而观之，不能亲身演奏和体会，两者之间没有架起直接沟通的桥梁。到底怎样才算是一个好的音乐博物馆展览？以下案例将会给我们一定的启发。

在美国凤凰城的乐器博物馆的体验展厅里（图2），每个人都可以成为音乐家。游客可以创作自己的音乐以及演奏来自世界各地的乐器，这些乐器与博物馆里展出的乐器类似。互动和动手空间对家庭和所有年龄层的观众来讲都非常有趣，他们演奏各种乐器，从吉他到锣、秘鲁竖琴、西非非洲手鼓、美洲土著社区鼓等。该馆的Encore展厅则是另一个动手空间，为幼儿园到二年级的实地考察参与者提供适合的乐器，以及举办丰富的活动，为早期儿童的发展提供重要的元素设计，包括自然光、开放空间和戏剧表演材料等。

巴黎爱乐乐团音乐博物馆将自己定义为体验音乐的博物馆，会为每一位进馆观众提供干净

图2　乐器博物馆的体验展厅

图3 巴黎爱乐乐团音乐博物馆介绍

卫生的聆听设备，以及导览介绍和相应乐器演奏的音乐作品（图3）。它的基本陈列有三大特色：一是在博物馆的音乐家。每天都有音乐家在展厅进行音乐表演和为观众介绍他们的乐器；二是可触的音乐。馆内提供一定的乐器给观众触摸，让观众对乐器获得更多的认识，比如，博物馆为观众复制了巴洛克小提琴的琴头以供触摸；三是每周日下午的漫步音乐会。不同的博物馆空间会举办一系列小型音乐会和音乐工作坊，探索音乐、艺术、历史和社会等相互交织的主题。

丹麦音乐博物馆（The Danish Music Museum）特地开辟了一个活动空间，名为"乐器声音盒子"（Music Instrument Sound Box），在那里可以吹响法国号，拥抱竖琴，在锣上弹奏，拉拉中提琴等，而在新活动区设立的声音游乐场（Sound Playground），全家人可以体验未来的乐器，探索声音的宇宙（图4）。

以上三个例子都是世界上极受欢迎的音乐博物馆，他们有着共同的特点，即重视观众对乐器的直接感受，无论是精巧华丽的文字，还是精美绝伦的图片都无法去代替乐声的美妙。

观众对乐器和音乐文化的热爱不仅是因为对展板上文字的理解，更因为有感于乐器独特的音色和先贤创作的伟大音乐作品。

此外，国内的乐器博物馆或者乐器展览门厅冷清，往往是因为只可远观而不可"亵玩"焉，观众即使心里对乐器充满喜爱和向往，但是往往因为隔着玻璃展柜观看而产生距离感。在上述的这些音乐博物馆里，他们非常重视观众对乐器的亲身体验，特地为观众开辟一个展厅或者活动室，放上足够丰富的乐器材料去满足观众的需求，这样做拉近的不仅是观众与乐器和音乐的物理距离，更是心灵的距离，让他们爱上音乐。国内外音乐博物馆的乐器体验空间的大小和乐器种类数量的差异，也体现着对这方面教育的重视程度的不同。

（三）学习材料

一个完善的展览应该配备精心设计的学习材料或者展览小册，以供观众导赏、理解和回忆珍藏。在这方面，笔者对巴黎爱乐乐团的音乐博物馆的常设展览学习手册进行分析，参考

图4　丹麦音乐博物馆的"乐器声音盒子"和"声音游乐场"

其值得学习的地方。

学习手册封面色彩丰富，并且绘有数个可爱且与音乐相关的卡通形象，以吸引孩子的目光（图5）。该学习手册既是学习工具也是地图导览，将游览路线指示和学习的目标与内容结合在一起。手册有十二页，每一页都对应着不同的展区和藏品，笔者发现该学习手册有以下几个方面值得我们去借鉴。

1.善于使用活泼的故事创设情境

在"如何驯服一只野兽"部分，它结合希腊神话故事来创设探索情境，运用了俄耳浦斯利用音乐驯服野兽的典故，鼓励孩子根据手册提示来寻找藏在乐器里的怪兽；又比如，创设一个音乐会情境，Poupliniere先生正在他家里举办一场沙龙音乐会，两位音乐家搞错了他们的乐器，需要小观众们去帮忙找出这两个小提琴的五个不同点，目的是让小观众们去辨别巴洛克小提琴与其他小提琴的区别；在"斯特拉

迪瓦里的秘密"部分中，同样是创设了有趣的情境，著名制琴师斯特拉迪瓦里雇佣小观众为学徒，要为西班牙国王制造一把小提琴，小观众需要通过完成四个步骤去完成制作（图6）。

创设情境能激发儿童的想象力和探索热情，它比一般的知识性问答有趣得多，这是提高孩子自主学习能力和思考能力的有效途径。更关键的是，六七岁至十一二岁的儿童，其仍处于具象思维的阶段，他们的抽象思维能力较弱，需要有一个具体情境去提高儿童解决问题的能力[2]。因此，这种设计符合儿童教育规律。

2.题目类型与版面设计符合儿童认知和心理

在十五个部分的内容中，除了传统的问答填空和选择题以外，还有其他好玩的题目，如连线配对、填色游戏、寻词谜题、数数、画图、猜谜语等，这些题目几乎占据所有题目数量一半，而且用词简单，语气轻松幽默，让孩子喜

图5 巴黎爱乐乐团音乐博物馆的学习手册封面

图6 巴黎爱乐乐团音乐博物馆的学习手册内页

闻乐见。比如，为了让儿童能够分辨种类丰富的管乐器及其部件，手册绘制了一棵管乐器树，一边树枝挂着的是管乐器的吹口或簧片，另一边是管乐器，孩子需要把对应的乐器和部件连接起来。在"小指挥"部分中，需要孩子把乐器图片与相应的名称对应起来，不仅让他们了解了各个乐器的不同，还掌握了相应的乐器术语，同时也知道了乐团中各个乐器的编制和相应位置，一举三得；还有让人沉浸在艺术中的填色题，选取在鲁特琴琴颈上的装饰图案，鼓励孩子填色创作，或者选取大键琴琴盖里的一幅典雅优美的油画，鼓励孩子找出该图所在的藏品，并且将其还原成原来的颜色；除此以外，还为非洲乐器起源的知识点设立了线条迷宫题，以及为印度乐器上的人物图案名称设寻词谜题，在中国乐器部分提供了四个谜语供学生思考，等等。

在设计上，版面使用五颜六色的手绘卡通，而不是复杂的文字表述，给人友好亲近之感。画面与文字的和谐共融实现了绘本的艺术吸引力，用图画和文字共同叙述故事，降低了儿童的认知难度，更是"儿童本位"的体现[3]。

3.重视培养孩子自信心和对藏品的热爱

当学生完成了整套手册的题目后，在手册中填上自己的名字、年龄，就可以得到由馆长签字的证书，并告诉孩子们，他们已经成为博物馆的"小小藏品管理员"了（图7）。虽然仅仅是一个简单的形式，但让孩子们获得了成就感，以及对博物馆的归属感，从小就建立起自身与这些音乐文化遗产的情感联系。

三、国外音乐博物馆教育活动分析

音乐博物馆的教育活动有很多，比如欣赏型和讲解型的音乐会以及鼓励观众动手的工作坊，还有学术讲座、研讨会等。与其他博物馆不同的是，音乐博物馆的教育活动注重调动观众的多感官体验，尤其是听觉。我认为，音乐博物馆教育活动的最终目的，并不仅是让观众掌握一门乐器技巧或者是记忆音乐发展史的知识，而是让观众感受到各种音乐之美，提升其感性素质，通过聆听音乐去获得幸福感，并且通过拓宽审美的视野，认识到世界音乐文化之广阔和多元。

笔者将详细介绍享誉美国已久的一项音乐博物馆教育活动——摇滚乐名人堂（Rock and

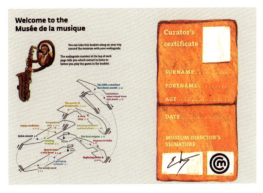

图7　巴黎爱乐乐团音乐博物馆的学习手册内页

图8　摇滚乐名人堂（Rock and Roll Hall of Fame）的教育项目

Roll Hall of Fame）的教育项目，它是美国所有艺术博物馆中最著名、获得荣誉最多的项目之一（图8）。其致力于研究和理解音乐如何改变世界，以及如何让人们更深刻地了解摇滚乐对世界的影响。

这是一整套从幼儿到成人的为所有人设计的课程，该项目称"摇滚学校"，笔者选取其中三个课程分享：①"音乐的基石"课程是为幼儿园到四年级的学生设计的，可以教会学生辨识音乐的基本要素：节奏、音高、音量和色彩，学生们随着欢快的摇滚歌曲歌唱、拍手、舞蹈，并学会如何通过这些音乐要素来传达意义；②"声音的科学"课程通过摇滚名人堂入选者的音乐例子来检验基本的声学原理，为五到八年级的学生设计的，介绍频率、振幅和波形的概念，并教授如何通过音高和音色来直接影响音乐；③"音乐作为一种社会力量"的课程是为七到十二年级学生设计的，通过观看传奇艺术家的表演，学生们将批判性地思考20世纪六七十年代的摇滚音乐家是如何挑战观众的听觉并让他们的社区发生改变的。

以上课程有以下几个特点：第一，依据年级对儿童观众进行逐层分众。分众是基于对儿童观众各年龄阶段身心特征的科学认知，比如学前和低年级的学生的课程主要是体验式课程，调动学生的感官，感受音乐、认识新鲜事物，而五到八年级的学生已可接受一些抽象概念和原理的学习，如声音的原理。较高年级则注重思辨，锻炼批判性思维、思考音乐与社会的关系；第二，具有明确的教育目标。每一个教育课程设计的目标都非常清晰，遵循教学内容特点和儿童身心特征去制定；第三，具有跨学科性。课程不仅会让学生了解音乐学的内容，还可以让学生对美术、语言艺术、历史发展、社会研究到数学、科学和技术等学术内容领域产生兴趣。经过以上课程，学生对整个摇滚乐和相关的学科知识会有一个全面的了解。

音乐博物馆的教育活动必须要做到优质的输出，同时也要提高活动的频次和影响范围。密歇根大学的音乐博物馆（Stearns Collection of Musical Instruments）依附其音乐和舞蹈学院，每年提供900场演出和活动，绝大部分免费；弗雷德里克钢琴收藏中心（Frederick Historic Piano Collection）举办的音乐活动与社区教堂结合，社区教堂即该收藏中心的音乐厅，是开展教育活动的场所，倡导音乐共享，将每次音乐会录制的音频上传本地电台，供公众聆听；日本东京国立博物馆（Tokyo National Museum

开国宝音乐会，邀请中日双方著名艺术家演奏古乐，促进两国现代的音乐文化交流和学习。

四、总　结

本文因篇幅和时间所限，只列举了数个国外音乐博物馆展览和教育的优秀案例进行分享与分析，但这一类专题博物馆的研究在我国尚不多，尤其是在音乐博物馆的教育理念和实践方法上的研究还比较缺乏，因此此项研究还是十分必要的。

纵览国外的音乐博物馆，其展览在选题上有众多经典或新颖的角度，思路开阔，具有较强的学术研究能力，展示形式注重体验感、沉浸感，学习材料轻松有趣，并且遵循教育原理。教育活动丰富多元，具有跨学科性，严格按照参观人群年龄层的特点来制定课程，以学生为中心，注重启发和鼓励学生自我构建知识。

国外在音乐博物馆的建设方面已有了较高的发展水平，比如美国，其音乐博物馆众多，而且国民从0岁开始即可参与博物馆的音乐早育活动，在青少年时期就可以了解到本民族音乐文化的特色和世界音乐文化的多元，成年后的人群依然能感受到音乐带来的美好。而在国内，音乐博物馆数量少、知名度低，音乐文物类展览罕见，其展览陈列方式多为静态。此外，高校音乐博物馆开放度低，许多教育活动没有形成一套科学的课程开发体系，等等。本人想借用土耳其学者Ayse的一句话来再次强调发展音乐博物馆以及美育的重要性："其实，艺术教育与其他学科（社会科学、自然科学等）一样重要，它作为一种工具也是一种目标，是现代教育的一部分，当学生们能体验不同领域和形式的艺术，他们能习惯于各种形式的表达，理解各种艺术形式的语言，培养对美学价值的敏感性。"[4]也就是说，艺术教育能让人们远离审美的狭隘，培育对各种美的理解，以及对美"有动于衷"，对于提高整个社会的和谐和幸福，这是非常关键的。

我国的音乐文物数量庞大，人们参观音乐博物馆的需求日益增大，而且现今我国正处于博物馆迅速发展的时期，笔者坚信，未来我国音乐博物馆一定会有长足的发展。

参考文献

［1］周海宏：《艺术教育将提升一个民族的感性素质》，《新华每日电讯》2012年1月6日，第015版。

［2］周婧景：《博物馆儿童教育——儿童展览与教育项目的双重视角》，浙江大学出版社，2017年。

［3］赵菁：《博物馆元素融入儿童绘本创作方法研究》，《中国博物馆》2019年第4期。

［4］Ayse Okvuran.The relationship between arts education, museum education and drama education in elementary education. *Procedia Social and Behavioral Science*. 2010.

《博物馆研究》征稿启事

　　《博物馆研究》是由吉林省文物局主管、吉林省博物馆协会和吉林省考古协会主办、吉林省博物院组织编辑的年度专业图书。致力于为广大文博工作者提供学术研究和交流平台，推动博物馆高质量发展。按照工作要求和栏目设置现向广大文博同行、专家学者征集稿件：

一、内容设置

　　包括博物馆学、考古发掘、文物研究、历史研究、书画研究、展示与传播、教育与服务、新科技与信息化、保护与修复、焦点热点等方面。稿件应围绕以上内容阐述研究，具有科学性（包括资料精确）、知识性，有一定的学术高度，政治观点正确。

二、稿件格式

　　1. 题目：简明确切反映文章的本质内容，切忌冗长繁杂，不超过20字为宜，必要时可以加副标题。

　　2. 署名：文稿署名不宜过多，应限于参加本文工作且能解答与文章有关问题者，并要写明作者详细信息（姓名、性别、联系电话、工作单位、职务或职称、主要研究方向、邮编、电子邮箱等）。

　　3. 摘要：用第三人称写法，不以"本文""作者"等作王语，100～200字为宜。

　　4. 关键词：3～5个，以分号相隔。

　　5. 正文标题：内容应简洁明了，层次不宜过多，层次序号为一、（一）、1、（1），层次少时可依次选序号。

　　6. 正文文字，一般为3000～6000字，原则上不得超过8000字。

　　7. 数字用法：执行GB/T 15835-1995《出版物上数字用法》，凡公元纪年、年代、年、月、日、时刻、各种记数与计量等均采用阿拉伯数字；夏历、清代及其以前纪年、星期几、数字作为语素构成的定型词、词组、惯用语、缩略语、临近两数字并列连用的概略语等用汉字数字，

　　8. 图表：使用图表应简洁明了，少占篇幅，图表均采用黑色线条，分别用阿拉伯数字顺序编号，应有简明表题（表上）、图题（图下），文中图片和表中数字应注明资料来源，

　　9. 注释或参考文献：引用他人研究成果，必须以尾注［ ］的形式标注清晰。抄袭他人著作、文章者，拒绝收录。本书文章的注释、参考资料，一律统一为文尾注［ ］，请作者标注清楚。

三、联系方式

　　投稿请发送至编辑部邮箱：bwgyj2024@163.com

　　联系人：郑　朋　刘　派

　　联系电话：0431-81959562